Veränderungen der Hauptverhandlung durch die
Neuregelung des beschleunigten Verfahrens

Europäische Hochschulschriften
Publications Universitaires Européennes
European University Studies

Reihe II
Rechtswissenschaft

Série II Series II
Droit
Law

Bd./Vol. 3524

PETER LANG
Frankfurt am Main · Berlin · Bern · Bruxelles · New York · Oxford · Wien

Christian Jostes

Veränderungen der Hauptverhandlung durch die Neuregelung des beschleunigten Verfahrens

PETER LANG
Europäischer Verlag der Wissenschaften

Bibliografische Information Der Deutschen Bibliothek
Die Deutsche Bibliothek verzeichnet diese Publikation in der Deutschen Nationalbibliografie; detaillierte bibliografische Daten sind im Internet über <http://dnb.ddb.de> abrufbar.

Zugl.: Göttingen, Univ., Diss., 2001

D 7
ISSN 0531-7312
ISBN 3-631-50213-3

www.peterlang.de

Vorwort

Die Abhandlung hat der Juristischen Fakultät der Georg-August-Universität zu Göttingen im Jahr 2000/2001 als Dissertation vorgelegen.

Das Manuskript habe ich Mitte 2000 abgeschlossen. Für die Drucklegung habe ich darüber hinaus auch noch Rechtsprechung und Literatur bis Anfang 2002 berücksichtigt.

Meinem Doktorvater, Herrn Professor Dr. Fritz Loos, gilt mein besonderer Dank. Er hat die Arbeit mit Interesse und Engagement betreut und stand mir mit Rat und Hilfe zur Seite.

Weiterhin möchte ich Herrn Professor Dr. Manfred Maiwald danken, der in kurzer Zeit das Zweitgutachten gefertigt und mir weitere Anregungen für die Arbeit gegeben hat.

Für ihre Unterstützung danke ich zudem Frau Rechtsanwältin Kerstin Wenzel, Düsseldorf.

Den größten Dank aber schulde ich meiner Mutter, Frau Thea Jostes, die mich ermutigt hat, die vorliegende Arbeit zu schreiben, und ohne deren finanzielle Förderung diese Arbeit nicht entstanden wäre.

Zur Erinnerung an meinen Vater, Herrn Heinz Jostes, ehemals Richter am Landgericht Bremen.

Krefeld, im Juni 2002

Inhaltsverzeichnis

Literaturverzeichnis

Alsberg, Max/Nüse, Karl-Heinz/Meyer, Karlheinz: Der Beweisantrag im Strafprozeß, 5. Auflage, Köln, Berlin, Bonn, München 1983

Alternativkommentar: Wassermann, Rudolf (Hrsg), Kommentar zur Strafprozeßordnung, Band 2 Teilband 1 (§§ 94 - 212b StPO) 1992, Band 2 Teilband 2 (§§ 213 - 275 StPO) 1993, Band 3 (§§ 276 - 477 StPO) 1996, Neuwied, Kriftel, Darmstadt (zitiert : AK/StPO-Bearbeiter),

Asbrock, Bernd: Hauptsache Haft ! – Hauptverhandlungshaft als neuer Haftgrund, in : StV 1997, S. 43 ff

Bandisch, Günter: Zum Entwurf eines Kriminalitätsbekämpfungsgesetzes der Fraktionen der CDU/CSU und FDP vom 04.01.1994, in : StV 1994, S. 153 ff

Barton, Stefan: Strafverteidigungs-Aktivitäten im Justizalltag, in : StV 1984, S. 394 ff

Baumann, Jürgen: Die Situation des deutschen Strafprozesses, in : Festschrift für Ulrich Klug, Band II, S. 459 ff, Köln 1983 (zitiert : Baumann FS-Klug)

Benda, Ernst: Der soziale Rechtssstaat, in: Handbuch des Verfassungsrechts der Bundesrepublik Deutschland, Hrsg. Benda, Ernst/Maihofer, Werner/Vogel, Hans-Jochen, S. 477 ff, Berlin, New York 1983

Beulke, Werner: Der Verteidiger im Strafverfahren, Funktionen und Rechtsstellung, Frankfurt a.M. 1980

Bielefeld, Siegfried: Das beschleunigte Verfahren – eine Möglichkeit zur Entlastung von Geschäftsstellen und Richtern beim Amtsgericht, in: DRiZ 1998, S. 429 ff

Böttcher, Reinhard: Das neue Beweisrecht im Verfahren nach dem OwiG, in: NStZ 1986, S. 383 ff

Bottke, Wilfried: Verfahrensgerechtigkeit als Aufgabe, Frankfurt a.M. 1990

Bovensiepen, Michael: Der Freibeweis im Strafverfahren, Bonn 1978

Bürgle, Michaela: Die Neuregelung des beschleunigten Verfahrens durch das Verbrechensbekämpfungsgesetz – ein Erfolg ?, in: StV 1998, S. 514 ff

Bürgle, Michaela: Die Neuregelung des beschleunigten Verfahrens nach dem Verbrechensbekämpfungsgesetz, Gießen 1997

Burhoff, Detlef: Handbuch für die strafrechtliche Hauptverhandlung, 3. Auflage, Herne, Berlin 1999

Cramer, Peter: OWiG-Reform auf dem Holzweg ?, in: DAR 1981, S. 269 ff

Dähn, Gerd: Möglichkeiten einer verstärkten Anwendung des beschleunigten Verfahrens bei Bagatelldelikten, in: Festschrift für Jürgen Baumann, S. 349 ff, Bielefeld 1982, (zitiert: Dähn FS-Baumann)

Dahs, Hans: Das Verbrechensbekämpfungsgesetz vom 28.10.1994 - ein Produkt des Superwahljahres, in: NJW 1995, S. 553 ff

Deumeland, Klaus Dieter: Anm. zu OLG Hamburg, Beschluß vom 21.07.1982 - 2 Ws 204/82, in: NStZ 1983, S. 41

Dölling, Dieter: Verlesbarkeit schriftlicher Erklärungen und Auskunftsverweigerung nach § 55 StPO, in NStZ 1988, S. 6 ff

Dörr, Dieter: Faires Verfahren, 1. Auflage, Kehl, Straßburg, Arlington 1984

Dünnebier, Hanns: Das beschleunigte Verfahren, in: GA 1959, S. 272 ff

Eisenberg, Ulrich: Beweisrecht der StPO, 3. Auflage, München 1999

Engels, Dieter: Beweisantizipationsverbot und Beweiserhebungsumfang im Strafprozeß, in: GA 1981, S. 21 ff

Ernst, Marcel: Die notwendige Verteidigung im beschleunigten Verfahren vor dem Amtsgericht, in: StV 2001, S. 367 ff

Feuerhelm, Wolfgang: Die Annahmeberufung im Strafprozeß, in: StV 1997, S. 99 ff

Fezer, Gerhard: Grundfälle zum Verlesungs- und Verwertungsverbot im Strafprozeß, in: JuS 1977, S. 670 ff

Fezer, Gerhard: Vereinfachte Verfahren im Strafprozeß, in: ZStW 106 (1994), S. 1 ff

Fezer, Gerhard: Zum Verständnis der sogenannten Annahmeberufung (§ 313 StPO), in: NStZ 1995, S. 265 ff

Fezer, Gerhard: Strafprozeßrecht, 2. Auflage, München 1995

Fischer, Thomas: Strafgesetzbuch und Nebengesetze, Kommentar, 50. neubearbeitete Auflage, München 2001

Frister, Helmut: Das Verhältnis von Beweisantragsrecht und gerichtlicher Aufklärungspflicht im Strafprozeß, in: ZStW 105 (1993), S. 340 ff

Frister, Helmut: Die Einschränkung von Verteidigugsrechten im Bundesratsentwurf eines "Zweiten Gesetzes zur Entlastung der Rechtspflege", in: StV 1997, S. 150 ff

Frowein, Jochen Abr./Peukert, Wolfgang: Europäische Menschenrechtskonvention, 2. Auflage, Kehl, Straßburg, Arlington 1996

Fülber, Thorsten/Putzke, Holm: Ist die Staatsanwaltschaft Herrin des Beschleunigten Verfahrens ?, in: DRiZ 1999, S. 196 ff

Garde, Peter: Verfahrensbeschleunigung im Spannungsfeld der Interessen verschiedener Prozeßbeteiligter, in: DRiZ 1997, S. 251 ff

Geerds, Friedrich: Zur Reichweite des Verwertungsverbots (§§ 252 StPO) nach früheren Aussagen - BGHSt 36,384, in: JuS 1991, S. 199 ff

Geppert, Klaus: Der Grundsatz der Unmittelbarkeit im deutschen Strafverfahren, Berlin, New York 1979

Göbel, Klaus: Strafprozeß, 5. Auflage, München 1996

Göhler, Erich: Die Reformvorschläge für das Bußgeldverfahren, in: DAR 1981, S. 333 ff

Göhler, Erich: Ordnungswidrigkeitengesetz, 12. Auflage, München 1998

Grasberger, Ulrike: Verfassungsrechtliche Probleme der Hauptverhandlungshaft, in: GA 1998, S. 530 ff

Grünwald, Gerald: Das Beweisrecht der StPO, 1. Auflage, Baden Baden 1993

Grünwald, Gerald: Der Niedergang des Prinzips der unmitelbaren Zeugenvernehmung, in: Festschrift für Hanns Dünnebier, S. 347 ff, Berlin, New York 1982 (zitiert: Grünwald FS-Dünnebier)

Haller, Klaus/Conzen, Klaus: Das Strafverfahren, 2. Auflage, Heidelberg 1999

Hamm, Rainer: Was wird aus der Hauptverhandlung nach Inkrafttreten des Verbrechensbekämpfungsgesetzes ?, in: StV 1994, S. 456 ff

Hartenbach, Alfred: Einführung der Hauptverhandlungshaft, in: ZRP 1997, S. 227 f

Hassemer, Winfried: Die "Funktionstüchtigkeit der Strafrechtspflege" - ein neuer Rechtsbegriff ?, in: StV 1982, S. 275 ff

Heidelberger Kommentar: Strafprozeßordnung, 3. Auflage, Heidelberg 2001 (zitiert: HK/StPO-Bearbeiter)

Hellmann, Uwe: Die Hauptverhandlungshaft gemäß § 127b StPO, in: NJW 1997, S. 2145 ff

Herdegen, Gerhard: Bemerkungen zum Beweisantragsrecht, in: NStZ 1984, S. 97 ff

Herdegen, Gerhard: Beweisantragsrecht, Beweiswürdigung, strafprozessuale Revision: Abhandlungen und Vorträge, Baden-Baden 1995

Herzog, Felix: Wider den "kurzen Prozeß", in: ZRP 1991, S. 125 ff

Herzog, Felix: Symbolische Untersuchungshaft und abstrakte Haftgründe, in: StV 1997, S. 215 ff

Hesse, Konrad: Bestand und Bedeutung, in: Handbuch des Verfassungsrechts des Bundesrepublik Deutschland, Hrsg. Benda, Ernst/Maihofer, Werner/ Vogel, Hans-Jochen, S. 79 ff, Berlin, New York 1983

Holz, Jürgen: Der Beweiserhebungsumfang im gerichtlichen Bußgeldverfahren nach früherem und neuem Recht, Berlin 1987

Internationaler Kommentar zur Europäischen Menschenrechtskonvention: von: Heribert Golsong, Wolfram Karl, Herbert Miehser, Herbert Petzold, Kersten Rogge, Theo Vogler, Luzius Wildhaber, 3. Lieferung – Januar 1995, Ergänzungslieferung Stand: Juni 1996, Köln, Berlin, Bonn, München 1996 (zitiert: IntKommEMRK-Bearbeiter)

Isensee, Josef/Kirchhof, Paul: Handbuch des Staatsrechts der Bundesrepublik Deutschland, Band III, Das Handeln des Staates, 2. Auflage, Heidelberg 1996

Jerusalem, Andreas: Anm. zu OLG Hamburg, Urt. v. 25.01.1966 – 2a Ss 57/65 (2), in: NJW 1966, S. 1278 f

Julius, Karl-Peter: Zum Verhältnis von Aufklärungspflicht und Beweisantragsrecht im Strafprozeß, in: NStZ 1986, S. 61 ff

Karlsruher Kommentar: Pfeiffer, Gerhard (Hrsg), Kommentar zur Strafprozeßordnung und zum Gerichtsverfassungsgesetz, 3. Auflage, München 1993 (zitiert: KK/StPO-Bearbeiter (3. Auflage)), 4. Auflage, München 1999 (zitiert: KK/StPO-Bearbeiter)

Karlsruher Kommentar: Boujong, Karlheinz (Hrsg), Kommentar zum Gesetz über Ordnungswidrigkeiten, 2. Auflage, München 2000 (zitiert: KK/OWiG-Bearbeiter)

Kleinknecht, Theodor/Meyer-Goßner, Lutz: Strafprozeßordnung. Mit GVG und Nebengesetzen, 45., neubearbeitete Auflage, München 2001 (zitiert: Kl/M-G)

KMR: Fezer, Gerhard/Paulus, Rainer (Hrsg), Loseblattkommentar zur Strafprozeßordnung, begründet von Kleinknecht/Müller/Reitberger, 7. Auflage mit Ergänzungslieferungen, Stand: Dezember 1987, (zitiert: KMR-Paulus § 212 ff a.F.), 8. Auflage 1990 mit Ergänzungslieferungen, Stand: Oktober 1998 (zitiert: KMR/Bearbeiter)

Köckerbauer, Hans Peter: Geltung der Rechtsfolgengrenze bei der Gesamtstrafenbildung im beschleunigten Verfahren, in: NJW 1990, S. 170 f

Köhler, Michael: Inquisitionsprinzip und autonome Beweisführung (§ 245 StPO), Heidelberg, Hamburg 1979

König, Peter/Seitz, Helmut: Die straf- und strafverfahrensrechtlichen Regelungen des Verbrechensbekämpfungsgesetzes, in: NStZ 1995, S. 1 ff

Krause, Friedrich-Wilhelm: Zum Urkundenbeweis im Strafverfahren, Hamburg 1966

Krekeler, Wilhelm: Der Beweiserhebungsanspruch des Beschuldigten im Ermittlungsverfahren, Bonn, Essen 1991

Kühne, Hans-Heiner: Strafprozeßlehre, 4., neubearbeitete Auflage, Heidelberg 1993

Kupsch, W. D.: Das neue Ordnungswidrigkeitenrecht, in: NJW 1987, S. 352 ff

Lehmann, Karl-Heinz: Zur Aburteilung von Demonstranten im beschleunigten Verfahren: in: DRiZ 1970, S. 287 ff

Leisner, Volker: Der Umfang der Beweisaufnahme im gerichtlichen Bußgeldverfahren nach der Novellierung des § 77 OwiG, Köln 1992

Lemke, Michael/Rothstein-Schubert, Ulrike: Effektivierung von Strafverfahren im Bereich der einfachen und mittleren Kriminalität nach geltendem Recht, in: ZRP 1997, S. 488 ff

Lesch, Heiko H.: Die Grundsätze der Mündlichkeit und Unmittelbarkeit im Strafverfahren, in: JA 1995, S. 691 ff
Liemersdorf, Thilo: Beweisantragsrecht und Sachverhaltsaufklärung, in: StV 1987, S. 175 ff
Löwe, Ewald/Rosenberg, Werner: Die Strafprozeßordnung und das Gerichtsverfassungsgesetz, Großkommentar, 22. Auflage, 1971 ff, Hrsg. Hanns Dünnebier (zitiert: L/R-Bearbeiter (22. Auflage)), 23. Auflage, 1976 ff, Hrsg. Hanns Dünnebier (zitiert: L/R-Bearbeiter (23. Auflage)), 24. Auflage, 1984 ff, Hrsg. Peter Rieß (zitiert: L/R-Bearbeiter), Berlin, New York, 25. Auflage, 1997 ff, Hrsg. Peter Rieß, (zitiert: L/R-Bearbeiter (25. Auflage)), Berlin, New York
Loos, Fritz/Radtke, Henning: Das beschleunigte Verfahren (§§ 417-420 StPO) nach dem Verbrechensbekämpfungsgesetz, in: NStZ 1995, S. 569 ff und NStZ 1996, S. 7 ff
Luhmann, Niklas: Legitimation durch Verfahren, 3. Auflage, Frankfurt a.M. 1978
Marx, Michael: Die Verwertung präsenter Beweismittel nach neuem Recht, in: NJW 1981, S. 1415 ff
Maunz, Theodor/Dürig, Günter: Kommentar zum Grundgesetz, Band I, Art.1-10, Stand: September 1998 (zitiert: M/D-Bearbeiter)
Mayer, Markus: Rechtshängigkeit im Strafverfahren, in: JuS 1993, S. 496 ff
Meurer, Dieter: Das beschleunigte Verfahren – ein Akt angewandter Kriminalpolitik ?, in: Gedächtnisschrift für Heinz Zipf, S. 483 ff, Heidelberg 1999 (zitiert: Meurer GS-Zipf)
Meyer-Goßner, Lutz: Anm. zu OLG Hamm, Beschluß vom 11.03.1977 - 3 Ss 872/76, in: JR 1978, S. 121 f
Meyer-Goßner, Lutz: Anm. zu OLG Celle, Beschluß vom 10.11.1982 - 2 Ss 348/82, in: JR 1984, S. 75 ff
Meyer-Goßner, Lutz: Strafverfolgung und Gerechtigkeit – ist der Strafprozeß noch zu retten ?, in: DRiZ 1996, S. 180 ff
Mitsch, Wolfgang: Recht der Ordnungswidrigkeiten, Berlin, Heidelberg, New York 1995
Müller, Egon: Der Grundsatz der Waffengleichheit im Strafverfahren, in: NJW 1976, S. 1063 ff
Müller, Günter: Das beschleunigte Verfahren im französischen Strafprozeßrecht, in: GA 1995, S. 169 ff
Nelles, Ursula: Der Einfluß der Verteidigung auf Beweiserhebungen im Ermittlungsverfahren, in: StV 1986, S. 74 ff
Neumann, Ulfrid: Zum Entwurf eines Verbrechensbekämpfungsgesetzes, in: StV 1994, S. 273 ff
Ostendorf, Heribert: Reform des Ordnungswidrigkeitenrechts, in: ZRP 1994, S. 335 ff

Perron, Walter: Das Beweisantragsrecht des Beschuldigten im deutschen Strafprozeß, Berlin 1995

Perron, Walter: Das Beweisantragsrecht des Beschuldigten - Ursache oder Symptom der Krise des deutschen Strafprozesses ?, in: ZStW 108 (1996), S. 128 ff

Peters, Karl: Strafprozeß, 4., neubearbeitete Auflage, Heidelberg 1985

Peukert, Wolfgang: Die Garantie des "fair-trial" in der Straßburger Rechtsprechung, in: EuGRZ 1980, S. 247 ff

Pfeiffer, Gerd: Kommentar zur Strafprozeßordnung und Gerichtsverfassungsgesetz, 3. Auflage, München 2001

Pieroth, Bodo/Schlink, Bernhard: Grundrechte, Staatsrechte II, 13., völlig neubearbeitete Auflage, Heidelberg 1997

Priestoph, Matthias: Beschleunigte Verurteilung festgestellter Fußballrowdies am Beispiel Berlin, in: Die Polizei 1979, S. 296 ff

Quedenfeld, Hans-Dietrich: Beweisantrag und Verteidigung in den Abschnitten des Strafverfahrens bis zum erstinstanzlichen Urteil, in: Festgabe für Karl Peters, S. 215 ff, Heidelberg 1984

Radtke, Henning: Die verfahrensrechtlichen Konsequenzen fehlender Beschleunigung im beschleunigten Verfahren (§§ 417 - 420 StPO), in: JR 2001, S. 133 ff

Ranft, Otfried: Strafprozeßrecht, 2. Auflage, Stuttgart ua. 1995

Rebmann, Kurt/Roth, Werner/Herrmann, Siegfried: Gesetz über Ordnungswidrigkeiten, Loseblattkommentar, 2. Auflage 1988 mit Ergänzungslieferungen, Stand: März 1998, Stuttgart, Berlin, Köln (zitiert: R/R/H OWiG)

Rieß, Peter/Hilger, Hans: Das neue Strafverfahrensrecht, in: NStZ 1987, S. 145 ff

Rieß, Peter: Reflexionen zur Lage der Strafjustiz, in: NStZ 1994, S. 409 ff

Roxin, Claus: Strafverfahrensrecht, 25. Auflage, München 1998

Sarstedt, Werner/Hamm, Rainer: Die Revision in Strafsachen, 5. Auflage, Berlin, New York 1983

Schatz, Holger: Das Beweisantragsrecht in der Hauptverhandlung: Reformgeschichte und Reformproblematik: eine rechtsdogmatische und rechtspolitische Analyse, Berlin 1999

Scheffler, Uwe: Kurzer Prozeß mit rechtsstaatlichen Grundsätzen, in: NJW 1994, S. 2191 ff

Schellenberg, Frank: Die Hauptverhandlung im Strafverfahren, Köln 1996

Schlimgen-Rossa, Angela: Die gerichtliche Beweisaufnahme in der Reform des Bußgeldverfahrens, Gießen 1984

Schlothauer, Reinhold: Vereinfachte Beweisaufnahme nach dem Verbrechensbekämpfungsgesetz auch in der Berufungsinstanz ?, in: StV 1995, S. 46 f

Schlüchter, Ellen: Das Strafverfahren, 2. Auflage, Köln, Berlin, Bonn, München 1983

Schmehl, Martin/Vollmer, Walter: Die Assessorklausur im Strafrecht, 4. Auflage, München 1996

Schmidt-Hieber, Werner: Der Beweisantrag im Strafprozeß, in: JuS 1985, S. 291 ff

Schmitt, Rudolf: Das Strafverfahren zweiter Klasse, in: ZStW 89 (1977), S. 639 ff

Schneidewin, Karl: Der Urkundenbeweis in der Hauptverhandlung, in: JR 1951, S. 481 ff

Schroeder, Friedrich-Christian: Die Beweisaufnahme im Strafprozeß unter dem Druck der Auseinandersetzung zwischen Ost und West, in: ROW 1969, S. 193 ff

Schroeder, Friedrich-Christian: Strafprozeßrecht, 3. Auflage, München 2001

Schröer, Eike: Das beschleunigte Strafverfahren gemäß §§ 417 ff StPO, Berlin 1998

Schünemann, Bernd: Das beschleunigte Verfahren im Zwiespalt von Gerechtigkeit und Politik, in: NJW 1968, S. 975 f

Schultz, Dietrich: Das beschleunigte Verfahren in Verkehrsstrafsachen, in: DAR 1957, S. 93 ff

Schulz, Joachim: Die prozessuale Behandlung des Beweiermittlungsantrags, in: GA 1981, S. 301 ff

Schulz, Joachim: Die Erosion des Beweisantragsrechts - Zum Entwurf eines Gesetzes zur Entlastung der Rechtspflege, in: StV 1991, S. 354 ff

Schweckendieck, Helmut: Anm. zu BGH, Beschluß vom 29.03.1988 - 5 StR 624/86, in: NStZ 1989, S. 486 f

Seyler, Wendelin: Das Behördengutachten im Strafprozeß, in: GA 1989, S. 546 ff

Spaniol, Margret: Das Recht auf Verteidigerbeistand im Grundgesetz und der Europäischen Menschenrechtskonvention, Berlin 1990

Sprenger, Wolfgang: Fördert die Neuregelung des beschleunigten Verfahrens seine breitere Anwendung ?, in: NStZ 1997, S. 574 ff

Stintzing, Heike/Hecker, Bernd: Abschreckung durch Hauptverhandlungshaft? – Der neue Haftgrund des "vermuteten Ungehorsams", in: NStZ 1997, S. 569 ff

Systematischer Kommentar: Kommentar zur Strafprozeßordnung und zum Gerichtsverfassungsgesetz, bearbeitet von Rudolphi, Frisch, Rogall, Schlüchter, Wolter, Loseblattkommentar, Neuwied, Kriftel, Berlin (zitiert: SK/StPO-Bearbeiter)

Terhorst, Bruno: Anm. zu BGH, Beschluß vom 29.03.1988 - 5 StR 624/86, in: JR 1989, S. 121 f

Theisen, Wilhelm: Anm. zu OLG Karlsruhe, Beschluß vom 09.11.1995 – 2 VAs 18/95, in: JR 1996, S. 436 f

Tiemer, Carsten: Die Verteidigerbestellung im Strafbefehls- und im beschleunigten Verfahren gemäß §§ 408b, 418 Abs.4 StPO, 1. Auflage, Göttingen 1998

Tolksdorf, Klaus: Zur Annahmeberufung nach § 313 StPO, in: Festschrift für Hannskarl Sager, S. 393 ff, Köln, Berlin, Bonn, München 1995 (zitiert: Tolksdorf FS-Salger)

Trechsel, Stefan: Die Verteidigungsrechte in der Praxis zur Europäischen MRK, in: SZStR 1979, S. 337 ff

Treier, Gerhard: Anm. zu OLG Celle, Beschluß vom 10.11.1982 - 2 St 348/82, in: NStZ 1983, S. 234 f

Ulsenheimer, Klaus: Einschränkungen des Beweisrechts in Gegenwart und Zukunft, in: AnwBl 1983, S. 373 ff

ter Veen, Heino: Beweisumfang und Verfahrensökonomie im Strafprozeß, Heidelberg 1995

Vogtherr, Thomas H.: Rechtswirklichkeit und Effizienz der Strafverteidigung, Frankfurt a.M. 1991

Wächtler, Hartmut: Der autoritäre Strafprozeß - das beschleunigte Verfahren neuer Art im Entwurf eines sogenannten Kriminalitätsbekämpfungsgesetzes von CDU/CSU und FDP, in: StV 1994, S. 159 ff

Wagner, Heinz: Anm. zu OLG Oldenburg, Beschluß vom 19.07.1982 - 2 Ws 255/82, in: JR 1983, S. 303 f

Wassermann, Rudolf: Zur Bedeutung, zum Inhalt und zum Umfang des Rechts auf Gehör (Art.103 Abs.1 GG), in: DRiZ 1984, S. 425 ff

Werle, Gerhard: Aufbau oder Abbau des Rechtsstaats, in: JZ 1991, S. 789

Wessels, Johannes: Die Aufklärungsrüge im Strafprozeß, in: JuS 1969, S. 1 ff

Widmaier, Gunter: Kritische Gedanken zur diskutierten Reform des Beweisantrags- und Revisionsrechts, in: NStZ 1994, S. 414 ff

Wißgott, Volkmar: Das Beweisantragsrecht im Strafverfahren als Kompensation der richterlichen Inquisitionsmaxime, Frankfurt a.M. 1998

Wömpner, Hans-Bernd: Ergänzender Urkundenbeweis neben §§ 253, 254 StPO, in: NStZ 1983, S. 293 ff

Woesner, Horst: Der Privatkläger in der Hauptverhandlung, in: NJW 1959, S. 704 ff

Zimmermann, Heinz-August: Das beschleunigte Verfahren im Strafprozeß, Bochum 1962

Einleitung

Das beschleunigte Verfahren[1] hat durch das Verbrechensbekämpfungsgesetz vom 28. Oktober 1994 einige entscheidende Änderungen erfahren. An die Stelle der ursprünglichen Regelung in den §§ 212 ff a.F. trat die Neufassung in den §§ 417 - 420. Äußerlich dokumentiert die neue Plazierung im sechsten Buch der Strafprozeßordnung im Abschnitt „Besondere Arten des Verfahrens" den Wunsch des Gesetzgebers, das b.V. insgesamt aufzuwerten und es in einen Zusammenhang mit dem als vereinfachte Erledigungsform anerkannten Strafbefehlsverfahren zu rücken. Inhaltlich wird dem durch eine bis dahin unbekannte Umgestaltung der Beweisaufnahmeregeln in der Hauptverhandlung Rechnung getragen. Das hat zur Folge, daß sich Abweichungen zum Normalverfahren im Gegensatz zur alten Rechtslage nicht mehr auf den Abschnitt zwischen dem beendeten Ermittlungsverfahren und dem Beginn der Hauptverhandlung beschränken.

Im einzelnen orientieren sich die §§ 417 - 419 weitgehend an den §§ 212 - 212b a.F.. Sie enthalten die Voraussetzungen für die Durchführung eines b.V., vereinfachen die für das Normalverfahren gültigen Vorschriften bezüglich der Eröffnung des Hauptverfahrens, der Ladung des Beschuldigten und des Erfordernisses einer Anklageschrift und regeln die Einzelheiten für den Erlaß eines Ablehnungsbeschlusses, sollte das Gericht der Ansicht sein, ein Sachverhalt eigne sich nicht für das b.V.. Neuartig ist die in § 419 Abs. 3 enthaltene erleichterte Überleitungsmöglichkeit in das ordentliche Strafverfahren und die Normierung eines Falles der notwendigen Verteidigung in § 418 Abs. 4, wenn eine Freiheitsstrafe von mehr als sechs Monaten zu erwarten ist. § 420 schließlich, für den im b.V. alter Prägung kein Pendant existierte, sieht für die Hauptverhandlung erweiterte Ausnahmen vom Unmittelbarkeitsprinzip und ein eingeschränktes Beweisantragsrecht vor[2].

Insbesondere von der mit der Einfügung des § 420 verbundenen Möglichkeit, die Beweisaufnahme zu verkürzen und die Hauptverhandlung insgesamt zu beschleunigen, sollte – nach der Intention des Gesetzgebers – ein starker Anreiz auf Strafgerichtsbarkeit und Staatsanwaltschaft ausgehen, vom b.V. in einem stärke-

---

1 Zur geschichtlichen Entwicklung des beschleunigten Verfahrens (im folgenden "b.V.") vgl. Schröer S.27 ff

2 § 420 gilt über die Verweisung in § 411 Abs. 2 S. 2 auch im Strafbefehlsverfahren.

ren Umfang als bisher Gebrauch zu machen. In tatsächlich oder rechtlich einfachen Fällen sollte eine Verurteilung ermöglicht werden, „die der Tat möglichst auf dem Fuße folgt."

Das Ziel der vorliegenden Arbeit besteht darin, die Veränderungen, die die Hauptverhandlung eines b.V. durch die Neuregelung in den §§ 417 ff erfahren hat bzw. erfahren kann, darzustellen. Im Mittelpunkt der Ausführungen wird mit § 420 die zentrale Norm des neuen b.V. stehen, die die für das Normalverfahren zu beachtenden Vorschriften in Bezug auf die Beweisaufnahme modifiziert. Über den Titel der Arbeit hinausgehend sollen zudem einzelne Besonderheiten des b.V. erörtert werden, die zwar nicht direkt dem Verfahrensabschnitt der Hauptverhandlung zuzuordnen sind, deren Kenntnis aber unerläßliche Voraussetzung dafür ist, sich ein umfassendes Bild von der Neustrukturierung dieser besonderen Verfahrensart machen zu können. Anschließend wird zu untersuchen sein, wie die gesetzlich vorgesehenen Vereinfachungen vor dem Hintergrund des bezweckten beschleunigten Verfahrensabschlusses einerseits und dem Recht des Beschuldigten auf ein faires Verfahren andererseits zu bewerten sind.

1. Kapitel. Antrag auf Entscheidung im beschleunigten Verfahren

A. Antragsrecht der Staatsanwaltschaft

Ausgangspunkt eines jeden b.V. ist der von der Staatsanwaltschaft gemäß § 417 gestellte Antrag auf Entscheidung im b.V.. Dieser Antrag stellt eine besondere Prozeßvoraussetzung dar[3]. Er ist strikt von der Anklage zu unterscheiden. Weder erfüllt er ihre Funktion noch kann er sie – auch nicht ausnahmsweise[4] – ersetzen. Fehlt der Antrag und kann er nicht mehr nachgeholt werden, so ist das Verfahren gemäß §§ 206a, 260 Abs.3 einzustellen[5]. Das Antragsrecht ist in § 417 allein der Staatsanwaltschaft eingeräumt. Dem Richter steht kein Initiativrecht zu. Selbst wenn er nach der Lektüre der Anklageschrift das b.V. statt des von der Staatsanwaltschaft eingeleiteten Normalverfahrens für zweckmäßiger erachtet, kann er nicht auf den Eröffnungsbeschluß gemäß § 207 verzichten und einen Termin zur Verhandlung im vereinfachten Verfahren bestimmen. Natürlich bleibt es ihm aber unbenommen, in ihm geeignet erscheinenden Fällen bei der Staatsanwaltschaft die Beantragung dieses Verfahrens anzuregen. Eine enge Zusammenarbeit ist ohnehin unerläßlich, da nicht nur die gesetzlich festgelegten Eignungskriterien (§§ 417, 419) erfüllt sein, sondern auch die organisatorischen Möglichkeiten zur Durchführung des vereinfachten Verfahrens bestehen müssen. Im übrigen verbleibt dem Gericht gemäß § 418 eine wichtige Mitbestimmungsbefugnis. Ohne daß es nämlich die Einschätzung der Staatsanwaltschaft bezüglich der Eignungskriterien teilt, kommt ein b.V. gar nicht in Betracht[6].

Dem Beschuldigten ist dagegen nach der Neuregelung des b.V. auch weiterhin jeglicher gesetzlich verankerter Einfluß auf die Art des Strafverfahrens verwehrt worden[7]. Weder kann er die Durchführung eines b.V. beantragen noch kann er sie ablehnen. Ihm verbleibt allenfalls die Möglichkeit, seine Vorstellungen bei Gericht zu artikulieren. Einwände, wie z.B. mangelnde Vorbereitungszeit für die Verteidigung, sind auf ihre Stichhaltigkeit[8] und Wünsche, wie z.B. be-

3 AK/StPO-Loos § 417 Rnr.7; Kl/M-G § 417 Rnr.9

4 Vgl. dazu 2.Kap C

5 Vgl. OLG Hamburg StraFO 2000,58f; KMR-Fezer § 417 Rnr.3; Kl/M-G § 417 Rnr.9; Ranft Rnr.2332

6 Eine Entscheidung im b.V. wird dann nach § 419 Abs. 1 S. 1 abgelehnt.

7 SK/StPO-Paeffgen § 417 Rnr.9

8 Vgl. dazu auch Nr. 146 Abs. 1 S. 2 RiStBV

schleunigt zu verhandeln, um längere Haftzeiten zu vermeiden, auf ihre Umsetzbarkeit zu überprüfen[9].

Die Staatsanwaltschaft hat gemäß § 417 die Wahl, den Antrag schriftlich oder mündlich zu stellen. Vor allem im Hinblick auf eine sofortige Hauptverhandlung – wenn der Beschuldigte sich freiwillig stellt oder vorgeführt wird[10] – kann ein mündlicher Antrag von Nutzen sein. Im Gegensatz zur alten Rechtslage, nach der die Beantragung des b.V. ins pflichtgemäße Ermessen der Staatsanwaltschaft gestellt war[11], ist sie nunmehr verpflichtet, in geeigneten Fällen das b.V. zu einzuleiten[12]. Der Gesetzgeber verspricht sich von dem Anwendungszwang eine stärkere Nutzung des b.V.[13]. Zweifel daran, daß diese Rechnung aufgeht, sind verschiedentlich angemeldet worden. Mit Recht wird darauf hingewiesen, daß eine Verpflichtung zur Beantragung des b.V. nur besteht, wenn die Eignungsvoraussetzungen (§§ 417, 419 Abs. 1 S. 2) erfüllt sind[14]. Bei der Einschätzung, ob das der Fall ist, verbleibt der Staatsanwaltschaft freilich angesichts der wenig präzisen Kriterien ein breiter Beurteilungsspielraum[15]. Zudem hat man darauf verzichtet, die nunmehr im Rahmen des § 417 bestehende Beantragungspflicht der Staatsanwaltschaft verfahrensrechtlich abzusichern. So sieht die Neuregelung des b.V. keine Kontrollinstanz vor, die prüft, ob die Staatsanwaltschaft die ihr obliegende Eignungsprüfung tatsächlich gewissenhaft vornimmt[16].

Eine Erhöhung der Anwendungshäufigkeit des b.V. wird somit weniger von der Neufassung des § 417 abhängen, als vielmehr davon, ob neben dem Strafbefehlsverfahren ein legitimer Anwendungsbereich für das b.V. existiert, die Verfahrensverkürzungen für rechtsstaatlich unbeachtlich erachtet und die organisatorischen Voraussetzungen für die Durchführung dieses vereinfachten Verfahrens geschaffen werden.

---

9 KK/StPO-Treier (3. Auflage) § 212 Rnr.6

10 L/R-Rieß § 212 Rnr.17; Zimmermann S.81

11 AK/StPO-Loos § 212 Rnr.10; KMR-Paulus § 212 Rnr.5; KK/StPO-Treier (3. Auflage) § 212 Rnr.6

12 BT/Ds 12/6853 S.35; Kl/M-G § 417 Rnr.10; König/Seitz NStZ 1995,1,5; ähnlich wie § 417 schon früher Nr.146 I S.1 RiStBV

13 BT/Ds 12/6853 S.35

14 SK/StPO-Paeffgen § 417 Rnr.9

15 AK/StPO-Loos § 417 Rnr.1; Sprenger NStZ 1997,574,575; Lemke/Rothstein-Schubert ZRP 1997,488,490f

16 AK/StPO-Loos § 417 Rnr.1

B. Zeitpunkt der Antragstellung

Der Vorschrift des § 417 läßt sich der genaue Zeitpunkt, wann der Antrag auf Entscheidung im b.V. zu stellen ist, nicht entnehmen.

Der frühest denkbare Zeitpunkt ist aber jedenfalls der in den Akten festgehaltene Abschluß der staatsanwaltschaftlichen Ermittlungen nach § 169a[17]. Erst wenn das Ergebnis der Ermittlungen feststeht, darf die Staatsanwaltschaft sich ein abschließendes Bild vom zugrunde liegenden Fall machen und entscheiden, ob die Eignungskriterien des b.V. erfüllt sind. Hat sie nach der Prüfung des Ermittlungsergebnisses zunächst mit der Anklageschrift einen Antrag auf Eröffnung des Hauptverfahrens eingereicht, ist sie bis zum Erlaß des Eröffnungsbeschlusses durch das Gericht gemäß §§ 203, 207 nicht daran gehindert, den Antrag nach § 199 Abs. 2 S. 1 ausdrücklich oder konkludent durch die Beantragung des b.V. zurückzunehmen[18]. Sinnvoll wäre ein derartiges Vorgehen vor allem, wenn der Beschuldigte in der Zwischenzeit ein glaubhaftes Geständnis abgelegt hat und eventuell sogar selber an einem schnellen Abschluß des Strafverfahrens interessiert ist. Die Anklage bliebe dann wirksam erhoben (schriftliche Anklageerhebung, vgl. § 418 Abs. 3) und das Gericht müßte über den Antrag, im b.V. zu verhandeln, entscheiden.

Mit dem Erlaß des Eröffnungsbeschlusses verliert die Staatsanwaltschaft nach ganz überwiegender Ansicht das Recht zur Antragstellung nach § 417[19]. Als Begründung wurde zur alten Rechtslage angeführt, daß ein wesentlicher Zweck des b.V. – die Vermeidung des Eröffnungsverfahrens – nach dem Erlaß des Beschlusses gemäß §§ 203, 207 nicht mehr erreichbar sei[20]. Entsprechendes soll für einen bereits gestellten Antrag auf Erlaß eines Strafbefehls gelten (§ 407). Mit dem Erlaß des Strafbefehls (§ 408 Abs. 3) bzw. mit der Anberaumung der Hauptverhandlung gemäß § 408 Abs. 2 S. 2 erlösche seitens der Staatsanwaltschaft die Möglichkeit, sich anders zu entscheiden und ein b.V. zu initiieren[21].

Treier hat die dargestellte Position bereits im Hinblick auf die alte Rechtslage als zu formal bezeichnet und die Antragstellung auch noch nach Erlaß des Eröffnungsbeschlusses als zulässig angesehen[22]. Neuerdings erhält er Unterstützung

---

17 Vgl. nur AK/StPO-Loos § 212 Rnr.11; KK/StPO-Treier (3. Auflage) § 212 Rnr.8; Kl/M-G § 417 Rnr.12

18 L/R-Rieß § 212 Rnr.18

19 KMR-Fezer § 417 Rnr.5; Schröer S.106 f

20 AK/StPO-Loos § 212 Rnr.11; KMR-Paulus § 212 Rnr.7

21 L/R-Rieß § 212 Rnr.18; KMR-Fezer § 417 Rnr.7

22 KK/StPO-Treier (3. Auflage) § 212 Rnr.8; vgl. auch L/R-Kohlhaas § 212 Anm.1 (22.Auflage) : Übergang ins b.V. kann nützlich sein wegen der kürzeren Ladungsfristen

von Paeffgen, der in seiner Stellungnahme explizit auf die Neuregelung in den § 417 ff Bezug nimmt[23]. Das neue b.V. sehe im Gegensatz zu den §§ 212 ff a.F. neben dem Wegfall des Zwischenverfahrens eine Reihe weiterer Vereinfachungen vor. Da diese teilweise – wenn man beispielsweise an die verkürzte Beweisaufnahme in § 420 denkt – erst nach der Eröffnung des Verfahrens gemäß § 207 zur Anwendung gelangten, sei eine zügigere Durchführung der Hauptverhandlung als im Regelverfahren in diesem Moment noch erreichbar. Das Argument vieler Autoren zur alten Rechtslage, der Hauptzweck des b.V. habe sich mit dem Erlaß des Eröffnungsbeschlusses erledigt, da von diesem Zeitpunkt an das allgemeine und das besondere Strafverfahren synchron verliefen, treffe also nicht mehr zu. Ein Übergang ins b.V. durch einen Antrag der Staatsanwaltschaft müsse vielmehr jetzt auch nach dem Erlaß des Eröffnungsbeschlusses zulässig bleiben.

Nahezu einheitlich ist man der Auffassung, daß eine Antragstellung gemäß § 417 jedenfalls nach dem Beginn der Hauptverhandlung im Normalverfahren ausgeschlossen ist. Es bestünde sonst die Gefahr, daß der nachträgliche Übergang vom Normalverfahren ins b.V. zur Heilung von Verfahrensfehlern mißbraucht werden könnte[24] und die Beachtung der Eignungskriterien in den Hintergrund träte, nur um das fehlerhafte Verfahren zu retten. Mit Recht ist noch zur alten Regelung der Übergang in das b.V. für unzulässig erklärt worden, als es an einer wirksamen Anklageschrift fehlte und bereits ein Eröffnungsbeschluß ergangen war[25]. Die beschriebene Gefahr hat sich durch die Neufassung des b.V. vor dem Hintergrund der in § 420 geregelten vereinfachten Beweisaufnahme sogar noch einmal verstärkt. Sollte daher im Einzelfall die Einfachheit des Sachverhalts oder die Klarheit der Beweislage erst nach dem Beginn der Hauptverhandlung deutlich hervortreten, darf dieses nicht zu Lasten des Angeklagten gehen, der sich auf einen für ihn nachteiligen Verfahrenswechsel in der Kürze der Zeit kaum einstellen könnte. Vielmehr ist im Sinne der Rechtsklarheit das Verfahren zügig nach den allgemeinen Regeln zu beenden[26].

Differenzierter ist dagegen die Situation zu beurteilen, wenn der Antrag nach dem Erlaß des Eröffnungsbeschlusses, aber noch vor dem Beginn der Hauptverhandlung gestellt wird. Im Vergleich zu einem direkt eingeleiteten b.V. stünde der Angeklagte insofern besser, als zu diesem Zeitpunkt ein Zwischenverfahren schon stattgefunden hätte. Er hätte sich zu den erhobenen Vorwürfen erklären und Beweiserhebungen beantragen können (§ 201). Bei einem unmittelbar bean-

23 SK/StPO-Paeffgen § 417 Rnr.10

24 AK/StPO-Loos § 417 Rnr.9; Ranft Rnr.2340

25 BayObLG MDR 1988,77

26 Lagen von Anfang an die Voraussetzungen für das b.V. vor, hätte die Staatsanwaltschaft gleich den Antrag gem. § 417 stellen müssen (Antragspflicht). Daß sie es nicht getan hat, bleibt aber ohne rechtliche Konsequenzen.

tragten b.V. hingegen wäre das formelle Zwischenverfahren obligatorisch entfallen. Eine Schlechterstellung des Angeklagten ergäbe sich zudem auch nicht aus der Tatsache, daß er im Anschluß an den Eröffnungsbeschluß und die Beantragung des b.V. gemäß § 418 Abs. 2, d.h. mit einer gesetzlich vorgesehenen Ladungsfrist von 24 Stunden geladen würde, wenn er sich nicht freiwillig stellte oder vorgeführt werden könnte. Unter den gleichen Bedingungen wäre seine Anwesenheit bei einem unmittelbar eingeleiteten b.V. nach der Antragstellung gemäß § 417 durch die Staatsanwaltschaft sichergestellt worden. Auf den ersten Blick verschlechterte sich seine Rechtsposition durch die späte Beantragung des b.V. also nicht.

Allerdings gilt es zu beachten, daß vielen Angeklagten zu diesem Zeitpunkt bereits der Eröffnungsbeschluß zugegangen sein wird, eventuell sogar mit einer Ladung für die Hauptverhandlung (§§ 214 ff) versehen. Den durch die Mitteilung von der Eröffnung des Verfahrens und der Ladung entstandenen Vertrauenstatbestand sollte man nicht durch einen abrupten Übergang vom Regelverfahren in das b.V. verletzen; zumal ein Verfahrenswechsel zu diesem Zeitpunkt nur zu leicht in den Verdacht gerät, einzig mit dem Ziel herbeigeführt worden zu sein, um dem Angeklagten bereits eingeräumte Rechte wieder entziehen zu können[27]. Aber nicht allein aus materiellen, sondern auch aus formellen Aspekten erscheint ein Wechsel der Verfahrensart als problematisch. Die damit intendierte Anwendbarkeit der Vorschriften des b.V. hat für den Angeklagten im Vergleich zum „begonnenen" Normalverfahren angefangen von der kurzen Ladungsfrist bis zur möglichen vereinfachten Beweisaufnahme einzig eine Verkürzung seiner Rechtsposition zur Folge. Unter diesem Aspekt wäre es zu erwarten gewesen, daß der Übergang vom bereits eröffneten Normalverfahren in das besondere Strafverfahren, wäre er für zulässig erachtet worden, eine ausdrückliche Regelung erfahren hätte. In einem vergleichbaren Fall wurde dieser Gedanke in eine Vorschrift aufgenommen und umgesetzt. § 408a regelt die Voraussetzungen, unter denen ein Normalverfahren in ein Strafbefehlsverfahren übergeleitet werden kann. Eine Norm, die ein eröffnetes und damit rechtshängiges Normalverfahren in ein b.V. überführt, existiert dagegen nicht. Diesem Umstand läßt sich entnehmen, daß ein Antrag auf Entscheidung im b.V. nach Eröffnung des Hauptverfahrens nicht mehr zulässig sein soll.

Dem im Einzelfall bestehenden praktischen Bedürfnis, zu einer kurzfristigeren Terminierung der Hauptverhandlung zu gelangen, kann man, ohne einen Wechsel ins b.V. (vgl. § 418 Abs. 2) einleiten zu müssen, durch eine einvernehmliche Vereinbarung mit dem Angeklagten gemäß § 217 Abs. 3 Rechnung

27 BayObLG MDR 1988,77,78

tragen[28]. Im übrigen genießt die Beachtung der im Regelverfahren geltenden Förmlichkeiten und Verfahrensvorschriften Vorrang vor einer schnellen Abwicklung des Verfahrens.

Die Staatsanwaltschaft kann den Antrag auf Entscheidung im b.V. demnach nur bis zum Erlaß des Eröffnungsbeschlusses stellen.

C. Rücknahme des Antrags

Die Staatsanwaltschaft erhebt Klage, wenn der Beschuldigte aufgrund der Ermittlungen hinreichend verdächtig ist. Eignet sich der Fall zudem zur sofortigen Verhandlung, weil der Sachverhalt einfach oder die Beweislage klar ist und die Rechtsfolgengrenze des § 419 Abs. 1 S. 2 eingehalten werden kann, stellt sie einen Antrag auf Entscheidung im b.V..

Das Recht der Staatsanwaltschaft, diesen Antrag unter bestimmten, noch näher zu beleuchtenden Umständen zurücknehmen zu können, ist allgemein anerkannt. Es wird aus der Dispositionsbefugnis der Staatsanwaltschaft über die Klage hergeleitet. Wenn es der Staatsanwaltschaft grundsätzlich unter Beachtung der von § 156 gezogenen Grenzen erlaubt sein soll, die Klage zurückzunehmen und damit über das „ob" des Verfahrens zu entscheiden, dann muß ihr erst recht die Rücknahme des Antrags gemäß § 417 und damit eine Entscheidung über die Art des Verfahrens offenstehen[29]. Es kann nämlich nicht nur die Erkenntnis reifen, daß ein hinreichender Tatverdacht entgegen einer ersten Einschätzung doch nicht vorliegt, sondern auch, daß eine Eignung für das b.V. letztlich nicht zu bejahen ist. Das ist einhellige Auffassung.

Umstritten ist allerdings der Zeitpunkt, bis zu dem die Rücknahme des Antrags erfolgt sein muß.

Es wird die Ansicht vertreten, die Staatsanwaltschaft könne noch bis zur Urteilsverkündung den Antrag auf Entscheidung im b.V. zurücknehmen[30]. Zur Begründung werden im wesentlichen zwei Argumentationsstränge angeboten.

So stellen Pfeiffer, Dünnebier und Wendisch darauf ab, daß das b.V. ohne Zwischenverfahren und anschließendem Eröffnungsbeschluß durchgeführt werde. Das Gericht befasse sich also – im Gegensatz zum Normalverfahren – das erste Mal in der Hauptverhandlung mit dem Anklagevorwurf. Dabei werde der Zeit-

28 AK/StPO-Loos § 212 Rnr.11; L/R-Rieß § 212 Rnr.19; vgl. auch Scheffler NJW 1994,2191,2195, der sich für ein zügig durchgeführtes Normalverfahren ausspricht.

29 Zimmermann S.86f

30 Vgl. insoweit nur OLG Celle NStZ 1983,233; KK/StPO-Pfeiffer (3. Auflage) § 12 Rnr.2; wohl auch BGHSt 15,314,316; neuerdings BayObLGSt 1997,172; SK/StPO-Paeffgen § 417 Rnr.11

punkt, wann das Gericht feststelle, daß ein hinreichender Tatverdacht vorliege, im Regelfall nach dem Beginn der Vernehmung des Angeklagten zur Sache liegen[31]. Der genaue Moment könne aber nicht abstrakt bestimmt werden[32]. Erst mit der Verkündung des Urteils treffe das Gericht mit Sicherheit eine Feststellung zum hinreichenden Tatverdacht, die der des Eröffnungsbeschlusses gleichkomme und die Rechtshängigkeit des Verfahrens bewirke[33]. Daher könne die Staatsanwaltschaft bis zu diesem Zeitpunkt den Antrag gemäß § 417 zurücknehmen. Diesen Gedanken nimmt offensichtlich auch das OLG Celle auf, wenn es ausführt, daß im b.V. keine endgültige Bindung der Staatsanwaltschaft i.S.d. § 156 eintrete[34]. Dieses sei § 212b Abs. 2 a.F. zu entnehmen, der dem Richter die Möglichkeit einräume, die Aburteilung im b.V. noch in der Hauptverhandlung bis zur Verkündung des Urteils durch unanfechtbaren Beschluß abzulehnen, wodurch die Staatsanwaltschaft ihre völlige Entschließungsfreiheit wiedererlange[35]. Somit verlöre die Staatsanwaltschaft ihre Dispositionsbefugnis endgültig erst mit der Urteilsverkündung in erster Instanz. Bis dahin aber könne sie ihren Antrag gemäß § 212 a.F. jederzeit zurücknehmen.

Zu diesem Ergebnis gelangt neuerdings auch das BayObLG[36]. Es konzediert zwar, daß die Rechtshängigkeit im b.V. nach überwiegender Auffassung bereits mit dem Beginn der Vernehmung des Angeklagten eintrete. Mit diesem Ereignis verliere die Staatsanwaltschaft jedoch nicht wie im Normalverfahren ihre Dispositionsbefugnis. Eine analoge Anwendung des § 156 StPO scheitere nämlich daran, daß das b.V. sich in seiner verfahrensrechtlichen Anlage vom Regelverfahren erheblich unterscheide. Weder ergehe im b.V. eine formalisierte Entscheidung über die Eröffnung des Hauptverfahrens noch werde vom Gericht wegen der Möglichkeit des § 419 Abs. 2, 3 zwangsläufig nach der Anklageerhebung eine Entscheidung (Verurteilung/Freispruch) über den zur Last gelegten Vorwurf getroffen. Die Entkoppelung von Rechtshängigkeit und Dispositionsbefugnis stelle im übrigen keine Besonderheit des b.V. dar, wie die Regelung des § 411 Abs. 3 S. 1 zeige, nach der Rechtshängigkeit im Strafbefehlsverfahren zwar mit Erlaß des Strafbefehls eintrete, die Staatsanwaltschaft die Klage nach einem zulässigen Einspruch aber noch bis zur Verkündung des Urteils im ersten Rechtszug zurücknehmen könne. Insbesondere die bedeutsamen Einschränkungen der Rechtsstellung der Prozeßbeteiligten bei der Beweisaufnahme, v.a. durch die Regelung des § 420 Abs. 4, erforderten im Interesse der Wahrheitsfindung eine parallel

31 L/R-Dünnebier § 12 Rnr.13 (23.Auflage)
32 KK/StPO-Pfeiffer (3. Auflage) § 12 Rnr.2
33 L/R-Wendisch § 12 Rnr.13; § 16 Rnr.5
34 OLG Celle NStZ 1983,233 = JR 1984,74
35 OLG Celle NStZ 1983,233; vgl. auch BGHSt 15,314,316
36 BayObLG NJW 1998,2152f; ebenso Fülber/Putzke DRiZ 1999,196ff

verlaufende, gleichwohl unabhängige Kontrollbefugnis von Staatsanwaltschaft und Gericht[37].

Beide Begründungen überzeugen bei genauerer Betrachtung nicht und können die von den Vertretern dieser Ansicht angenommene, weitreichende Rücknahmebefugnis der Staatsanwaltschaft nicht rechtfertigen.

Das Gericht ist vielmehr auch nach der Neuregelung des b.V. verpflichtet, vor Durchführung des b.V. den gegen den Angeklagten bestehenden Tatverdacht zu prüfen. Mit der Vernehmung des Angeklagten zur Sache gibt das Gericht somit erstmalig zu erkennen, daß es sich den Strafvorwurf der Staatsanwaltschaft gegenüber dem Angeklagten zu eigen macht und bereit ist, ihn auf seine Richtigkeit hin zu überprüfen[38]. Diese richterliche Untersuchungshandlung ist dem Erlaß eines Eröffnungsbeschlusses im Normalverfahren gleichzustellen. Das b.V. wird also in diesem Zeitpunkt rechtshängig und die Staatsanwaltschaft verliert – entsprechend der Vorschrift des § 156 – die Dispositionsbefugnis an das Gericht und damit letztlich das Recht, den Antrag gemäß § 417 zurückzunehmen[39].

Schon zur alten Rechtslage existierte eine lebhafte Kontroverse, inwieweit im b.V. eine Prüfung des Tatverdachtes vor der Durchführung der Hauptverhandlung durch das Gericht überhaupt zulässig, möglich oder gar erforderlich war[40]. Diejenigen, die eine Prüfung für unzulässig erachteten, verwiesen vor allem auf den Wortlaut des § 212a Abs. 1 a.F. (insoweit unverändert § 418 Abs. 1). Danach bedürfe es keiner Entscheidung über die Eröffnung des Hauptverfahrens und folglich keiner Prüfung des Tatverdachtes (§ 203), da die Anwendung der §§ 199 - 211 insgesamt ausgeschlossen sei[41]. In Wirklichkeit wird jedoch allein auf eine formelle Entscheidung des Gerichtes über die Eröffnung des Hauptverfahrens verzichtet. Die materielle Prüfung des Tatverdachts hingegen untersagt der Gesetzestext nicht[42]. Sie kann allerdings nur auf der Grundlage des dem Gericht vorliegenden Akteninhalts erfolgen, da die §§ 201, 202 im b.V. unanwendbar sind[43]. Mit dieser verschlankten summarischen Verdachtsprüfung verliert der Einwand, eine Prüfungspflicht würde im Ergebnis doch auf eine Durchführung des Zwischenverfahrens hinauslaufen und folglich den Beschleunigungseffekt

---

37 Ähnlich SK/StPO-Paeffgen § 417 Rnr.11

38 Schröer S.108; Zimmermann S.130; Mayer JuS 1993,496,498

39 AK/StPO-Loos § 418 Rnr.14; Treier NStZ 1983,234; Meyer-Goßner JR 1984,75,76; a.A. BayObLG NJW 1998,2152,2153; SK/StPO-Paeffgen § 417 Rnr.11; HK/StPO-Krehl § 417 Rnr.5

40 Vgl. AK/StPO-Loos § 212a Rnr.1 f; KMR-Paulus § 212 Rnr.10; KK/StPO-Treier (3. Auflage) § 212a Rnr.1

41 OLG Oldenburg GA 1961,187; Schultz DAR 1957,95

42 Zimmermann S.96; Fezer 9/Rnr.129; L/R-Rieß § 212a Rnr.9

43 AK/StPO-Loos § 418 Rnr.3; Loos/Radtke NStZ 1995,569,573

gegenüber dem Normalverfahren marginalisieren[44], an Überzeugungskraft[45], zumal das neue b.V. im Gegensatz zu den §§ 212 ff a.F. weitere Vereinfachungsmöglichkeiten noch in der Hauptverhandlung vorsieht. Die Annahme nur eines Prüfungsrechtes erscheint andererseits nicht ausreichend, wenn man bedenkt, daß im gesamten Strafverfahrensrecht eine Hauptverhandlung prinzipiell nur im Anschluß an eine vorherige richterliche Verdachtsprüfung stattfindet[46]. Der Versuch, von diesem Grundsatz mit dem Hinweis auf den Bagatellcharakter der im b.V. zu verhandelnden Fälle abzurücken[47], ist angesichts der Sanktionsgrenze in § 419 Abs. 1 S. 2 mit der Möglichkeit, eine Freiheitsstrafe von immerhin bis zu einem Jahr zu verhängen, zum Scheitern verurteilt. Es ist rechtsstaatlich nicht hinnehmbar, wenn das Gericht als das die Staatsanwaltschaft kontrollierendes Gegengewicht ausfällt und der Beschuldigte somit nicht mit der nötigen Intensität vor einer Verwicklung in eine unberechtigte Hauptverhandlung geschützt wird[48].

Eine Prüfungspflicht des Gerichtes läßt sich auch aus der neuartigen Vorschrift des § 419 herleiten[49]. Gemäß § 419 Abs. 2 S. 1 kann das Gericht bis zur Urteilsverkündung die Entscheidung im b.V. ablehnen und ist dazu sogar verpflichtet, falls sich herausstellt, daß die Sache zur Verhandlung in dieser Verfahrensart ungeeignet ist. In jedem Fall muß das Gericht nach der Ablehnungsentscheidung wegen eines Eignungsmangels nun gemäß § 419 Abs. 3 prüfen, ob ein hinreichender Tatverdacht gegen den Angeklagten besteht. Verneint das Gericht in diesem fortgeschrittenen Verhandlungsstadium das Vorliegen eines solchen Verdachtes und erläßt keinen vereinfachten Eröffnungsbeschluß, bedeutet dieses – vorausgesetzt der Tatverdacht ist nicht infolge der Verhandlung entfallen – daß der Angeklagte mit einer von Beginn an materiell unberechtigten Hauptverhandlung überzogen wurde und die knappen Gerichtskapazitäten vermeidbar und dem Beschleunigungszweck zuwiderlaufend in Anspruch genommen wurden[50]. Für das Gericht besteht daher generell die Pflicht, sich vor der Durchführung der Hauptverhandlung vom Tatverdacht gegen den Beschuldigten zu überzeugen[51].

Eine analoge Anwendung des § 156 im b.V. scheitert auch nicht an den vom BayObLG angeführten Unterschieden, die fraglos zwischen einem Normalverfah-

44 So L/R-Meyer-Goßner § 212a Rnr.1 (23.Auflage); KMR-Paulus § 212 Rnr.10; KK/StPO-Treier (3. Auflage) § 212a Rnr.1

45 AK/StPO-Loos § 418 Rnr.3; L/R-Rieß § 212a Rnr.9; KMR-Fezer § 419 Rnr.1; nicht verfahrensverzögernd

46 KMR-Fezer § 419 Rnr.1; L/R-Rieß § 212a Rnr.9

47 So Dünnebier GA 1959,272,275

48 KMR-Fezer § 419 Rnr.1; SK/StPO-Paeffgen § 418 Rnr.9; AK/StPO-Loos § 418 Rnr.2+3; Loos/Radtke NStZ 1995,569,573

49 Vgl. Loos/Radtke NStZ 1995,568,574

50 Loos/Radtke NStZ 1995,569,574; so auch SK/StPO-Paeffgen § 418 Rnr.9

51 AK/StPO-Loos § 418 Rnr.3; Loos/Radtke NStZ 1995,569,574

ren und einem b.V. bestehen[52]. Zwar findet ein formelles Zwischenverfahren im b.V. nicht statt. Gleichwohl nimmt das Gericht – wie ausgeführt – eine materielle Prüfung des Tatverdachtes vor. Darüber hinaus stellt die Möglichkeit, zum Schutz des Angeklagten gemäß § 419 Abs. 1, 2 aus dem b.V. aussteigen zu können, ohne ein Urteil in der Sache fällen zu müssen, die notwendige Konsequenz aus der Beschleunigung des Verfahrensablaufes dar[53]. Es ist nicht verständlich, weshalb diese Differenzen den mit der Rechtshängigkeit gemeinhin verbundenen Verlust der Dispositionsbefugnis ausnahmsweise verhindern und ein weitreichendes Rücknahmerecht der Staatsanwaltschaft begründen sollten.

Ebenso geht der vom BayObLG zum Beweis angeführte Hinweis auf das Strafbefehlsverfahren fehl. Es stimmt zwar, daß die Klage in dieser besonderen Verfahrensart auch noch nach dem Eintritt der Rechtshängigkeit zurückgenommen werden kann[54]. Eine Parallele zum b.V. läßt sich daraus aber gerade nicht ableiten, da die insoweit bestehende Befugnis der Staatsanwaltschaft in § 411 Abs. 3 S. 1 ausdrücklich normiert wurde. Die §§ 417 ff enthalten hingegen keine vergleichbare Regelung. Dieses läßt alleine den Schluß zu, daß im b.V. keine von den allgemeinen Regeln des Normalverfahrens abweichende Wirkung der Rechtshängigkeit festzustellen ist.

Nicht weiter führt zudem die Argumentation mit der Regelung des § 212b a.F., der jetzt durch § 419 Abs. 2 und 3 ersetzt wurde. Es ist zwar zutreffend, daß ein entsprechender Ablehnungsbeschluß eine bereits bestehende Rechtshängigkeit beseitigen würde. Da die Staatsanwaltschaft auf diese Weise ihre Entschließungsfreiheit zurückerlangen würde, ließe sich demnach auch im Anschluß an die Neufassung des b.V. bis zur Urteilsverkündung eine zwingende, endgültige Bindung der Staatsanwaltschaft nicht konstatieren. Es bleibt dabei, daß die Rechtshängigkeit durch einen Ablehnungsbeschluß des Gerichtes auflösend bedingt ist[55]. Indes kommt es auf die Endgültigkeit der Bindung nicht an. Die auflösend bedingte Rechtshängigkeit stellt sich für den Zeitraum ihres Bestehens als „vollwertige“ Rechtshängigkeit dar. Daran ändert auch eine theoretisch mögliche, spätere Ablehnungsentscheidung durch das Gericht nichts. Mit der Vernehmung des Beschuldigten zur Sache wird das Verfahren rechtshängig und die Staatsanwaltschaft verliert die Dispositionsbefugnis, die sie aus eigener Kraft nicht wiedererlangen kann.

Selbst wenn tatsächlich einmal im konkreten Einzelfall ein Ablehnungsbeschluß, der auf das Gros der Fälle gesehen sicherlich die Ausnahme bildet, erge-

52 BayObLG NJW 1998,2152,2153
53 Vgl. Treier NStZ 1983,234
54 OLG Zweibrücken MDR 1987,164 : durch den Erlaß des Strafbefehls
55 Kl/M-G § 418 Rnr.4; SK/StPO-Paeffgen § 418 Rnr.16; Loos/Radtke NStZ 1995,569,572

hen sollte, so erhielte die Staatsanwaltschaft doch nur eine beschränkte[56] Dispositionsbefugnis zurück. Die Rücknahme des Antrags durch die Staatsanwaltschaft wäre nämlich in diesem Stadium des Verfahrens ausgeschlossen, da durch den zwingend vorausgehenden Beschluß des Gerichtes bereits die Entscheidung im b.V. abgelehnt worden wäre. Darüber hinaus stünde einer erneuten Beantragung des b.V. gemäß § 417 durch die Staatsanwaltschaft (und einer daraufhin wieder möglichen Rücknahme dieses Antrags) alleine schon der Hinweis auf den nicht mehr zu realisierenden beschleunigten Verfahrensabschluß entgegen. Die zurückzuerlangende Entschließungsfreiheit würde also gerade das Recht, das aus ihr abgeleitet werden soll, nicht erfassen.

Letztlich hat der Gesetzgeber in den § 417 ff eine klare Kompetenzverteilung vorgenommen und präzise zwischen den Aufgaben und Befugnissen der Staatsanwaltschaft einerseits und der Gerichte andererseits getrennt. Nach dem Beginn der Vernehmung des Angeklagten zur Sache sollte es der Regelung des § 419 Abs. 2 entsprechend Aufgabe des Gerichtes sein, fortlaufend die Eignung der Sache für das b.V. zu überprüfen. Es wäre naheliegend gewesen, nicht zuletzt unter Berücksichtigung des § 417, der die tragende Rolle der Staatsanwaltschaft bei der Einleitung eines b.V. umschreibt, auch die Rücknahmebefugnis einer ausdrücklichen Regelung zu unterwerfen, wenn sie sich nicht nach den allgemeinen Vorschriften richten sollte.

Die Rücknahme des Antrags durch die Staatsanwaltschaft bleibt demnach (nur) bis zur Vernehmung des Angeklagten zur Sache zulässig.

56 Verglichen mit der Dispositionsbefugnis, die ihr bis zur Vernehmung des Angeklagten zur Sache zukam; a.A. OLG Celle NStZ 1983,233 : Zurückerlangung der völligen Entschließungsfreiheit.

2. Kapitel. Anklage

Die Staatsanwaltschaft kann die Anklage im b.V. nicht nur schriftlich wie im Regelverfahren, sondern darüber hinaus wahlweise auch mündlich erheben[57]. Die Norm des § 418 Abs. 3, deren Wortlaut mit dem von § 212a Abs. 2 a.F. bis auf eine unbedeutende redaktionelle Änderung übereinstimmt, behält somit inhaltlich die bereits zur alten Rechtslage bestehende Alternative zur Anklageschrift bei[58]. In jedem Fall bleibt die Erhebung der Klage als Prozeßvoraussetzung unerläßlich[59].

A. Schriftliche Anklage

Es ist der Staatsanwaltschaft unbenommen, im b.V. „konventionell", d.h. wie im Regelverfahren vorgeschrieben, schriftlich Anklage zu erheben. Die Anklageschrift wird dabei häufig mit dem Antrag auf Entscheidung im b.V. gemäß § 417 eingereicht werden[60]. Denkbar ist es aber ebenso, daß sie nachgereicht wird (z.B. mit der Ladung des Beschuldigten[61]) oder daß sie bereits vor dem Antrag vorliegt, falls erst später die Eignungskriterien des b.V. bejaht werden sollten[62]. Der Inhalt der schriftlichen Anklage muß den Anforderungen des § 200 Abs. 1 genügen[63]. Von einer Darstellung des „wesentlichen Ergebnisses der Ermittlungen" gemäß § 200 Abs. 2 kann hingegen abgesehen werden. Für b.V. vor dem Strafrichter ergibt sich dieses schon aus § 200 Abs. 2 S. 2[64]. Der Wortlaut des § 417 geht zudem von der ungebrochenen Möglichkeit eines b.V. vor dem Schöf-

57 SK/StPO-Paeffgen § 418 Rnr.15; AK/StPO-Loos § 418 Rnr.12
58 KK/StPO-Treier (3. Auflage) § 212a Rnr.3; AK/StPO-Loos § 212a Rnr.5; KMR-Paulus § 212a Rnr.8
59 KMR-Fezer § 418 Rnr.11
60 Kl/M-G § 417 Rnr.11; Fezer ZStW 106 (1994),S.1,11
61 KMR-Fezer § 418 Rnr.11
62 L/R-Rieß § 212a Rnr.5; vgl auch L/R-Rieß § 212 Rnr.18 : in dem nachträglichen Antrag gem. § 417 liegt dann die Rücknahme des Antrags auf Eröffnung des Hauptverfahrens (§ 199 II), während die Anklageerhebung an sich wirksam bleibt. Zur Frage, bis wann die Staatsanwaltschaft den Antrag nachträglich stellen kann, vgl 1.Kap B
63 Zimmermann S.159
64 Vgl. auch Roxin § 38 Rnr.17

fengericht aus. Tatsächlich verbleibt jedoch für das Schöffengericht nur ein schmaler Tätigkeitsbereich. Seit der Neufassung des § 25 Nr. 2 GVG[65] ist der Strafrichter jetzt als Einzelrichter am Amtsgericht bei Vergehen bis zu einer konkreten Straferwartung von zwei Jahren zuständig. Wegen der Strafbanngrenze des § 419 Abs. 1 S. 2 von einem Jahr Freiheitsstrafe kommt demzufolge allenfalls eine Entscheidung des Schöffengerichts bei einem Verbrechen (Mindeststrafe ein Jahr) – in einem minder schweren Fall oder bei Eingreifen eines allgemeinen Milderungsgrundes – oder im Falle einer Gesamtstrafenbildung, wenn der Sanktionsrahmen des § 419 Abs. 1 S. 2 nur für die jeweilige Einzelstrafe Geltung haben sollte[66], in Frage[67]. Selbst wenn man zu einer Zuständigkeit des Schöffengerichts im Einzelfall gelangen würde, kann doch nach allgemeiner Ansicht aufgrund der notwendig überschaubaren Sachverhalte im b.V. auf das wesentliche Ergebnis der Ermittlungen gemäß § 200 Abs. 2 verzichtet werden[68]. In der Hauptverhandlung wird sodann bei schriftlicher Anklageerhebung – insoweit bestehen keine Abweichungen zum Normalverfahren – der Anklagesatz gemäß § 243 Abs. 3 S. 1 verlesen[69].

B. Mündliche Anklage

I. Darstellung

In Abweichung zum Regelverfahren kann die Staatsanwaltschaft zu Beginn der Hauptverhandlung mündlich Anklage erheben. An die Stelle der Verlesung des Anklagesatzes gemäß § 243 Abs. 3 S. 1 tritt dann der mündliche Vortrag der Anklage[70]. Zu protokollieren nach § 273 ist aufgrund ausdrücklicher gesetzlicher Anordnung in § 418 Abs. 3 S. 2 sowohl die Tatsache der mündlichen Anklageerhebung als auch ihr wesentlicher Inhalt[71]. Die ordnungsgemäße Protokollierung kann z.B. im Hinblick auf die Änderung des rechtlichen Gesichtspunktes gemäß § 265, der im b.V. Anwendung findet[72], von ausschlaggebender Bedeutung sein.

65 Vgl. Rechtspflegeentlastungsgesetz vom 11.01.1993, BGBl I,51
66 Vgl. dazu 8.Kap B
67 Loos/Radtke NStZ 1996,7,8
68 Zimmermann S.159; L/R-Rieß § 212a Rnr.4; KK/StPO-Treier (3. Auflage) § 212a Rnr.3
69 OLG Hamburg VRS 39,352,353; offengelassen in OLG Hamburg NJW 1966, 2179,2180
70 Kl/M-G § 418 Rnr.9
71 RGSt 66,108,110; AK/StPO-Loos § 418 Rnr.12; Kl/M-G § 418 Rnr.9
72 Zimmermann S.159 und S.163

In vielen Fällen wird die Staatsanwaltschaft deshalb einfach einen Abdruck der schriftlich fixierten Anklage - erhoben wurde sie durch den Vortrag gleichwohl mündlich - als Anlage für die Sitzungsniederschrift übergeben[73]. Bei der Erhebung der mündlichen Anklage gilt es, ebenfalls die Anforderungen des § 200 Abs. 1 zu beachten[74].

II. Würdigung

Die Möglichkeit, mündlich Anklage zu erheben, stellte nach der früheren Regelung des b.V. eine der wenigen zulässigen Abweichungen und Vereinfachungen im Vergleich zum Normalverfahren dar. Die Neuregelung des b.V. eröffnet dagegen eine Vielzahl von Ansatzpunkten, das Verfahren zeitlich zu straffen. Trotzdem ist kein Grund dafür ersichtlich, daß die mündliche Anklageerhebung, die während der Gültigkeit der §§ 212 ff a.F. die weitaus überwiegende Anzahl der Fälle betraf[75], durch das Inkrafttreten der neuen Gesetzeslage an Beliebtheit einbüßen sollte. Sofern die Eignungskriterien des b.V. streng beachtet werden und dem b.V. tatsächlich nur einfache, überschaubare Sachverhalte zugrundegelegt werden, ist diese Entwicklung nicht zu kritisieren. Die Staatsanwaltschaft sollte jedoch der Nr. 146 Abs. 2 RiStBV Beachtung schenken und auf alle Fälle eine schriftliche Fassung der Anklage erstellen. Diese Vorgehensweise würde einerseits etwaige Mißverständnisse des Protokollführers zu vermeiden helfen[76] und der Staatsanwaltschaft andererseits ein Einhalten der Anforderungen des § 200 Abs. 1 erleichtern[77].

C. Umdeutung des Antrags auf Entscheidung im beschleunigten Verfahren

I. Darstellung

Eine dritte Form der Anklageerhebung wurde vornehmlich zunächst von der Rechtsprechung anerkannt. Fehlt eine schriftliche Anklage und ist zudem eine

---

73 L/R-Rieß § 212a Rnr.6; vgl auch Nr. 146 Abs. 2 RiStBV

74 AK/StPO-Loos § 418 Rnr.12; SK/StPO-Paeffgen § 418 Rnr.15; vgl. zur mündlichen Anklageerhebung OLG Frankfurt StV 2000,299 und OLG Frankfurt StV 2001,341

75 Fezer ZStW 106 (1994),S.1,11f

76 Zimmermann S.162

77 L/R-Rieß § 212a Rnr.4; kritisch zur verfahrensverkürzenden Wirkung einer mündlich erhobenen Klage Meurer GS-Zipf S.483,489

mündliche Anklageerhebung unterblieben, so soll der schriftliche – ein mündlicher Antrag reicht insoweit nicht aus – Antrag auf Entscheidung im b.V. gemäß § 417, falls er den Formerfordernissen nach § 200 Abs. 1 entspricht und dem Beschuldigten bekanntgegeben wurde, als Anklageschrift betrachtet werden können[78]. Diese Form der Anklageerhebung wurde von der Rechtsprechung in Fällen für zulässig erklärt, in denen die Anklage mündlich erhoben werden sollte, dieses dann aber unterblieb[79] bzw. sie zwar mündlich erhoben wurde, das Sitzungsprotokoll aber nicht ordnungsgemäß erstellt wurde[80].

II. Würdigung

Es ist offensichtlich, daß sich die Umdeutung des Antrags auf Entscheidung im b.V. in eine Anklageschrift von den vorher beschriebenen Arten der Anklageerhebung unterscheidet. Im Gegensatz zu diesen handelt es sich nämlich gerade nicht um eine gewollt herbeigeführte Form der Anklage, sondern um eine „Notlösung" der Oberlandesgerichte, die dem Ziel dient, trotz der Versäumnisse der Staatsanwaltschaft das Urteil aufrechtzuerhalten. Die Entscheidungen sind denn auch in der Folgezeit nicht ohne Kritik geblieben. Es wurde darauf hingewiesen, daß die Regelungen des § 212 und § 212a Abs. 2 a.F. eine klare Trennung zwischen dem Antrag auf Entscheidung im b.V. und der Anklageerhebung vollziehen[81]. Diese Differenzierung hat der Gesetzgeber in der Neuregelung der §§ 417 ff übernommen. Sie verlangt eine vom Antrag unterscheidbare und getrennte Anklage.

Ferner wurde zur alten Rechtslage bemängelt, daß mit der Zulässigkeit der Umdeutung eine weitere außergesetzliche Vereinfachung zu den ohnehin in den §§ 212 ff a.F. vorgesehenen Abweichungen zur Beschleunigung des Verfahrens hinzutreten würde, die Unsicherheiten in der Durchführung hervorrufen könnte[82]. Diese Befürchtung gilt noch verstärkt für das b.V. in seiner heutigen Gestalt. Allein der neu eingefügte § 420 eröffnet ein Bündel an Möglichkeiten, den normalen Gang der Hauptverhandlung auf unterschiedlichste Weise zu straffen. Der Strafrichter muß in Zukunft nicht nur genau aufpassen, in welchem Strafverfahren er gerade verhandelt, um nicht die falschen Beweisaufnahmeregeln anzuwenden, sondern hat zudem die Wahl, von einzelnen Beschleunigungsinstrumenten Gebrauch zu machen, von anderen hingegen nicht bzw. verschiedene Beweis-

78 AK/StPO-Loos § 417 Rnr.8; Kl/M-G § 417 Rnr.11
79 OLG Hamburg NJW 1966,2179,2180
80 OLG Hamburg VRS 39,352,353; dafür auch Schröer S.109 f
81 L/R-Meyer-Goßner § 212 Rnr.7 (23.Auflage)
82 L/R-Meyer-Goßner § 212 Rnr.7 (23.Auflage)

mittel gleichen Typs auf unterschiedliche Weise in die Hauptverhandlung einzuführen. Angesichts der deutlich komplexeren Struktur des neuen b.V. durch die vom Gesetzgeber bereits explizit vorgesehenen Regelungen sollte demgemäß zur Vermeidung von Unklarheiten die Einhaltung der aufgestellten verfahrensrechtlichen Voraussetzungen streng beachtet werden.

Diesen Ausführungen entsprechend sollte eine ordnungsgemäße Anklageerhebung im b.V. gemäß § 418 Abs. 3 mündlich oder schriftlich erfolgen.

3. Kapitel. Vereinfachte Beweisaufnahme gemäß § 420 Abs. 1 - 3 StPO

Die Zeitersparnis des b.V. gemäß §§ 212 ff a.F. erschöpfte sich im Vergleich zum Normalverfahren in der Verkürzung der Ladungsfrist (§ 212a Abs. 3 S. 3 a.F.), in der Möglichkeit, mündlich Anklage zu erheben (§ 212a Abs. 2 a.F.) und in dem Wegfall des Zwischenverfahrens (§ 212a Abs. 1 a.F.)[83]. Für die Durchführung der Hauptverhandlung dagegen existierten keine besonderen Verfahrensvorschriften. Sie folgte den allgemeinen Vorschriften der §§ 226 ff. Bereits die so charakterisierte Ausgestaltung dieses besonderen Strafverfahrens ist in früheren Stellungnahmen in Einzelpunkten auf Kritik gestoßen[84], wenn nicht sogar insgesamt abgelehnt worden[85].

Die Neuregelung des b.V. in den § 417 ff behält nun die oben beschriebenen Abweichungen vom Normalverfahren mit einigen Modifizierungen bei und ergänzt sie um die Vorschrift des § 420, die dem Gericht in der Hauptverhandlung die Möglichkeit einräumt, die Beweisaufnahme abzukürzen und damit das Verfahren insgesamt zügiger durchzuführen[86]. Die Norm des § 420 stellt deswegen nun die eigentliche Neuerung des b.V. dar. Den Beschleunigungseffekt, den man sich von ihrer Einfügung verspricht, soll die Gerichte zu einer verstärkten Nutzung dieser Verfahrensart veranlassen[87]. Insofern ist es zutreffend, in § 420 den Schwerpunkt der Neuregelung zu sehen[88].

A. Vereinfachte Beweisaufnahme gemäß § 420 Abs. 1 StPO

I. Regelung des Normalverfahrens

Insgesamt beziehen sich die mit § 420 einhergehenden denkbaren Verkürzungen der Hauptverhandlung allein auf die Beweisaufnahme. Betroffen ist dabei in

83 L/R-Rieß § 212 Rnr.2

84 Dünnebier GA 1959,272ff; Schünemann NJW 1968,975f; AK/StPO-Loos § 212 Rnr.3; L/R-Rieß § 212 Rnr.8; Lehmann DRiZ 1970,287

85 Herzog ZRP 1991,125; L/R-Meyer-Goßner vor § 198 Rnr.15f (23. Auflage); Scheffler NJW 1994,2191,2195

86 BT/Ds 12/6853 S.35

87 BT/Ds 12/6853 S.34

88 AK/StPO-Loos § 420 Rnr.1; König/Seitz NStZ 1995,1,5

§ 420 Abs. 1 nur der Teil der Beweisaufnahme, der das Verhältnis vom Personal- zum Urkundsbeweis im Rahmen des Strengbeweisverfahrens regelt. Um den Umfang der Neuregelung im einzelnen darzustellen, erscheint es sinnvoll, sich zunächst noch einmal die Grundsätze des Normalverfahrens zu vergegenwärtigen.

1. Grundsatzregelung des § 250 StPO

Der Urkundenbeweis, der grundsätzlich immer zulässig ist, wenn das Gesetz ihn nicht ausdrücklich untersagt, wird gemäß § 249 durch Verlesung und Selbstlesung erhoben. Um die Beweisgewinnung jedoch auf eine möglichst zuverlässige Grundlage zu stellen, postuliert § 250 im Normalverfahren in Form des in ihm enthaltenen Unmittelbarkeitsgrundsatzes für Urkunden in ganz bestimmten Fällen ein Beweismittelverbot[89]. Dieses hat zum Inhalt, daß die Wahrnehmungen von Beweispersonen nur mittels einer persönlichen Vernehmung in die Hauptverhandlung eingeführt werden können. Die Einvernahme darf nicht durch die Verlesung von Urkunden oder – insoweit gleichgestellt – einen Augenscheinsbeweis ersetzt werden[90]. Es gilt danach im Verhältnis von Original und Surrogat der Vorrang des Personalbeweises vor dem Urkundenbeweis, sofern Ausnahmen nicht ausdrücklich gesetzlich normiert oder zugelassen sind[91]. In diesem Zusammenhang wird es allenfalls für zulässig erachtet, die Ausführungen des Zeugen bzw. Sachverständigen als primäres Beweismittel im Wege der Verlesung einer Urkunde zu ergänzen[92]. Generell steht es den Prozeßbeteiligten dabei nicht zu, auf die Einhaltung von § 250 zu verzichten[93]. Eine Ausnahme besteht im Normalverfahren allein für den Fall, daß die Voraussetzungen des § 251 Abs. 1 Nr. 4 oder des § 251 Abs. 2 S. 1 gegeben sind[94].

2. Ausnahme vom Unmittelbarkeitsgrundsatz in § 251 StPO

Das Beweisverbot des § 250 beansprucht aber keine ausnahmslose Geltung. Es sind nämlich Situationen denkbar, in der die Wahrheitsfindung durch ein inflexibles Festhalten am Prinzip der Unmittelbarkeit nicht gefördert, unter Umständen sogar beeinträchtigt werden würde.

---

89 der formelle Aspekt des Unmittelbarkeitsgrundsatzes ist hier insoweit nicht weiter von Belang

90 Kl/M-G § 250 Rnr.2; Haller/Conzen Rnr.305; Alsberg/Nüse/Meyer S.459

91 BGHSt 15,253,254; Wömpner NStZ 1983,293,294; Ranft Rnr.1706; Roxin § 44 Rnr.2; Pfeiffer § 250 Rnr.1

92 BGHSt 20,160,161; Dölling NStZ 1988,7; Eisenberg Rnr.2080 f

93 Göbel Rnr.180

94 Kl/M-G § 250 Rnr.1; Alsberg/Nüse/Meyer S.460

Eine Durchbrechung des § 250 ist in § 251 geregelt. § 251 legt fest, unter welchen Umständen Wahrnehmungen einer Beweisperson, festgehalten in Vernehmungsniederschriften und schriftlichen Erklärungen, die von vornherein zu Beweiszwecken verfaßt wurden und aus diesem Grunde unter das Beweisverbot des § 250 fallen, verlesen werden dürfen. Die Norm ist dabei grundsätzlich zweigeteilt. Die Verlesung ordnungsgemäß zustande gekommener richterlicher Niederschriften richtet sich nach Absatz 1, die nichtrichterlicher Niederschriften und der betroffenen Urkunden nach Absatz 2.

Darüber hinaus zerfallen auch die Absätze in sich thematisch in zwei Teile. Die Nummern 1 - 3 des ersten Absatzes – dieses war der ursprüngliche Umfang der Regelung[95] – und § 251 Abs. 2 S. 2 bestimmen die Voraussetzungen für eine Verlesung, wenn über das originäre Beweismittel in der Hauptverhandlung nicht mehr (z.B. der Zeuge ist tot, sein Aufenthalt nicht zu ermitteln, seinem Erscheinen in der Hauptverhandlung steht für längere oder ungewisse Zeit Krankheit oder Gebrechlichkeit entgegen) oder nur unter unverhältnismäßigem Aufwand (dem Zeugen ist das Erscheinen in der Hauptverhandlung wegen großer Entfernung unter Berücksichtigung der Bedeutung seiner Aussage nicht zuzumuten) verfügt werden kann.

Nach § 251 Abs. 1 Nr. 4 und § 251 Abs. 2 S. 1 dagegen kann im Einverständnis der Prozeßbeteiligten ein Vernehmungsprotokoll selbst dann verlesen werden, wenn kein anderer Verlesungstatbestand des § 251 vorliegt, d.h. der Zeuge oder Sachverständige eigentlich eine Aussage machen könnte[96]. Das Unmittelbarkeitsprinzip ist insofern also zur Disposition der Verfahrensbeteiligten gestellt.

Unterschiede in den Voraussetzungen für eine Verlesung zwischen Absatz 1 und Absatz 2 rühren daher, daß richterlichen Protokollen generell ein größeres Vertrauen entgegengebracht wird[97]. Deswegen sind die Voraussetzungen in § 251 Abs. 2 S. 1 ein wenig strenger gefaßt. Nach Absatz 1 ist generell die Zustimmung von Staatsanwalt und Angeklagtem (abgesehen von den speziellen Fällen der §§ 231 Abs. 2, 231a, 231b) zur Verlesung ausreichend. Wirkt ein Verteidiger an der Verhandlung mit, so müssen sowohl der Angeklagte als auch der Verteidiger ihr Einverständnis mit der Verlesung erklären. Zusätzlich kann im Einzelfall noch die Zustimmung von Nebenbeteiligten erforderlich sein, sofern der Gegenstand ihrer Beteiligung betroffen ist[98]. Nichtrichterliche Vernehmungsniederschriften können nach Absatz 2 in die Verhandlung eingeführt wer-

95 Grünwald FS-Dünnebier S.347,350
96 L/R-Gollwitzer § 251 Rnr.43
97 BGHSt 21,218; L/R-Gollwitzer § 251 Rnr.6; Ranft Rnr.1741
98 Vgl. §§ 433 Abs. 1 S. 1, 442, 444 Abs. 2 S. 2

den, wenn dem Angeklagten im Zeitpunkt der Verlesung ein Wahl- oder Pflichtverteidiger zur Seite steht und sich der Staatsanwalt, Angeklagte und Verteidiger mit dem Verzicht auf die persönliche Vernehmung übereinstimmend einverstanden erklärt haben. Gemeinsam ist den Regelungen in Absatz 1 und 2 jedoch, daß eine Verlesung selbst bei allseitigem Einverständnis nicht in Betracht kommt, wenn Beweisverbote bestehen oder die Aufklärungspflicht zu einer persönlichen Einvernahme des Zeugen oder Sachverständigen zwingt[99].

II. Erweiterung des § 251 StPO im beschleunigten Verfahren durch § 420 Abs.1 StPO

1. Inhaltliche Änderung

Grundsätzlich gilt für das b.V. ebenfalls das Unmittelbarkeitsprinzip des § 250[100]. Schon im b.V. nach früherem Recht konnte aber unter den Voraussetzungen des § 251 von der persönlichen Vernehmung des Zeugen oder Sachverständigen abgesehen werden. Zur Beantwortung der Frage, inwieweit die neue Vorschrift des § 420 Abs.1, 3 die betroffenen Verlesungstatbestände des § 251 für das b.V. modifiziert, muß die im Normalverfahren durchgehaltene Trennung von richterlichen und nichtrichterlichen Vernehmungsprotokollen in den beiden Absätzen des § 251 beachtet werden. Bei einem Sanktionsrahmen, der auf höchstens ein Jahr Freiheitsstrafe beschränkt ist, wird erstinstanzlich zwangsläufig das Amtsgericht tätig. Dabei ist die Anwendung des § 420 Abs. 1 – anders als die des § 420 Abs. 4 – nicht auf bestimmte Spruchkörper beschränkt, sondern kann sowohl durch den Strafrichter als auch durch das Schöffengericht erfolgen[101]. Die sprachliche Fassung des § 420 Abs. 1 selbst orientiert sich an den in § 251 Abs. 2 S. 1 verwendeten Begriffen[102].

a. Richterliche Vernehmungsniederschriften

Zu untersuchen ist zunächst, inwieweit die im allseitigen Einverständnis erfolgende Verlesung richterlicher Protokolle von der Einfügung des § 420 im b.V. berührt wird.

---

99 Kl/M-G § 251 Rnr.10; Eisenberg Rnr.2121
100 AK/StPO-Loos § 420 Rnr.4; R/R/H OWiG § 77a Rnr.2
101 Kl/M-G § 420 Rnr.1
102 KK/OWiG-Senge § 77a Rnr.2; BT/Ds 10/2652 S.24

Dem Begriff „Vernehmungen" in § 420 Abs. 1 sind jedenfalls, da er keine Einschränkung erfahren hat und die Verlesbarkeit der Vernehmungsniederschriften im b.V., wie schon angedeutet, nicht vom Amt, das die Verhörsperson bekleidet, abhängig ist, auch die richterlichen zuzurechnen[103].

Wie in § 251 Abs. 1 Nr. 4 ist die Verlesung nach § 420 Abs. 1 an die Zustimmung von Staatsanwalt, Verteidiger und Angeklagtem geknüpft. Eine entsprechende Regelung findet sich in § 420 Abs. 3, der explizit auf das Vorgehen nach Absatz 1 Bezug nimmt. Abweichend ist im b.V. nach § 420 Abs. 1, 3 jedoch die Erteilung des Einverständnisses mit der Verlesung nur bei Anwesenheit des Prozeßbeteiligten in der Hauptverhandlung erforderlich. Im Zusammenhang mit richterlichen Niederschriften hält sich der praktische Nutzen dieser Vorschrift allerdings in Grenzen. Für die Staatsanwaltschaft besteht nämlich, anders als im Bußgeldverfahren (vgl. § 75 OWiG), gemäß § 226 die Pflicht, während der gesamten Hauptverhandlung vertreten zu sein. Bei einem auch nur kurzzeitigen Fehlen läge der absolute Revisionsgrund des § 338 Nr. 5 vor[104]. Weiterhin ist auch grundsätzlich die Anwesenheit des Angeklagten in der Hauptverhandlung unabdingbar vorausgesetzt (vgl. § 230). Insofern müssen zumindest der Staatsanwalt und der Angeklagte in der überwiegenden Anzahl der Fälle mit der Verlesung einverstanden sein. Erscheint der Angeklagte darüber hinaus in Begleitung eines Pflicht- oder Wahlverteidigers, so muß auch dieser - zusätzlich zum Angeklagten und unabhängig von ihm – sein Einverständnis erklären.

Ist der Angeklagte dagegen in den Fällen der §§ 231 Abs. 2, 231a, 231b, 232 selbstverschuldet nicht in der Hauptverhandlung anwesend, bedarf es seiner Zustimmung nicht[105], da er durch sein Ausbleiben bzw. sein Verhalten das Recht verwirkt hat, auf das Verfahren gestaltend Einfluß zu nehmen[106]. Sofern er einen Verteidiger hat, hat dieser gleichwohl die Möglichkeit, an der Verhandlung teilzunehmen und die Zustimmungsbefugnis nach § 251 Abs.1 Nr. 4 auszuüben (§ 234a 2. Hs)[107]. Die Zustimmungserklärung des Angeklagten bleibt in diesen Fällen aber jedenfalls auch dann entbehrlich, wenn er unverteidigt ist[108].

In den bisher erwähnten Konstellationen, sofern sie im b.V. überhaupt denkbar sind[109], würde sich durch die Anwendung des § 420 Abs. 1 im Vergleich zum

103 Göhler OWiG § 77a Rnr.2
104 Roxin § 42 Rnr.36
105 L/R-Gollwitzer § 251 Rnr.45; KK/StPO-Mayr (3. Auflage) § 251 Rnr.9; Alsberg/Nüse/Meyer S.265
106 Vgl. nur Kl/M-G § 251 Rnr.12; BGHSt 3,206
107 SK/StPO-Schlüchter § 251 Rnr.20
108 Kl/M-G § 234a Rnr.5
109 Vgl. zur Möglichkeit des Ungehorsamsverfahren nach § 232 im b.V. 6.Kap B

Normalverfahren nichts ändern. Nur wer in der Hauptverhandlung erschienen ist, muß mit der Verlesung einverstanden sein.

Anders sieht die Lage im Fall des § 233 aus, der die Voraussetzungen normiert, unter denen der Angeklagte von seiner Verpflichtung zum Erscheinen in der Hauptverhandlung entbunden werden kann. Die Zustimmung des Angeklagten zur Verlesung nach § 251 Abs. 1 Nr. 4 wird hier allgemein für erforderlich gehalten, wobei allerdings die Möglichkeit besteht, sich von einem Verteidiger vertreten zu lassen (§§ 234, 234a Hs. 2)[110]. Wirkt jedoch kein Verteidiger an der Verhandlung mit, muß die Zustimmung des Angeklagten im Normalverfahren letztlich doch eingeholt werden[111]. Für § 233 im b.V. hätte die Anwendung des § 420 Abs. 1 zur Folge, daß die Einverständniserklärung des unverteidigten, abwesenden Angeklagten verzichtbar wäre und auch sonst niemand seine Interessen wahrnehmen würde. Ob die insoweit zu konstatierende erleichterte Verlesbarkeit von richterlichen Protokollen allerdings von großer praktischer Relevanz ist, darf bezweifelt werden. Die Entbindung von der Verpflichtung zum Erscheinen in der Hauptverhandlung erfolgt nämlich nur auf einen Antrag des Angeklagten, setzt mithin eine genauere Kenntnis der Strafprozeßordnung voraus, die bei unverteidigten Angeklagten nur selten gegeben sein dürfte. Außerdem bedingt die Bearbeitung des Antrags und die anschließende Vernehmung des Angeklagten durch einen beauftragten oder ersuchten Richter (vgl. § 233 Abs. 2) im Hinblick auf die von § 418 Abs. 1 geforderte sofortige oder in kurzer Frist durchzuführende Hauptverhandlung ein zusätzliches Maß an Organisation und Flexibilittät, das angesichts des Problems vieler Gerichte, die Durchführung auch nur eines „normalen" b.V. zu gewährleisten, allzu selten anzutreffen sein dürfte.

Insgesamt erfährt der Rahmen, in dem richterliche Vernehmungsprotokolle in der Hauptverhandlung verlesbar sind, durch § 420 Abs. 1, 3 gegenüber der allgemeinen Vorschrift des § 251 Abs. 1 Nr. 4 keine spürbare Erweiterung. Immerhin hat die Einbeziehung auch der richterlichen Niederschriften in die Vorschrift klarstellenden Charakter und dient so der vom Gesetzgeber angestrebten Übersichtlichkeit[112].

b. Nichtrichterliche Vernehmungsniederschriften

Es war bereits festgestellt worden, daß sich die Formulierung des § 420 Abs. 1 – nicht zuletzt hinsichtlich der Begrifflichkeiten – an die Fassung des § 251 Abs. 2

110 AK/StPO-Schöch § 251 Rnr.17
111 Kl/M-G § 233 Rnr.23; SK/StPO-Schlüchter § 251 Rnr.20
112 BT/Ds 10/2652 S.24

S. 1 anlehnt. Fraglich ist, ob gleichwohl inhaltliche Differenzen zu verzeichnen sind.

§ 251 Abs. 2 beschränkt sich wegen der ausdrücklichen Regelung in § 251 Abs. 1 auf die nichtrichterlichen Vernehmungsniederschriften. Aufgrund der mangelnden Differenzierung nach der Verhörsperson fallen jedenfalls die nichtrichterlichen Vernehmungsniederschriften auch in den Anwendungsbereich des § 420 Abs. 1. Gemeint sind damit Vernehmungsprotokolle, die von Hoheitsträgern, insbesondere von der Staatsanwaltschaft und Polizei, erstellt wurden[113]. Selbst Vernehmungsprotokolle ausländischer Polizeibehörden werden von § 420 Abs. 1 wie von § 251 Abs. 2 S. 1 erfaßt[114]. Die Unterschiede zwischen beiden Vorschriften werden aber sichtbar, wenn man vergleicht, wer seine Zustimmung zur Verlesung erteilen muß. Eine einverständliche Verlesung eines Vernehmungsprotokolls nach § 251 Abs. 2 setzt nämlich voraus, daß der Angeklagte in der Hauptverhandlung von einem Wahl- oder Pflichtverteidiger begleitet wird und beide der Verlesung ebenso zustimmen wie der Vertreter der Staatsanwaltschaft. Die Verlesung nichtrichterlicher Protokolle im b.V. bedarf dagegen nur der Zustimmung der Prozeßbeteiligten, die während der Hauptverhandlung tatsächlich anwesend sind (§ 420 Abs. 3). Auf die persönliche Vernehmung eines Zeugen oder Sachverständigen kann folglich schon verzichtet werden, wenn allein der unverteidigte Angeklagte und der Staatsanwalt mit der Verlesung des beispielsweise polizeilichen Vernehmungsprotokolles einverstanden sind[115]. Der Gesetzgeber begründet die Ausgestaltung der Regelung mit dem Hinweis, daß die Beschleunigung der Beweisaufnahme nicht – wie in § 251 Abs. 2 S. 1 geschehen – von Prozeßbeteiligten abhängig gemacht werden solle, die an der Hauptverhandlung im Einzelfall nicht teilnähmen, obwohl sie ein Anwesenheitsrecht hätten[116]. Die dahinterstehende Absicht bringt Paeffgen deutlich auf den Punkt, wenn er formuliert, die Vorschrift richte „sich faktisch gegen ein allfälliges Fehlen des Verteidigers“[117], dessen Anwesenheit für die Verlesung nichtrichterlicher Protokolle künftig nicht mehr erforderlich ist. Dabei ist allerdings zu berücksichtigen, daß dem Angeklagten gemäß § 418 Abs. 4 bei einer Straferwartung von mindestens sechs Monaten automatisch ein Verteidiger bestellt werden muß. Dieser Fall einer notwendigen Verteidigung zöge, wie sich § 145 entnehmen läßt, zwingend die ununterbrochene Anwesenheit eines Verteidigers in der Hauptverhandlung nach sich[118]. Im Ergebnis kommt der Regelung des § 420

113 Eisenberg Rnr.2126; Alsberg/Nüse/Meyer S.270f
114 Kl/M-G § 251 Rnr.29; Eisenberg Rnr.2126
115 Neumann StV 1994,273,276; Kl/M-G § 420 Rnr.4
116 BT/Ds 10/2652 S.26; KK/OWiG-Senge § 77a Rnr.4; R/R/H OWiG § 77a Rnr.4
117 SK/StPO-Paeffgen § 420 Rnr.9
118 Kl/M-G § 145 Rnr.3

Abs. 1 daher nur dann verfahrensvereinfachende Wirkung im Vergleich zum Normalverfahren zu, wenn die dem Angeklagten voraussichtlich drohende Freiheitsstrafe das Maß von sechs Monaten nicht erreicht. Liegt eine der Ausnahmen von der notwendigen Anwesenheit des Angeklagten in der Hauptverhandlung vor (§§ 231 ff), gilt das, was im Rahmen der Ausführungen zu den richterlichen Protokollen festgestellt wurde: Falls er selbstverschuldet in der Verhandlung nicht anwesend ist (§§ 231 - 232) ist, brächte die Anwendung des § 420 Abs. 1 keine Verfahrensvereinfachungen mit sich. Der Fall des § 233 (Entbindung von der Verpflichtung zum Erscheinen) dagegen, der anders zu behandeln wäre, dürfte – wie bereits dargelegt[119] – im b.V. aller Voraussicht nach kaum relevant werden.

c. *Andere schriftliche Äußerungen*

Im Normalverfahren können Urkunden, die eine von Zeugen, Sachverständigen oder Mitbeschuldigten stammende schriftliche Äußerung enthalten und unter das Beweisverbot des § 250 fallen, weil sie von vornherein zu Beweiszwecken verfaßt wurden, unter den Voraussetzungen des § 251 Abs. 2 S. 1 verlesen werden. Die Verlesung solcher Urkunden wird nunmehr im b.V. im gleichen Maße gelokkert wie die von nichtrichterlichen Vernehmungsniederschriften. So kann beispielsweise eine schriftliche dienstliche Äußerung eines Zeugen im b.V. verlesen werden, wenn der unverteidigte Angeklagte und der Staatsanwalt damit einverstanden sind.

d. *Zusammenfassung*

Die mit der Einfügung des § 420 Abs. 1, 3 verbundene Verfahrensvereinfachung beschränkt sich letztlich auf die erleichterte Verlesbarkeit nichtrichterlicher Vernehmungsprotokolle von Zeugen, Sachverständigen und Mitbeschuldigten sowie von Urkunden über von ihnen stammende Äußerungen.

2. *Bestimmung des Verhältnisses zwischen § 251 und § 420 Abs. 1 StPO*

Der Wortlaut des § 420 Abs. 1 stimmt mit dem des § 77a Abs. 1 OWiG, der bei der Neuregelung als Vorbild diente, überein[120]. Dabei kann § 420 Abs. 1 nicht ohne das in Absatz 3 enthaltene Zustimmungserfordernis gesehen werden. § 420 Abs. 3 macht nämlich die Zulässigkeit einer Verlesung nach Absatz 1 von dem

---

119 Vgl. 3.Kap A II 1 a

120 AK/StPO-Loos § 420 Rnr.4; Kl/M-G § 420 Rnr.4; SK/StPO-Paeffgen § 420 Rnr.5

übereinstimmenden Einverständnis der genannten Prozeßbeteiligten abhängig. Bereits diese Darstellung verdeutlicht, daß sich der Regelungsbereich von § 420 Abs. 1 nur zu einem Teil mit dem des § 251 überschneidet. Betroffen sind nämlich insoweit nur die Regelungen des § 251 Abs. 1 Nr. 4 sowie des § 251 Abs. 2 S. 1[121]. Mit den übrigen Regelungen des § 251 Abs. 1 und Abs. 2 ergeben sich keine Berührungspunkte. Da der neu eingefügte § 420 insgesamt auf eine beschleunigte Durchführung des Strafverfahrens – schneller als das im Regelverfahren möglich wäre – abzielt, kann es nicht in der Intention des Gesetzgebers gelegen haben, im Regelverfahren zulässige und von § 420 nicht erfaßte Verlesungsgründe im b.V. für nicht anwendbar zu erklären. In § 77a Abs. 4 S. 2 OWiG findet sich deshalb der klarstellende Hinweis, daß die Möglichkeit, Urkunden und Niederschriften nach § 251 Abs. 1 Nrn. 1 - 3, Abs. 2 S. 2, Abs. 3, Abs. 4 und § 253 zu verlesen, unberührt bleibt. Für das b.V. gilt inhaltlich nichts anderes. Einzig eine gesetzliche Klarstellung fehlt, weil man sie im Rahmen der StPO für nicht erforderlich erachtete[122].

Für eine Verlesung im allseitigen Einverständnis gilt es dagegen das Verhältnis zwischen den Vorschriften des § 251 und des § 420 abzuklären. Festzustellen ist zunächst einmal, daß § 420 Abs. 1, 3 über den Anwendungsbereich von § 251 Abs. 1 Nr. 4 und § 251 Abs. 2 S. 1 hinausgeht und ihn erweitert[123]. Eine Verlesung ist folglich immer dann auf § 420 Abs. 1, 3 zu stützen, wenn sie einzig auf der Grundlage dieser Norm erfolgen kann.

Kommt eine Verlesung im Bußgeldverfahren sowohl nach § 251 als auch nach § 77a OWiG in Betracht, sollen nach Ansicht von Rebmann/Roth/Herrmann zumindest richterliche Vernehmungsniederschriften über § 251 Abs. 1 Nr. 4 in die Hauptverhandlung eingeführt werden. § 251 Abs. 1 Nr. 4 stelle anders als § 420 Abs. 1, der nicht zwischen richterlichen und nichtrichterlichen Protokollen differenziere, eine Spezialvorschrift für richterliche Vernehmungsniederschriften dar[124]. Diese Betrachtungsweise läßt sich nicht auf das b.V. übertragen, da im b.V. die Norm des § 420 Abs. 1 gegenüber der allgemeinen Verfahrensvorschrift des § 251 die speziellere Regelung beinhaltet. Wenn die Fassung des § 420 Abs. 1 dabei keine Differenzierung zwischen den die Vernehmung durchführenden Personen vornimmt, so geschieht dieses allein deshalb, weil sich die Voraussetzungen für eine Verlesung richterlicher und nichtrichterlicher Protokolle anders als im Regelverfahren nicht mehr unterscheiden. Einen eigenen Absatz für die Verlesbarkeit richterlicher Niederschriften im b.V. einzufügen, ist somit über-

---

121 KMR-Fezer § 420 Rnr.3; SK/StPO-Paeffgen § 420 Rnr.5
122 BT/Ds 12/6853 S.37; AK/StPO-Loos § 420 Rnr.4
123 SK/StPO-Paeffgen § 420 Rnr.5
124 R/R/H OWiG § 77a Rnr.4

flüssig. Soweit sich die Anwendungsbereiche überlappen, verdrängt § 420 Abs. 1, 3 demnach die Regelung des § 251 Abs. 1 Nr. 4 und des § 251 Abs. 2 S. 1[125]. Dieses Ergebnis läßt sich auch mit einem Blick auf die Entwurfsbegründung stützen, der im Umkehrschluß zu entnehmen ist, daß die § 251 Abs. 1 Nr. 4 und § 251 Abs. 2 S. 1 gerade nicht unberührt bleiben[126].

Für die Anwendung der allgemeineren Vorschrift des § 251 verbleibt somit nur dann Raum, wenn die Spezialvorschrift des § 420 Abs. 1 die Verlesung im Einzelfall nicht deckt.

III. Einschränkung des § 420 Abs. 1 StPO durch § 244 Abs. 2 StPO

1. Im allgemeinen

Die Dispositionsbefugnis der anwesenden Prozeßbeteiligten in dem ihnen gesetzten Rahmen des § 420 Abs. 1 über die Unmittelbarkeit der Beweisaufnahme gilt nicht schrankenlos, sondern wird durch die dem Gericht obliegende Aufklärungspflicht nach § 244 Abs. 2 begrenzt[127]. Danach ist das Gericht wie bei den Verlesungstatbeständen des § 251 Abs. 1 Nr. 4 und des § 251 Abs. 2 S. 1 nicht an die Einverständniserklärungen der Beteiligten gebunden. Es ist vielmehr verpflichtet zu prüfen, ob die Verlesung des Vernehmungsprotokolls oder der Urkunde tatsächlich als hinreichend verläßlich erscheint oder ob im Interesse der Wahrheitsfindung eine persönliche Vernehmung der Auskunftsperson angezeigt ist[128]. Letzteres ist zu bejahen, wenn sich aufgrund der dem Gericht bekannten Tatsachen eine unmittelbare Beweisaufnahme aufdrängt oder sie wenigstens naheliegt, z.B. weil die schriftlich festgehaltenen Ausführungen unklar sind und somit die Notwendigkeit besteht, noch einmal genau nachzufragen oder einige ergänzende Auskünfte einzuholen sind.

2. Verlesung des Vernehmungsprotokolls des einzigen Belastungszeugen

Die vorstehenden Feststellungen werfen für das b.V. nahezu zwangsläufig die Frage auf, ob sich bestimmte Situationen benennen lassen, die aufgrund der Wahrheitserforschungspflicht aus § 244 Abs. 2 von vornherein eine Verlesung des Vernehmungsprotokolls ausschließen oder ob allein die Umstände des Ein-

125 In diesem Sinne vermutlich auch KMR-Fezer § 420 Rnr.3
126 BT/Ds 12/6853 S.37
127 KMR-Fezer § 420 Rnr.5; Loos/Radtke NStZ 1996,7,12
128 KK/OWiG-Senge § 77a Rnr.22

zelfalls darüber entscheiden, inwieweit eine persönliche Vernehmung erforderlich ist. Es leuchtet ein, daß angesichts einer Vielzahl von denkbaren Konstellationen die Antwort überwiegend im letzteren Sinne zu geben ist. Von diesem Ausgangspunkt aus soll im folgenden die Statthaftigkeit der Protokollverlesung gemäß § 420 Abs. 1, 3 überprüft werden, die die schriftlich festgehaltene Aussage des einzigen Belastungszeugen zum Gegenstand hat.

a. Darstellung der Rechtsprechung

Die Rechtsprechung hat bisher zur Einschränkung des § 420 Abs. 1 durch die Aufklärungspflicht soweit ersichtlich nicht Stellung nehmen müssen. Deshalb muß sich die Darstellung hauptsächlich auf die zu § 251 und § 325, der unter bestimmten Voraussetzungen eine mittelbare Beweisaufnahme gestattet und dessen Anwendbarkeit (vgl. § 323 Abs. 2) ebenfalls den Einschränkungen durch § 244 Abs. 2 unterliegt[129], ergangenen Urteile konzentrieren.

Einen groben Rahmen bezüglich der aufgeworfenen Problematik hat zunächst der BGH gezogen. Eine Verlesung soll danach jedenfalls ausscheiden und einen Verstoß gegen die Aufklärungspflicht darstellen, wenn gegen den Angeklagten ein besonders schwerer strafrechtlicher Vorwurf im Raume steht und die Aussage des Zeugen das alleinige Beweismittel ist[130]. In einem solchen Fall sei es erforderlich, daß sich das Gericht selber aufgrund eigener Beobachtungen ein Bild von der Glaubwürdigkeit des Zeugen machen könne[131]. Dem Angeklagten wurde im besagten Prozeß zur Last gelegt, er habe sich der Aussageerpressung schuldig gemacht. Die Mindeststrafe dafür betrug ein Jahr Freiheitsstrafe. Im b.V. können dagegen von vornherein nur Taten angeklagt werden, die eine Strafe von nicht mehr als einem Jahr erwarten lassen (§ 419 Abs. 1 S. 2). Selbst wenn das Verfahren also zunächst nach den Vorschriften der §§ 417 ff eingeleitet und durchgeführt werden würde, müßte die Entscheidung im b.V. doch noch in der Hauptverhandlung abgelehnt werden (§ 419 Abs. 2, Abs. 3), wenn sich erst jetzt herausstellen würde, daß der benannte Sanktionsrahmen zur Ahndung des Unrechts entgegen der ursprünglichen Annahme nicht ausreichte. Das Urteil des BGH erweist sich somit in Hinblick auf den § 420 als wenig aussagekräftig und setzt für den hier interessierenden Zusammenhang nur einen Mindeststandard.

In der Folgezeit sind viele obergerichtliche Revisionsentscheidungen ergangen, denen zumeist keine schwerwiegenden strafrechtlichen Vorwürfe zugrunde lagen (teilweise sogar nur Ordnungswidrigkeiten) und die alleine vom zu erwar-

---

129 OLG Zweibrücken NJW 1982,117; Alsberg/Nüse/Meyer S.294f

130 BGHSt 9,230,233

131 BGHSt 9,230,232

tenden Strafmaß her Gegenstand des b.V. hätten sein können. Eine einheitliche Spruchpraxis läßt sich diesen Urteilen jedoch nicht entnehmen[132]. Unstrittig erscheint lediglich, daß zeugenschaftliche Bekundungen von nur nebensächlicher Bedeutung – bei Vorliegen der Voraussetzungen – verlesen werden dürfen[133]. Anders sieht die Lage bei Aussagen von prozeßentscheidender Bedeutung aus. Ein Teil der Entscheidungen geht davon aus, daß sich eine persönliche Einvernahme des Zeugen in der Hauptverhandlung immer bereits dann aufdrängt, wenn ihr ausschlaggebende bzw. prozeßentscheidende Bedeutung zukommt[134]. Teilweise wird darüber hinaus verlangt, daß zudem noch Gründe hinzutreten müssen, die ein Erscheinen des Zeugen zur Erforschung der Wahrheit unerläßlich machen. Ein derartiger Grund kann die in Zweifel stehende Glaubwürdigkeit des Belastungszeugen sein[135], eine Einlassung eines am Ausgang des Verfahrens interessierten Belastungszeugen zum Unfallverlauf, die weniger wahrscheinlich ist als die des Angeklagten[136], oder das Abstreiten des Tatvorwurfes seitens des Angeklagten[137]. Die zuletzt genannte Ansicht berücksichtigt demnach die Beweislage im ganzen, wobei den Umständen des Einzelfalls eine verstärkte Rolle zukommt. Dieses läßt sich der Formulierung entnehmen, daß „in der Regel“[138] eine Verlesung in dieser Konstellation ausscheide.

b. Ansichten in der Literatur

In der Literatur sind nur wenige, kurze Stellungnahmen zu diesem Problemkreis auszumachen. Danach soll eine mittelbare Beweiserhebung durch Verlesung jedenfalls dann nicht in Betracht kommen, wenn Unklarheiten in den schriftlichen Beweisunterlagen vorhanden sind[139]. Überwiegend verlangt man sogar kategorisch – ohne weitere Einschränkungen – eine persönliche Vernehmung des Zeugen in der Hauptverhandlung, wenn er das einzige Beweismittel ist[140]. Exemplarisch dafür steht die von Scheffler geäußerte Befürchtung, daß § 420 Abs. 1 durch die Aufklärungspflicht nach § 244 Abs. 2 jedenfalls in der richterlichen Praxis nur unzureichend eingeschränkt und eine mittelbare Beweisaufnahme in

132 Vgl. grundsätzlich OLG Celle StV 1991,294
133 OLG Zweibrücken NJW 1981,117; OLG Koblenz VRS 63,130,133; OLG Köln VRS 65,40
134 OLG Köln VRS 65,40; VRS 70,143; OLG Karlsruhe Justiz 1988,95; OLG Düsseldorf StV 1991,295
135 BGH NStZ 1988,37,38
136 OLG Hamm VRS 41,376
137 BGHSt 22,118,121; OLG Zweibrücken NJW 1981,117; OLG Celle StV 1994,474
138 OLG Zweibrücken NJW 1981,117
139 AK/StPO-Loos § 420 Rnr.18
140 KMR-Fezer § 420 Rnr.5; Kl/M-G § 420 Rnr.6, § 251 Rnr.25, § 325 Rnr.12

vielen Fällen nicht verhindert werde. Als Beispiel führt er einen (fiktiven) Fall an, in dem die in einem Polizeiprotokoll festgehaltenen Aussagen der Belastungszeugen, die das einzige Beweismittel darstellen, gemäß § 420 Abs. 1, 3 verlesen werden[141], obwohl der Angeklagte den Tatvorwurf bestreitet[142].

c. *Würdigung*

aa. *Prozeßentscheidende Bedeutung*

Eine erste Annäherung an das Problem läßt sich am besten über dem hinter dem Gebot einer unmittelbaren Beweisaufnahme stehenden Zweck finden. Durch die möglichst lückenlose Verwendung von Originalen sollen die mit Surrogaten einhergehenden Beweisunsicherheiten vermieden werden. Deshalb dient die Einführung des jeweils sachnächsten Beweismittels der Ermittlung der materiellen Wahrheit[143]. Ausnahmen von diesem Grundsatz finden sich in § 251 für den Fall, daß die Beweisperson in der Hauptverhandlung aus den dort aufgezählten Gründen nicht zur Verfügung steht. Der Gesetzgeber wollte mit dieser Regelung der Gefahr von Beweisverlusten und Aufklärungsschwierigkeiten entgegenwirken. Später ermöglichte er zudem die im allseitigen Einverständnis erfolgende Verlesung eines Protokolls oder einer Urkunde, selbst wenn keiner der Ausnahmetatbestände erfüllt ist (§ 251 Abs. 1 Nr. 4, Abs. 2 S. 1). Im letzteren Fall obliegt jedoch die letztverbindliche Entscheidung über die Verlesung dem Gericht. Die Begründung dafür ist in der Tatsache zu sehen, daß das Gericht sich seine Überzeugung auf der Grundlage der Beweisaufnahme in der Hauptverhandlung bilden muß (§ 261). Es muß sich also von den für die Schuld- und Rechtsfolgentatsachen entscheidenden Aspekten ein eigenes Bild machen. Nur im Rahmen einer direkten Kommunikation mit dem Zeugen kann es gelingen, seine Glaubwürdigkeit zu überprüfen und gegebenenfalls seine Aussage kritisch zu hinterfragen[144]. Selbst wenn der die Tatbegehung leugnende Angeklagte und der Staatsanwalt einer Verlesung zustimmten, drängte die Aufklärungspflicht somit ausnahmslos dazu, die einzige Beweisperson, deren Aussage prozeßentscheidende Bedeutung zukommt, persönlich in der Hauptverhandlung zu vernehmen. Allein dieses Vorgehen ermöglicht es, die Wahrheitsermittlung auf eine hinreichend fundierte und zuverlässige Grundlage zu stellen. Zusätzliche Gründe für eine persönliche Einvernahme des Zeugen vor Gericht, wie etwa eine unklare oder mißverständliche

141 Im von Scheffler gebildeten Beispielsfall sogar im Wege des Selbstleseverfahrens nach § 249 Abs. 2
142 Scheffler NJW 1994,2191
143 Alsberg/Nüse/Meyer S.459
144 KK/StPO-Herdegen (3. Auflage) § 244 Rnr.25

schriftliche Aussage oder Zweifel an der Glaubwürdigkeit der Auskunftsperson, müssen nicht hinzutreten. Ob eine Verlesung des Vernehmungsprotokolls ausreichend ist, wenn der Angeklagte geständig ist und der schriftlich fixierten Aussage des Zeugen nicht mehr allein prozeßentscheidende Bedeutung zukommen mag, bestimmt sich nach den allgemeinen Verfahrensgrundsätzen, nach denen das Gericht von der Schuld des Angeklagten hinreichend überzeugt sein muß.

bb. Erforderlicher Mindeststandard

Die Unzulässigkeit der Verlesung ergibt sich auch aus einer anderen Überlegung. Ein gewisser Mindeststandard für die Urteilsfindung – keine Verlesung bei Aussagen von prozeßentscheidender Bedeutung – ist nicht zuletzt erforderlich, weil es in vielen b.V. an einer wirksamen Kontrolle der Gerichtsentscheidung mangeln wird. Zwar kann ein Verstoß gegen die Aufklärungspflicht, wenn das Gericht den Umfang der Wahrheitserforschungspflicht verkennt, trotz Einverständniserklärung seitens des Angeklagten mit der Aufklärungsrüge in der Revision angefochten werden[145]. Ob aber der unverteidigte Angeklagte, der häufig schon nicht wissen wird, warum er sein Einverständnis mit der Verlesung erklären soll und worin die Alternative zu solcher Einverständniserklärung besteht[146], die Möglichkeiten einer Aufklärungsrüge erkennt und erwägt, ist mehr als zweifelhaft, v.a. wenn man den vom b.V. betroffenen Personenkreis (hoher Prozentanteil von Ausländern und Drogenabhängigen) und die strengen Anforderungen, die die Rechtsprechung an die Zulässigkeit einer derartigen Rüge (§ 344 Abs. 2 S. 2) stellt, berücksichtigt[147].

cc. Erleichterte Verlesbarkeit

Die Verlesbarkeit von Vernehmungsniederschriften richtet sich im Regelverfahren nach der Vorschrift des § 251, die zwischen richterlichen Vernehmungsprotokollen in Absatz 1 und anderen (nichtrichterlichen) Vernehmungsprotokollen in Absatz 2 unterscheidet[148]. Richterliche Vernehmungsniederschriften werden dabei in zwei wesentlichen Punkten anders behandelt als nichtrichterliche. Zum einen dürfen richterliche Protokolle in einem größeren Maße verlesen werden. § 251 Abs. 2 sieht nämlich keine dem Grund des § 251 Abs. 1 Nr. 3 entsprechende Regelung vor, die eine Verlesung innerhalb der Grenzen des § 244 Abs. 2

145 AK/StPO-Loos § 420 Rnr.18; Göhler OWiG § 77a Rnr.19
146 Ausführlicher dazu 3.Kap C II
147 Loos/Radtke NStZ 1996,7,12 mit Fn.129; Fezer ZStW 106 (1994),S.1,13f mit Fn.45; Herzog ZRP 1991,125,126
148 Fezer 14/Rnr.22; Ranft Rnr.1710

auch für den Fall ermöglicht, daß dem Zeugen das Erscheinen in der Hauptverhandlung wegen großer Entfernung unter Berücksichtigung der Bedeutung seiner Aussage nicht zugemutet werden kann. Zum anderen werden an eine im Einverständnis der Verfahrensbeteiligten erfolgende Verlesung unterschiedlich hohe Anforderungen gestellt. Ein Vorgehen nach § 251 Abs. 1 Nr. 4 ist bereits möglich, wenn der Staatsanwalt, der Angeklagte und der – sofern vorhanden – Verteidiger zustimmen. Sollen dagegen nichtrichterliche Protokolle verlesen werden, muß der Angeklagte verteidigt sein, der Verteidiger muß in der Hauptverhandlung anwesend sein und die Verfahrensbeteiligten müssen ihre Zustimmung erteilen[149].

Der neu eingefügte § 420 Abs. 1 – im Zusammenspiel mit Absatz 3 – geht über § 251 hinaus, indem er die ein Einverständnis der Verfahrensbeteiligten voraussetzenden Verlesungsmöglichkeiten nach § 251 Abs. 2 S. 1 erweitert[150]. Er unterscheidet nicht mehr zwischen richterlichen und nichtrichterlichen Vernehmungsniederschriften[151]. Einzige Voraussetzung für die Verlesung ist die Zustimmung aller anwesenden Verfahrensbeteiligten[152]. Zwar wird auch im b.V. die Differenzierung zwischen richterlicher und nichtrichterlicher Niederschrift damit nicht vollständig aufgegeben, da die Tatbestände des § 251 Abs. 1 Nrn. 1 - 3 und Abs. 2 S. 2 unberührt bleiben[153]. Hinsichtlich des Verlesungstatbestandes, der sich auf das allgemeine Einverständnis der Prozeßbeteiligten stützt (§ 420 Abs. 1, 3), ist aber eine Gleichstellung der Protokolle zu konstatieren.

Der BGH schloß aus der leichteren Verlesbarkeit richterlicher Protokolle und der strikt durchgehaltenen Differenzierung in § 251, daß Niederschriften richterlicher Vernehmungen ein allgemein höheres Vertrauen entgegengebracht wird[154]. Daraus ließe sich also der Grundsatz ableiten: Je unabhängiger die Funktion des Vernehmenden, desto höher das in ein Protokoll gesetzte Vertrauen. Je höher das in ein Protokoll gesetzte Vertrauen, desto leichter ist es verlesbar. Da § 420 Abs. 1, 3 die Verlesbarkeit nichtrichterlicher Niederschriften im Vergleich zu § 251 Abs. 2 erheblich erleichtert, müßte konsequent vom obigen Grundsatz ausgehend das Vertrauen in diese Niederschriften gegenüber dem Normalverfahren und im Verhältnis zu richterlichen Protokollen gestiegen sein. Ein gesteigertes Vertrauen kann sich nur aus der Funktion, die die Vernehmungsperson innehat, oder aus dem Prozeß der Erstellung der Niederschrift ergeben. In beiden Punkten ist aber keine Abweichung gegenüber dem Normalverfahren zu erkennen. Einerseits

149 Kl/M-G § 251 Rnr.24
150 KMR-Fezer § 420 Rnr.3
151 Kl/M-G § 420 Rnr.4; R/R/H OWiG § 77a Rnr.4; Böttcher NStZ 1986,393,396
152 AK/StPO-Loos § 420 Rnr.12
153 KMR-Fezer § 420 Rnr.3; Kl/M-G § 420 Rnr.5
154 BGHSt 21,218f

kommen auch im b.V. nur richterliche, staatsanwaltschaftliche und polizeiliche Vernehmungen in Betracht. Andererseits sind die Protokollanforderungen im b.V. unverändert gegenüber dem Regelverfahren, d.h. die Formvorschriften richten sich und differenzieren nach der Vernehmungsperson. Insgesamt ist also nicht erkennbar, woraus sich ein größeres Vertrauen in die Vernehmungsniederschriften, soweit sie im b.V. verlesen werden sollen, ergeben sollte.

Zu fragen ist daher, welcher andere Grundsatz dann für diese Art der Vereinfachung Geltung beanspruchen kann. Anknüpfend an die Eignungskriterien des b.V. könnte man sagen: Je einfacher der Sachverhalt, je klarer die Beweislage ist, desto geringere Anforderungen können an die Verlesung eines Protokolls gestellt werden, desto weniger sollen die Funktion der Vernehmungsperson und die Umstände der Erstellung eine Rolle spielen (z.B. die Einhaltung von Förmlichkeiten[155]). Ziel ist es, die Voraussetzungen für die Verlesbarkeit herabzusetzen, um auf eine persönliche Einvernahme des Zeugen in der Hauptverhandlung häufiger verzichten zu können. Je häufiger allerdings Niederschriften in der Hauptverhandlung verlesen werden, desto mehr Urteile und desto größere Teile eines Urteils basieren auf einer mittelbaren Beweiserhebung. Obwohl also der Inhalt des zu verlesenden Protokolls an Bedeutung gewinnt, werden die Voraussetzungen für die Verlesbarkeit geringer veranschlagt und soll es weniger darauf ankommen, wer die Beweisperson vernommen hat und ob dabei die einschlägigen Formvorschriften beachtet wurden. Als Konsequenz daraus würden Vernehmungsprotokolle von Strafverfolgungsbehörden, die aufgrund ihrer Funktion eher als Richter dazu neigen, sich mehr auf die Erhärtung eines Verdachtes und der Sammlung von belastenden Beweismaterial zu konzentrieren[156], immer häufiger direkt Gegenstand des Verfahrens werden, ohne daß das Zustimmungserfordernis des unverteidigten Angeklagten eine wirkliche Kompensation für diese Einschränkung des Unmittelbarkeitsgrundsatzes böte. Die so skizzierte Gefahr ist vor dem Hintergrund zu sehen, daß die Ermittlungen im Bereich der kleineren und mittleren Kriminalität, dem Anwendungsbereich des b.V., ohnehin beschleunigt bzw. summarisch geführt werden[157]. Wenn man zudem die Regelung des § 420 Abs. 1, 3 im Zusammenhang mit den übrigen Vorschriften für das b.V. betrachtet, die zwar nicht zu einer kumulativen Anwendung der Verfahrensverein-

155 BT/Ds 10/2652 S.24; zu beachten ist auch die Rechtsprechung in Bezug auf fehlerhaft zustande gekommende richterliche Protokolle, die unter den Voraussetzungen, die für nichtrichterliche Niederschriften gelten, verlesbar sein sollen, vgl. BGH StV 1987,234; Fezer 14/Rnr.26; Ranft Rnr.1713; für das b.V. spielt die Einhaltung der Förmlichkeiten durch den Richter wegen der Gleichstellung in § 420 Abs. 1 folglich keine Rolle mehr.

156 Fezer 14/Rnr.22; Kühne Rnr.62.3 und 563.2

157 Roxin § 52 Rnr.2; Loos/Radtke NStZ 1996,7,11

fachungen zwingen, sie jedoch im Sinne einer konsequenten Beschleunigung und Straffung der Hauptverhandlung im Rahmen des Möglichen nahelegen[158], spricht auch insoweit vieles dafür, sich an die hier befürwortete Einschränkung des Verlesungstatbestandes zu halten.

dd. Legitimer Anwendungsbereich

Die bisherigen Erwägungen werden von den Gesetzesmaterialien zur Erweiterung des § 251 Abs. 2 gestützt[159]. Nichtrichterliche Vernehmungsniederschriften sollten in S. 1 fortan im Einverständnis der Beteiligten verlesen werden können, sofern der Angeklagte verteidigt ist. Während die Ausschußminderheit darin eine zu weitreichende Einschränkung des Unmittelbarkeitsgrundsatzes erblickte, stimmte die Ausschußmehrheit der neuen Regelung allein wegen der Beschränkung auf verteidigte Beschuldigte zu[160]. Dabei bestand der Zweck der Gesetzesänderung nicht darin, künftig zentrale und für den Ausgang der Verhandlung entscheidende Aussagen zu verlesen, sondern – wie ausdrücklich betont wird – „Bekundungen zum Randgeschehen" mittelbar zu erheben[161]. Obwohl die Verlesung somit die Anwesenheit und das gesonderte Einverständnis des Verteidigers bedingte, sollte sie nur Aussagen mit nebensächlicher Bedeutung erfassen. Diesen Grundsatz kann man im b.V. nicht unter Hinweis auf die geringere Bedeutung der Strafsachen gleich in doppelter Hinsicht aufzuweichen versuchen. Es ist schon höchst sonderbar, dem unverteidigtem Angeklagten, dem in § 147 kein Akteneinsichtsrecht zugestanden wird und dem – wenn auch laut Gesetz gemäß § 47 StGB nur in Ausnahmefällen – eine kurzzeitige Freiheitsstrafe von bis zu sechs Monaten drohen kann[162], eine Entscheidung über die Verlesbarkeit nichtrichterlicher Protokolle abzunötigen[163]. Keinesfalls darf ein solches Protokoll dann aber die prozeßentscheidende Aussage eines Zeugen enthalten, der das einzige Beweismittel darstellt.

Gleichwohl ist die in die Dispositionsbefugnis der Beteiligten gestellte Durchbrechung des Unmittelbarkeitsgrundsatzes in §§ 251 Abs. 1 Nr. 4, Abs. 2 S. 1, 420 Abs. 1, 3 nicht ohne Bedeutung für die Beschleunigung des Strafverfahrens. Ihre Funktion besteht allerdings nicht darin, das Mündlichkeitsprinzip, das

---

158 Loos/Radtke NStZ 1996,7,11

159 BT/Ds 10/6592 S.23

160 BT/Ds 10/6592 S.23

161 BT/Ds 10/6592 S.23; Rieß/Hilger NStZ 1987,145,151

162 Beachte § 418 Abs. 4, der bei einer zu erwartenden Freiheitstrafe von mehr als sechs Monaten (max. zwölf Monate) einen Fall der notwendigen Verteidigung für das b.V. normiert

163 Gesetzgeber hat dieses Problem in BT/Ds 10/6592 S.23 noch erkannt

wenigstens im Grundsatz noch immer Geltung für das Strafverfahren beansprucht, durch eine schriftliche Beweisaufnahme zu ersetzen, sondern Aussagen zum Randgeschehen, die jedenfalls nicht von allein prozeßentscheidender Bedeutung sind, bei allseitiger Zustimmung zügig in das Verfahren einzuführen, damit um so mehr Zeit für die persönliche Einvernahme des prozeßentscheidenden Zeugen verbleibt. Es existiert also durchaus ein legitimer Anwendungsbereich für die Vorschrift.

Nicht ausgeschlossen ist die Anwendung des § 420 Abs. 1, 3 ferner, wenn mehrere Belastungszeugen vorhanden sind, die den Angaben des Angeklagten entgegentreten. In diesen Fällen ist eine persönliche Einvernahme jedes einzelnen Belastungszeugens vor Gericht in der Regel nicht erforderlich. Nach Vernehmung eines Zeugen durch das erkennende Gericht können die Aussagen der übrigen Zeugen, sofern nicht besondere Umstände gegeben sind, die eine unmittelbare Beweisaufnahme nahelegen, vielmehr im Wege der Verlesung zum Gegenstand der Hauptverhandlung gemacht werden. Diese Auslegung des § 420 Abs. 1, 3 ist insoweit konsequent, als den Aussagen der übrigen Belastungszeugen dann keine allein prozeßentscheidende Bedeutung zukommt. Erst wenn die Angaben der Belastungszeugen widersprüchlich sind, der persönlich vernommene Zeuge unglaubwürdig erscheint oder ähnliche Umstände hinzutreten, scheidet eine Anwendung des § 420 wegen § 244 Abs. 2 aus.

ee. Zusammenfassung

Die Verlesung des Vernehmungsprotokolls des einzigen Belastungszeugen kommt nicht in Betracht, wenn das Urteil entscheidend (mit) auf dessen Aussage gestützt werden soll und der Angeklagte die Tatbegehung leugnet. Ob die Beweiserhebung mittelbar erfolgen kann, wenn der Angeklagte geständig ist und die ihm zur Last gelegte Tat einräumt, ist an den allgemeinen, auch für das Normalverfahren geltenden Grundsätzen zu messen, nach denen das Gericht von der Schuld des Angeklagten hinreichend überzeugt sein muß. Abweichend vom Normalverfahren mag sich im b.V. jedoch eine derartige Überzeugung bei einer strikten Ernstnahme der Eignungskriterien in § 417 unter Umständen eher einstellen, da der Sachverhalt zwingend einfach gelagert sein muß und damit leichter überschaubar ist.

Eine Verlesung gemäß § 420 Abs. 1, 3 kann aber jedenfalls innerhalb des von § 244 Abs. 2 gezogenen Rahmens erwogen werden, wenn der Äußerung des Zeugen nur nebensächliche Bedeutung zukommt oder von mehreren Belastungszeugen übereinstimmende Angaben protokolliert worden sind und einer der Zeugen persönlich vor Gericht vernommen worden ist.

IV. Einschränkung des § 420 Abs. 1 StPO durch Beweis- und Beweisverwertungsverbote

1. Im allgemeinen

Die Zustimmung der Prozeßbeteiligten zur Verlesung gemäß § 420 Abs. 3 kann natürlich auch im b.V. nicht zur Folge haben, daß man sich dabei über bestehende Beweisverbote hinwegsetzt. Viele dieser Verbote verlieren allerdings die ihnen im Normalverfahren eigene Schärfe durch die im b.V. verwirklichte Gleichstellung von richterlichen und nichtrichterlichen Vernehmungsprotokollen[164]. Ein Verstoß beispielsweise gegen §§ 69 Abs. 1 S. 1, 168a Abs. 4 S. 1 oder 271 Abs. 1 S. 1 bewirkt im Normalverfahren, daß die richterliche Niederschrift nicht mehr gemäß § 251 Abs. 1 verlesbar ist, möglicherweise jedoch unter den strengeren Voraussetzungen des § 251 Abs. 2 in die Verhandlung eingeführt werden kann[165]. Im b.V. entfällt die Ahndung eines solchen Verstoßes, da das fehlerhaft zustande gekommene richterliche Protokoll als nichtrichterliches infolge der ermangelnden Differenzierung in § 420 Abs. 1 unter den gleichen Bedingungen verlesen werden kann.

2. In Bezug auf §§ 252, 52 StPO

Für die sich in diesem Zusammenhang aufdrängende Frage, ob der weigerungsberechtigte Zeuge, dessen in einer Vernehmungsniederschrift enthaltene Aussage nach § 420 Abs. 1, 3 verlesen werden soll, noch einmal im Zeitpunkt der Hauptverhandlung über sein Zeugnisverweigerungsrecht belehrt und zu seiner Aussagebereitschaft befragt werden muß, soll nachfolgend eine Lösung aufgezeigt werden.

a. Einführung in den Meinungsstand

Die angerissene Problematik ist bisher – soweit ersichtlich – kaum eingehender behandelt worden[166]. Dieser Befund ist um so überraschender, als der hier beschriebene Konflikt grundsätzlich bereits im Regelverfahren mit der Einfügung des § 251 Abs. 1 Nr. 4 (später dann § 251 Abs. 2 S. 1) angelegt wurde und sich dort jederzeit hätte aktualisieren können. Ausführlichere Stellungnahmen sind allein den Kommentierungen zum Ordnungswidrigkeitengesetz zu entnehmen.

164 Vgl. dazu 3.Kap A II 1
165 Eisenberg Rnr.2121; Kl/M-G § 251 Rnr.31
166 Vgl. insoweit AK/StPO-Loos § 420 Rnr.7

Das Bußgeldverfahren sieht nämlich in § 77a OWiG eine Regelung vor, die bei der Konzipierung des § 420 als Vorbild diente[167] und die, soweit sie übernommen wurde (vgl. § 77a Abs. 1, Abs. 2, Abs. 4 OWiG), sich nahezu wortgleich im b.V. wiederfindet.

Nach Ansicht von Rebmann/Roth/Herrmann können richterliche und nichtrichterliche Vernehmungsniederschriften eines zeugnisverweigerungsberechtigten Zeugen nach § 77a OWiG verlesen werden, sofern der Zeuge im Zeitpunkt der Vernehmung von der jeweiligen Verhörsperson ordnungsgemäß – anderenfalls läge ein Verwertungsverbot vor – über sein Zeugnisverweigerungsrecht belehrt wurde (vgl. § 52 Abs. 3)[168]. Nur der in die Hauptverhandlung geladene und dort befragte Zeuge könne nach §§ 252, 52 das Recht wahrnehmen, noch in der Hauptverhandlung das Zeugnis zu verweigern, um damit eine Verlesung der früheren Aussage zu verhindern. Begründet wird diese Ansicht damit, daß § 77a OwiG eine Ausnahme vom Grundsatz der Unmittelbarkeit statuiere, den 252 voraussetze[169].

Zu einem anderen Ergebnis gelangt Senge, der eine Differenzierung nach der Verhörsperson, die die Vernehmungsniederschrift erstellt hat, vornimmt. Bei nichtrichterlichen Vernehmungsprotokollen zöge die Aussageverweigerung in der Hauptverhandlung gemäß §§ 252 ein umfassendes Verwertungsverbot nach sich[170]. Der Richter müsse sich daher zunächst Klarheit darüber verschaffen, ob der Zeuge zur Aussage bereit sei. Dazu bedürfe es einer Erklärung des Zeugen vor dem Richter nach ordnungsgemäßer Belehrung und Befragung in der Hauptverhandlung[171]. Sei der aussagewillige Zeuge nun aber schon einmal anwesend, werde eine Verlesung nach § 420 Abs. 1 kaum mehr in Betracht kommen, da der mit ihr verbundene Vereinfachungseffekt zu diesem Zeitpunkt weitgehend verbraucht wäre[172].

Lägen hingegen richterliche Vernehmungsniederschriften vor, sei eine Befragung des Zeugen zu seinem Schweigerecht aus § 252 in der Hauptverhandlung vor einer Verlesung nicht zwingend erforderlich[173]. § 252 enthalte nämlich bezüglich richterlicher Protokolle, die Aussagen eines ordnungsgemäß belehrten Zeugen zum Gegenstand haben, kein Verwertungsverbot und eine Ladung und zeugenschaftliche Befragung des Richters sei wegen der Beschränkung des Unmittelbarkeitsgrundsatzes (§ 250) in § 420 Abs. 1 eben gerade nicht erforder-

167 BT/Ds 12/6853 S.37
168 R/R/H OWiG § 77a Rnr.15
169 R/R/H OWiG § 77a Rnr.15
170 KK/OWiG-Senge §§ 77a Rnr.6; ebenso Kl/M-G § 420 Rnr.5
171 Verweis von Senge a.a.O. auf BGH Urt. v. 03.07.1958 - 5 StR 268/58
172 KK/OWiG-Senge § 77a Rnr.6
173 KK/OWiG-Senge § 77a Rnr.7

lich[174]. Wahlweise könne der Inhalt der Aussage folglich sowohl durch eine Vernehmung des Richters als Verhörsperson (Zeuge vom Hörensagen) als auch mittels der Verlesung des Vernehmungsprotokolls nach § 420 Abs. 1 in die Verhandlung eingeführt werden[175]. Das Recht zur Zeugnisverweigerung noch in der Hauptverhandlung aus § 252 stünde für diesen Fall nur dem dort anwesenden Zeugen zu.

Die Ansicht Göhlers schließlich stimmt in weiten Teilen mit den Ausführungen Senges überein. Unterschiedlich wird von ihnen nur die Frage beurteilt, unter welchen Umständen eine Klärung der Aussagebereitschaft des weigerungsberechtigten Zeugen zu erfolgen hat, dessen Ausführungen in einem nichtrichterlichen Vernehmungsprotokoll enthalten sind. Göhler hält statt einer Erklärung des Zeugen vor dem Richter auch eine außergerichtliche schriftliche Klärung für möglich[176]. Danach behielte die Verfahrensvereinfachung des § 420 selbst für nichtrichterliche Niederschriften ihre Bedeutung[177].

b. Darstellung der gesetzlichen Ausgangslage

aa. Verhältnis der §§ 250, 251, 252 und § 420 StPO

(1) Im allgemeinen

Die Norm des § 250 gebietet, soweit eine Person über ihre Wahrnehmungen vernommen werden soll, den Vorrang des Personalbeweises vor dem Beweis mit Urkunden, die eine frühere Aussage lediglich wiedergeben[178]. Sollen demnach Wahrnehmungen einer Person zum Gegenstand der Beweisaufnahme gemacht werden, so muß die Person grundsätzlich persönlich in der Hauptverhandlung vernommen werden[179]. Verboten wird in Satz 2 aber nur die Ersetzung, nicht die Ergänzung der Vernehmung durch eine Verlesung der in einer Niederschrift festgehaltenen Äußerung. Von diesem Unmittelbarkeitsgrundsatz sieht das Gesetz in § 251 – die übrigen Durchbrechungen des § 250 sollen bei den nachfolgenden Betrachtungen außer Acht bleiben – einige Ausnahmen vor. Die neu eingefügte Norm des § 420 erweitert nun wiederum ihrerseits die Vorschrift des § 251[180].

---

174 KK/OWiG-Senge § 77a Rnr.7
175 KK/OWiG-Senge § 71 Rnr.92
176 Göhler OWiG § 77a Rnr.2a
177 Anders Senge in KK/OWiG Rnr.6 : „Praktisch bedeutungslos ..."
178 Alsberg/Nüse/Meyer S.459; BGHSt 15,253,254
179 Fezer 14/Rnr.18; Roxin § 44 Rnr.5
180 Vgl. 3.Kap A II 2

Gemäß § 252 fällt ein Zeuge, der erst in der Hauptverhandlung von seinem Zeugnisverweigerungsrecht Gebrauch macht, als Beweismittel aus. Nach mittlerweile nahezu übereinstimmender Ansicht beinhaltet § 252 insoweit ein Verwertungsverbot[181] und nicht nur ein Verlesungsverbot, wie es noch das Reichsgericht vertreten hatte[182]. Dieses hatte § 252 dem Wortlaut und der systematischen Stellung entsprechend als Ausfluß des Unmittelbarkeitsprinzips gedeutet[183]. Dem ist der BGH in einer Grundsatzentscheidung vor allem mit dem Hinweis darauf entgegengetreten, daß § 252 als Vorschrift neben § 250 praktisch überflüssig sei, wenn sie lediglich ein reines Verlesungsverbot enthielte[184]. Andererseits lasse sich der Zusammenhang zwischen den Normen auch nicht so herzustellen, daß § 250 den Unmittelbarkeitsgrundsatz aufstelle, § 251 davon Ausnahmen vorsehe und § 252 für den weigerungsberechtigten Zeugen wieder zur Grundregel zurückkehre[185]. Begründet wurde diese Aussage damit, daß § 252 Situationen betreffe, in denen der Zeuge in der Hauptverhandlung anwesend sei und von seinem Zeugnisverweigerungsrecht Gebrauch mache, während § 251 Abs. 1 Nrn. 1 - 3 – § 251 Abs. 1 Nr. 4 und § 251 Abs. 2 können zur Bestimmung der Systematik nicht herangezogen werden, da sie erst später ins Gesetz eingefügt worden sind – Fälle meine, in denen der Zeuge nicht anwesend sei[186]. Unter Zugrundelegung dieses Verständnisses von § 252 erscheint die Einordnung der Norm in den Zusammenhang der §§ 250, 251, 253 bis 256 als wenig geglückt. Sie ergänzt vielmehr die §§ 52 ff, indem sie die Ausübung des Zeugnisverweigerungsrechtes näher ausgestaltet.

(2) Ursprünglicher Zusammenhang zwischen §§ 250, 251 Abs. 1 Nr. 1 - 3 und § 252 StPO

Die Vorschrift des § 251 regelt, unter welchen Umständen der in § 250 enthaltene Unmittelbarkeitsgrundsatz eine Durchbrechung erfahren kann und eine Verlesung von Vernehmungsniederschriften möglich ist. Dabei unterscheidet sich die heutige Fassung von der ursprünglichen ganz erheblich. Zunächst sah § 251 nämlich lediglich in Ausnahmefällen die Verlesung allein richterlicher Verneh-

181 BGHSt 2,99ff; Kl/M-G § 252 Rnr.12; umstritten ist allerdings der Umfang dieses Verwertungsverbotes
182 Z.B. RGSt 5,142ff; RGSt 51,121,123; RGSt 72,221ff
183 Geppert S.259
184 BGH NJW 1952,356; so aber das Reichsgericht nach dessen Ansicht § 252 nur den Gedanken des § 250 für den Fall des weigerungsberechtigten Zeugen beinhaltet, z.B.RGSt 5,142ff
185 BGH NJW 1952,356
186 BGH NJW 1952,356; auch BGH NJW 1956,1528

mungsniederschriften vor und zwar weitgehend aus den heute in § 251 Abs. 1 Nrn. 1 - 3 beschriebenen Gründen. Erst 1943 wurde § 251 Abs. 1 Nr. 4 eingefügt und § 251 Abs. 2 für die Verlesung nichtrichterlicher Vernehmungsniederschriften eröffnet[187]. Schaut man sich also die ursprünglichen Regelungen, die bis 1943 Gültigkeit hatten, an, so ergibt sich folgendes Bild:

Die Verlesung nach Nr. 1 ist nur gestattet, wenn der Zeuge verstorben ist, infolge einer Geisteskrankheit vernehmungsunfähig ist oder sein Aufenthalt nicht zu ermitteln ist, er für das Gericht mithin unerreichbar ist[188]. Keine der verschiedenen Alternativen der Nr.1 läßt also eine persönliche Vernehmung des Zeugen denkbar erscheinen; sie ist kurz gesagt unmöglich.

Die Nr. 2 läßt eine Verlesung zu, wenn dem Erscheinen des Zeugen für längere oder ungewisse Zeit Krankheit, Gebrechlichkeit oder andere nicht zu beseitigende Hindernisse entgegenstehen. Infolge der Krankheit oder der Gebrechlichkeit muß dem Zeugen das Erscheinen vor dem Gericht in der Hauptverhandlung unmöglich sein[189]. Danach wäre eine Vernehmung der Auskunftsperson zwar eventuell denkbar, sie könnte aber unmöglich zum anvisierten Termin in der Hauptverhandlung und auch nicht zu einem näher bestimmbaren Zeitpunkt durchgeführt werden. Entsprechend soll der Fall behandelt werden, daß erst durch die Vernehmung ernste Gesundheitsgefahren drohen[190]. Die Vernehmung wäre somit möglich, aber nur um den denkbaren und nicht unwahrscheinlichen Preis schwerwiegender Gesundheitsbeeinträchtigungen, bei deren Eintritt nicht einmal eine vollständige Durchführung der Vernehmung gewährleistet sein würde. „Nicht zu beseitigende Hindernisse" setzen schon vom Wortlaut her eine unvermeidbare Abwesenheit in der Hauptverhandlung und darüber hinaus auf absehbare Zeit voraus, so daß diese Alternative ebenfalls eine persönliche Vernehmung ausschließt.

Nach Nr. 3 ist die Verlesung der Niederschrift erlaubt, wenn dem Zeugen ein Erscheinen vor Gericht in der Hauptverhandlung nicht zugemutet werden kann. Die Entscheidung über die Unzumutbarkeit trifft der Richter nach pflichtgemäßem Ermessen unter Berücksichtigung der persönlichen Verhältnisse des Zeugen, der Wichtigkeit der Aussage, der Bedeutung der Sache und der Notwendigkeit der beschleunigten Durchführung des Verfahrens[191]. Eine Verlesung ist demnach trotz der Möglichkeit einer persönlichen Vernehmung denkbar, wenn der

---

187 RGBl.I,342; vgl. insgesamt Grünwald S.347,350 ff; Einfügung des heutigen § 251 Abs. 2 S. 1 durch das StÄG 1987

188 Kl/M-G § 251 Rnr.5; Alsberg/Nüse/Meyer S.261

189 Alsberg/Nüse/Meyer S.261

190 BGHSt 9,297

191 Fezer 14/Rnr.24; BGH NStZ 1981,271

Tatrichter einen mit der Ableistung der Aussage verbundenen unverhältnismäßigen Aufwand für den Zeugen feststellt.

In allen übrigen Fällen, in denen eine Vernehmung in der Hauptverhandlung also weder unmöglich war (Nr. 1 und Nr. 2) noch einen übermäßigen Aufwand (Nr. 3) seitens des Zeugen erforderte, mußte somit der Zeuge, wollte man seine Wahrnehmungen zum Gegenstand der Beweisaufnahme machen, vor Gericht aussagen. Dem weigerungsberechtigten Zeugen stand dann vor Gericht das in §§ 252, 52 normierte Recht zu, noch in der Hauptverhandlung das Zeugnis zu verweigern.

(3) Einfügung des § 251 Abs. 1 Nr. 4 (und des § 420 Abs. 1) StPO

Der beschriebene Regelungszusammenhang von §§ 250, 251 und 252 erfuhr mit der Einfügung des Verlesungsgrundes gemäß § 251 Abs. 1 Nr. 4 (und später unter engeren Voraussetzungen nach § 251 Abs. 2 S. 1) eine entscheidende Veränderung. Gemäß § 251 Abs. 1 Nr. 4 ist es gestattet, auf die persönliche Vernehmung eines Zeugen zu verzichten, wenn Staatsanwalt, Verteidiger und Angeklagter einverstanden sind und weder die Aufklärungspflicht gemäß § 244 Abs. 2 diese Verfahrensvereinfachung verbietet[192] noch ein Verwertungsverbot (z.B. ein Verstoß gegen die Belehrungspflicht nach § 52 Abs. 3 S. 1) dem entgegensteht[193]. Obwohl also die Möglichkeit bestünde, den Zeugen persönlich zu vernehmen, und es ihm auch zuzumuten wäre, in der Hauptverhandlung zu erscheinen, könnte die Aussage durch eine Protokollverlesung ersetzt werden. Der Unmittelbarkeitsgrundsatz wird folglich durch die Normen der § 251 Abs. 1 Nr. 4, § 251 Abs. 2 S. 1 und § 420 Abs. 1 unter jeweils verschiedenen Voraussetzungen zur Disposition der Verfahrensbeteiligten gestellt[194].

Mit seiner Einfügung wurde die Systematik der Gründe, die ausnahmsweise ein Abgehen von der unmittelbaren Vernehmung der Auskunftsperson zuließen, durchbrochen[195]. Die neue Qualität des § 251 Abs. 1 Nr. 4 läßt sich mittels eines Vergleiches mit den Nrn. 1 - 3 verdeutlichen: Die Tatbestände der Nr. 1 und 2 beschreiben anhand objektiver Merkmale Situationen, in denen die Anwesenheit des Zeugen nicht möglich ist bzw. sie sich auch nicht mittels einer Unterbrechung oder Aussetzung in absehbarer Zeit bewirken läßt. Mit dem in Nr. 3 genannten Ausnahmegrund hat Nr. 4 gemein, daß eine persönliche Vernehmung anstelle der Verlesung möglich ist. Sie unterscheiden sich jedoch hinsichtlich der Frage, wer

---

192 BGHSt 10,186,191f; Roxin § 44 Rnr.9
193 BGH StV 1982,405; SK/StPO-Schlüchter § 251 Rnr.23
194 Ranft Rnr.1722
195 In diesem Sinne Schneidewin JR 1951,481,484

an der Entscheidung über das Absehen von der persönlichen Vernehmung beteiligt ist und auf welcher inhaltlichen Grundlage diese basiert. Im Fall der Nr. 3 entscheidet allein das Gericht nach pflichtgemäßem Ermessen im Rahmen einer Abwägung, in die bestimmte objektive Kriterien – insoweit ist Nr. 3 mit Nr. 1 und 2 vergleichbar – einzustellen sind[196]. Die Entscheidung über eine auf § 251 Abs. 1 Nr. 4 gestützte Verlesung der richterlichen Vernehmungsprotokolle trifft grundsätzlich zwar auch das Gericht. Will es jedoch von einer unmittelbaren Beweisaufnahme absehen und ist darin weder ein Verstoß gegen die Amtsaufklärungspflicht gemäß § 244 Abs. 2 noch gegen Beweisverbote zu erblicken, so setzt ein entsprechender Beschluß zwingend das zuvor erklärte Einverständnis von Staatsanwaltschaft, dem Angeklagten und, falls vorhanden, seinem Verteidiger mit diesem Vorgehen voraus. Fehlt deren Einverständniserklärung, so scheidet eine Verlesung auf der Grundlage des § 251 Abs. 1 Nr. 4 aus. Welche notwendigerweise subjektiven, entscheidend von der jeweiligen Verfahrensrolle geprägten Motive ihrer Zustimmungserklärung zugrunde liegen, ob billigenswerte oder weniger billigenswerte, z.B. Erteilung der Einverständniserklärung gegen das Versprechen, eine gewisse Strafhöhe nicht zu überschreiten (deal-Problematik[197]), spielt dabei keine Rolle. § 251 Abs. 1 Nr. 4 (und ebenso § 420 Abs. 1, 3) beinhaltet also durch die Berücksichtigung des Willens der Prozeßbeteiligten eine vollkommende Entkoppelung der Entscheidung von jeglichen objektiven (und damit nachprüfbaren) Kriterien und nimmt das durchgängige Thema der unmöglichen bzw. wenigstens unzumutbaren Anwesenheit in den Nrn. 1 - 3 nicht auf[198]. Allein die allseitig erklärte Zustimmung zur Verlesung bildet insoweit die Legitimation für den Verzicht auf die unmittelbare Beweiserhebung.

Die Neuartigkeit des Tatbestandes von Nr. 4 läßt sich anhand des Umstandes aufzeigen, daß seine Einfügung eine Kollision von § 251 mit § 252 in der Hauptverhandlung überhaupt erst denkbar macht[199]. Die Aussage eines von seinem Zeugnisverweigerungsrecht gemäß §§ 252, 52 Gebrauch machenden Zeugen kann nämlich bereits denknotwendig nicht über einen der Verlesungstatbestände des § 251 Abs. 1 Nrn. 1 - 3 in die Hauptverhandlung eingeführt werden, da deren Anwendung im Gegensatz zur Nr. 4 die Abwesenheit des Zeugen schon vom Wortlaut her voraussetzt. Anders formuliert: Wenn eine Verlesung auf der Grundlage der § 251 Abs. 1 Nrn. 1 - 3 erfolgen soll, ist der Zeuge nicht anwesend, weil ihm ein Erscheinen nicht möglich bzw. nicht zuzumuten ist. Eine

196 SK/StPO-Schlüchter § 251 Rnr.18

197 Loos/Radtke NStZ 1996,7,12; Hamm StV 1994,456,458

198 Vgl. Schneidewin JR 1951,481,484

199 Vgl. nur den Sachverhalt in BGHSt 10,77 ff

Zeugnisverweigerung noch in der Hauptverhandlung gemäß § 252 kann insoweit nicht in Betracht kommen.

Völlig anders stellt sich die Lage im Hinblick auf § 251 Abs.1 Nr. 4 dar, der tatbestandlich alleine das allseitig erklärte Einverständnis der Prozeßbeteiligten mit der Verlesung voraussetzt. Im Gegensatz zu den Nrn. 1 - 3 knüpft die Protokollverlesung in Nr. 4 damit nicht an eine aus bestimmten Gründen bestehende Abwesenheit des Zeugen an. § 251 Abs. 1 Nr. 4 ist folglich auch dann anwendbar, wenn der Zeuge, dessen Aussage verlesen werden soll, in der Hauptverhandlung anwesend ist. Steht diesem Zeugen ein Zeugnisverweigerungsrecht zu, so stellt sich die Frage nach dem rechtlichen Verhältnis zwischen § 252 und einer mittelbaren Beweisaufnahme nach § 251 Abs. 1 Nr. 4. Allgemein anerkannt ist, daß der präsente Zeuge vor einer Verlesung im Termin zu seiner Aussagebereitschaft zu befragen ist (vgl. §§ 252, 52). Beruft er sich auf sein Zeugnisverweigerungsrecht, ist eine Verlesung ausgeschlossen[200]. Wenn er von seinem Recht, das Zeugnis zu verweigern, hingegen keinen Gebrauch macht, kann seine Aussage, sofern weder die Amtsaufklärungspflicht noch Beweisverbote entgegenstehen, durch Verlesung zum Gegenstand der Beweisaufnahme gemacht werden, wenngleich ein derartiges Vorgehen regelmäßig nicht viel Sinn ergeben wird, da eine persönliche Einvernahme des Zeugen nicht bedeutend mehr Zeit kosten wird als eine Verlesung seiner Aussage[201]. Einer genaueren Untersuchung bedarf nun die Frage, ob der Verlesung nach § 251 Abs. 1 Nr. 4 eine Klärung der Aussagebereitschaft des weigerungsberechtigten Zeugen auch dann voranzugehen hat, wenn dieser nicht in der Hauptverhandlung präsent ist, ihm ein Erscheinen aber möglich und zumutbar gewesen wäre.

bb. Zusammenfassung

Erst mit der Einfügung des § 251 Abs. 1 Nr. 4 und der verwandten Verlesungsgründe in § 251 Abs. 2 S. 1 und § 420 Abs. 1, 3 wurde eine Kollision zwischen § 251 und § 252 denkbar. Nach der zuvor geltenden Regelung, die in etwa der aktuellen Fassung des 251 Abs. 1 Nrn. 1 - 3 entsprach, kam eine Verlesung nur in Betracht, wenn der Zeuge in der Hauptverhandlung nicht präsent war, entweder weil ihm ein Erscheinen nicht möglich oder zumindest nicht zumutbar war. Gleichzeitig stand das Recht aus §§ 252, 52 nur dem in der Hauptverhandlung erschienenen weigerungsberechtigten Zeugen zu. Dagegen setzt eine mittelbare Beweisaufnahme nach § 251 Abs. 1 Nr. 4 tatbestandlich nur das allseitig erklärte Einverständnis aller Prozeßbeteiligten mit der Verlesung voraus. § 251 Abs. 1

200 Vgl. BGHSt 10,77 ff
201 Vgl. KK/OWiG-Senge § 77a Rnr.6

Nr. 4 ist also grundsätzlich auch dann anwendbar, wenn der Zeuge, dessen Aussage verlesen werden soll, in der Hauptverhandlung anwesend ist, so daß insoweit ein Spannungsverhältnis zu § 252 besteht, wenn dem Zeugen ein Zeugnisverweigerungsrecht zusteht. Geklärt ist, daß § 252 dem § 251 Abs. 1 Nr. 4 immer vorgeht, wenn der weigerungsberechtigte Zeuge in der Hauptverhandlung anwesend ist. Dieser ist also vor einer Verlesung zunächst zu befragen, ob er zu einer Aussage bereit ist.

Näher zu beleuchten ist indes die Frage, ob der Verlesung nach § 251 Abs. 1 Nr. 4 immer die Klärung der Aussagebereitschaft voranzugehen hat oder ob die Verlesung auch ohne eine solche Befragung in Abwesenheit des weigerungsberechtigten Zeugen, dem ein Erscheinen in der Hauptverhandlung möglich und zumutbar wäre, zulässig ist.

c. *Vorrang des § 252 StPO*

Für die Frage, ob der Verlesung nach § 251 Abs. 1 Nr. 4 immer die Klärung der Aussagebereitschaft voranzugehen hat oder ob die Verlesung auch ohne eine solche Befragung in Abwesenheit des weigerungsberechtigten Zeugen, dem ein Erscheinen in der Hauptverhandlung möglich und zumutbar wäre, zulässig ist, bieten sich im wesentlichen zwei grundsätzliche Lösungswege an:

Man kann der Ansicht sein, daß §§ 251 Abs. 1 Nr. 4, Abs. 2 S. 1 und § 420 dem § 252 vorgehen. Sofern danach die Verlesung im allseitigen Einverständnis erfolgen würde, entfiele das Recht des Zeugen, der nicht an der Hauptverhandlung teilnimmt, an ihr jedoch teilnehmen könnte und dem ein Erscheinen auch grundsätzlich zuzumuten wäre, dort noch das Zeugnis zu verweigern. Die Unmittelbarkeit der Beweisaufnahme wäre also Voraussetzung für die Anwendung des §§ 252, 52.

Es ließe sich auch die Ansicht vertreten, daß § 252 dem §§ 251 Abs. 1 Nr. 4, Abs. 2 S. 1 und dem § 420 immer vorginge mit der Folge, daß vor einer Verlesung in jedem Fall zu klären wäre, ob der Zeuge von seinem Zeugnisverweigerungsrecht Gebrauch macht.

Die nachstehenden Ausführungen begründen, warum die geschilderte Problematik zugunsten des Vorrangs von § 252 zu lösen ist.

aa. *Persönliches Recht des Zeugen*

Für die nachfolgenden Überlegungen ist es zunächst erforderlich, sich die Natur des Zeugnisverweigerungsrechts als ein im Fall des § 52 höchstpersönliches

Recht des Zeugen-Angehörigen zu vergegenwärtigen[202]. Es wird dem Zeugen eingeräumt, damit er nicht gezwungen ist, eine Entscheidung im Pflichtenwiderstreit zwischen wahrheitsgemäßer Aussage und der Wahrung des familiären Friedens treffen zu müssen[203]. Das Gesetz gesteht dieses Recht jedem zu, bei dem die Voraussetzungen dieser äußeren Konfliktlage vorliegen. Unerheblich ist es dabei, ob der Angehörige des Beschuldigten bzw. des Angeklagten die Konfliktsituation als eine solche empfindet und aus diesem Grunde keine Aussage macht oder ob der Weigerung andere Motive zugrunde liegen[204]. In der Entscheidung darüber, auszusagen oder von seinem Schweigerecht Gebrauch zu machen, ist er jedenfalls völlig frei. Weder dem Richter noch dem Staatsanwalt, auch nicht dem eigenen Verteidiger ist eine Einwirkung auf seine Entschlußfreiheit gestattet[205]. Der Beschuldigte kann zwar wie der Staatsanwalt einen Beweisantrag auf Vernehmung des weigerungsberechtigten Zeugen stellen. Nur eine Pflicht zur Aussage begründet dieser Antrag nicht. Umgekehrt ist der entgegenstehende Wille des Beschuldigten rechtlich für den aussagewilligen Zeugen ohne jede Bedeutung und hindert ihn nicht daran, seine Wahrnehmungen mitzuteilen[206]. Die von § 52 geregelte Konfliktlage ist selbstverständlich nicht auf das Regelverfahren beschränkt und wird durch die Bejahung der Kriterien eines „einfachen Sachverhaltes“ oder einer „klaren Beweislage“ nicht ausgeschlossen. § 252, der sich auf § 52 bezieht und im b.V. unberührt bleibt, sichert die Möglichkeit der Ausübung dieser Schweigebefugnis bis zur Einvernahme in der Hauptverhandlung[207]. Seinem umfangreichen Schutzzweck entsprechend bestimmt § 252 für den Fall der Zeugnisverweigerung grundsätzlich ein Beweisverwertungsverbot, d.h. es ist nicht nur die Verlesung, sondern auch jede andere Verwertung der früheren Aussage ausgeschlossen[208].

Keinesfalls kann nun ein Verlesungstatbestand, der eine Ausnahme vom Unmittelbarkeitsgrundsatz darstellt, die Möglichkeit der Ausübung des Zeugnisverweigerungsrechtes von einer vorgeschalteten Entscheidung der übrigen Verfahrensbeteiligten bezüglich der Verlesung abhängig machen. Sollten sich Staatsanwalt, Angeklagter und – soweit vorhanden – Verteidiger über eine Verlesung verständigen können, erhielte der für die Hauptverhandlung bereit stehende Zeuge,

202 BGHSt 21,305; Pfeiffer § 52 Rnr.1
203 L/R-Dahs § 52 Rnr.1; Kl/M-G § 52 Rnr.1; vgl. zudem nur Fezer 15/Rnr.3
204 BGHSt 12,235,239
205 BGHSt 1,34,37; 21,12,13
206 Ranft Rnr.501
207 L/R-Gollwitzer § 252 Rnr.3; Grünwald S.128
208 Vgl. nur Nachweise in Kl/M-G § 252 Rnr.12; vgl. allerdings BGHSt 21,218 ff zu der vom BGH gemachte Ausnahme bezüglich der Vernehmbarkeit richterlicher Verhörspersonen

den die voreilige Aussage mittlerweile reut, keine Gelegenheit mehr zur Verweigerung. Die Wahrnehmung des Rechts aus §§ 252, 52 wäre also in das Belieben der Beteiligten gestellt, die ihre Zustimmung zur Verlesung gemäß § 420 Abs. 3 aus unterschiedlichen, von der Prozeßtaktik diktierten Gründen erteilen oder eben nicht. So wird der Staatsanwalt seine Zustimmung beispielsweise erklären, um das Verfahren zu vereinfachen und damit zu beschleunigen[209]. Vorzugswürdig kann sich eine Verlesung aus seiner Sicht auch deswegen darstellen, weil durch dieses Vorgehen die Aussagen von Belastungszeugen unverändert, wie sie ihm aus dem Vorverfahren bekannt sind, zum Gegenstand des Verfahrens werden. Widersprüche zu früheren Ausführungen, die die Glaubwürdigkeit des (Belastungs-)Zeugen mindern könnten, oder auch nur Relativierungen bzw. unerwünschte Modifizierungen können auf diese Weise verhindert werden. Der unverteidigte Angeklagte seinerseits wird oft nicht wissen, worin die Alternative zur Verlesung läge und welche Vorteile eine Befragung des Zeugen in der Hauptverhandlung mit sich bringen könnte[210]. Selbst wenn er die Kenntnis im Einzelfall besitzt, so wird ihm fast immer die nötige Aktenkenntnis für eine sinnvolle Entscheidung fehlen[211]. Nicht selten wird er deswegen sein Einverständnis erklären, um nicht unangenehm bei Gericht aufzufallen. Weiß er hingegen um den Inhalt der Aussage und ist diese nach seiner Einschätzung für ihn von Vorteil, wird er sich mit einer Verlesung natürlich einverstanden erklären. Ist zudem noch ein Verteidiger anwesend, so mag sich die Situation ergeben, daß die Erteilung der Zustimmungserklärung nur gegen ein Zugeständnis, z.B. im Strafmaß, erfolgt (deal-Problematik)[212]. Von diesen überwiegend prozeßtaktisch geprägten Gründen der Beteiligten, die einer Entscheidung nach § 420 Abs. 3 zugrundegelegt werden, und dem Zufall übereinstimmender Interessen der Prozeßbeteiligten darf es jedoch nicht abhängen, ob der Zeuge, dem ein Erscheinen in der Hauptverhandlung möglich und zumutbar ist, die für ihn bestehende und vom Gesetz anerkannte Konfliktlage noch in der Hauptverhandlung auflösen kann. Ihm ist, ohne daß es insoweit auf den Willen von Staatsanwalt, Angeklagten oder Verteidiger ankäme, Gelegenheit zu geben, vom persönlichen Recht der Zeugnisverweigerung Gebrauch zu machen.

---

209 Schneidewin JR 1951,481,484

210 Bandisch StV 1994,153,157; Neumann StV 1994,273,276; Scheffler NJW 1994,2191,2195; zu § 251 I Nr.4 vgl. Schneidewin JR 1951,481,484

211 Loos/Radtke NStZ 1996,7,11

212 Hamm StV 1994,456,458; Loos/Radtke 1996,7,12

bb. Keine Umgehung des in § 252 StPO verankerten Verwertungsverbots

Es entspricht einer allgemeinen Tendenz, den Unmittelbarkeitsgrundsatz in einem immer größer werdenden Umfang aufzuweichen und ihn dabei sogar in einem gewissen Rahmen zur Disposition der Beteiligten zu stellen. Trotz verschiedener Gesetzesänderungen ist die Norm des § 252 gleichwohl unverändert geblieben. Es wurde zudem in den Begründungen der jeweiligen Gesetzesentwürfe ausdrücklich darauf hingewiesen, daß die Regelung des § 252 unberührt bleibe[213]. Daraus kann nur gefolgert werden, daß dem weigerungsberechtigten Zeugen auch fortan die Möglichkeit verbleiben soll, noch in der Hauptverhandlung frei zu entscheiden, ob er an der Überführung seines Angehörigen mitwirken will. Eine Aushöhlung dieser Entscheidungsfreiheit sollte nach dem Willen des Gesetzgebers durch die Erweiterung der Ausnahmen vom Unmittelbarkeitsgrundsatz nicht eintreten. Die Prüfung, ob eine Verlesung zulässig ist, muß also immer unter Beachtung der Wertung des § 252 erfolgen.

Ausgangspunkt der nachfolgenden Überlegung ist ein einem BGH-Urteil zugrundeliegender Sachverhalt[214]. Eine weigerungsberechtigte Zeugin hatte zunächst nach ordnungsgemäßer Belehrung im Ermittlungsverfahren vor dem Amtsrichter eine Aussage gemacht. In der Hauptverhandlung jedoch verweigerte sie das Zeugnis gemäß §§ 252, 52. Daraufhin wurde die Verlesung der richterlichen Vernehmungsniederschrift im allseitigen Einverständnis der Prozeßbeteiligten gemäß § 251 Abs. 1 Nr. 4 beschlossen. Der BGH hat diese Vorgehensweise für unzulässig erklärt, da das Beweisverbot des § 252 nicht der Dispositionsbefugnis der Verfahrensbeteiligten unterläge[215]. Anderenfalls könnte dieses gesetzliche Verbot von den Beteiligten mittels der Verlesung umgangen werden[216].

In Fortentwicklung dieser weitgehend unumstrittenen Rechtsprechung hat das OLG Braunschweig einen etwas anders gelagerten Sachverhalt entschieden. In jenem Fall wurden mehrere weigerungsberechtigte Zeugen nicht in die Hauptverhandlung geladen und dort zu ihrer Aussagebereitschaft befragt. Gleichwohl wurde der Polizist, der im Ermittlungsverfahren als Verhörsperson ihre Aussagen zu Protokoll genommen hatte, zu ihren damaligen Ausführungen vernommen. Das OLG Braunschweig hat darin eine Umgehung des Beweisverbotes nach § 252 – unter Rückgriff auf die BGH-Rechtsprechung davon ausgehend, daß § 252 hinsichtlich nichtrichterlicher Protokolle ein Verwertungsverbot bein-

213 BT/Ds 10/2652 S.27 für § 77a OWiG; ausdrücklich § 77a Abs. 4 OWiG; BT/Ds 12/6853 S.37 für § 420 Abs. 1 StPO

214 Vgl. BGHSt 10,77ff

215 BGHSt 10,77; OLG Karlsruhe OLGSt § 252 S.21; neuestens BGH NStZ 1997, 95,96

216 BGHSt 10,77,79

haltet – erblickt, weil eine Ladung der weigerungsberechtigten Zeugen von vornherein unterblieben war und sie ihr Recht, die Aussage zu verweigern, nicht geltend machen konnten[217].

Zuletzt hatte der BGH entschieden, daß zur Verhinderung von Gesetzesumgehungen ein Beweiserhebungsverbot hinsichtlich des Inhalts der früheren Aussage eines – erreichbaren – Zeugen für die Hauptverhandlung besteht, solange Unklarheit darüber herrscht, ob dieser von seinem Zeugnisverweigerungsrecht Gebrauch machen will oder nicht[218]. Dabei ging es in der Entscheidung um eine mögliche Verlesung eines richterlichen Vernehmungsprotokolls.

Unter Berücksichtigung dieser Rechtsprechung ist daher von einer Umgehung des § 252 (zumindest in entsprechender Anwendung) auch bei einer unter allseitiger Zustimmung erfolgten Verlesung nach § 420 Abs. 1, 3 auszugehen, wenn dieser Beschluß ohne Beachtung des Zeugnisverweigerungsrechtes zustandegekommen ist. Das gilt grundsätzlich auch dann, wenn die zu verlesende Niederschrift von einem Richter stammt[219]. Solchem Ergebnis ist zuzustimmen. Insbesondere kann es keinen Unterschied machen, ob man eine in der Verhandlung erklärte Aussageverweigerung anschließend mittels einer einverständlich herbeigeführten Verlesung „auszuhebeln" versucht oder ob man den weigerungsberechtigten Zeugen „vorsichtshalber" gar nicht erst in die Hauptverhandlung lädt, damit dieser keine Gelegenheit erhält, von §§ 252, 52 Gebrauch zu machen, und man statt dessen lieber gleich die (nichtrichterliche) Verhörsperson als Zeugen vom Hörensagen vernimmt bzw. eine Verlesung unter Zustimmung aller Prozeßbeteiligten beschließt. In beiden Fällen käme es zu einer Umgehung des in § 252 verankerten Verwertungsverbotes.

cc. Wortlaut des § 252 StPO

Der Wortlaut des § 252 („in der Hauptverhandlung") scheint auf den ersten Blick das Recht des Zeugen, das Zeugnis noch zu diesem Zeitpunkt zu verweigern, von seiner Anwesenheit in der Hauptverhandlung abhängig zu machen. Unter Heranziehung der Ausführungen zum neuartigen Charakter des § 251 Abs. 1 Nr. 4 (und des § 420 Abs. 1, 3) ist jedoch zu berücksichtigen, daß die Fassung des § 252 aus einer Zeit stammt, in der der Verlesungsgrund des allseitigen Einverständnisses noch unbekannt war. Eine Kollision zwischen § 251 (in einer Fassung, die in etwa den heutigen Nrn. 1 - 3 entspricht) und § 252 war damals undenkbar. Somit konnte in § 252 auch die Anwesenheit des weigerungsberechtigten Zeugen vor-

217 OLG Braunschweig OLGSt StPO § 244 Nr. 3
218 BGH NStZ 1996,295
219 So bezüglich § 251 Abs. 1 Nr. 4 der BGH in NStZ 1996,295

ausgesetzt werden, da in diesem Fall eine Verlesung gemäß § 251 Abs. 1 Nrn. 1 - 3 nicht in Frage kommen konnte.

Für eine Auslegung des § 252 in bezug auf § 251 Abs. 1 Nr. 4 (und § 420 Abs. 1, 3) gibt der Wortlaut insofern also nichts her. Zwar könnte man die Ansicht vertreten, daß der Gesetzgeber § 252 neu hätte fassen können, wenn er von einer Anwendbarkeit dieser Vorschrift auch auf den Zeugen, der nicht in die Hauptverhandlung geladen wird, weil seine schriftlich fixierte Aussage im allseitigen Einverständnis verlesen werden soll, ausgegangen wäre. Dagegen ließe sich aber anführen, daß § 252 nach dem Willen des Gesetzgebers auch hinsichtlich der neuen Regelung seine Wirkung entfalten sollte, was zuletzt im Zusammenhang mit der Einfügung des § 420 Abs. 1, 3 durch den Hinweis, § 252 bleibe unberührt, klargestellt wurde[220]. Da bekannt war, daß § 252 nach der höchstrichterlichen Rechtsprechung grundsätzlich ein Verwertungsverbot beinhaltet, läßt diese Formulierung nur den Schluß zu, daß auch der Gesetzgeber von einem Vorrang des § 252 ausgeht.

dd. Zusammenfassung

Nach der hier vertretenen Ansicht geht § 252 der Anwendung des § 251 Abs. 1 Nr. 4 (ebenso in bezug auf § 251 Abs. 2 S. 1, § 420 Abs. 1, 3) vor. Das Zeugnisverweigerungsrecht ist ein höchstpersönliches Recht, das vom weigerungsberechtigten Zeugen bis zur persönlichen Einvernahme in der Hauptverhandlung geltend gemacht werden kann (§ 252). Dieses Recht muß auch dem Zeugen zustehen, dem ein Erscheinen in der Hauptverhandlung möglich und zumutbar wäre, auf dessen Anwesenheit aber zugunsten einer im allseitigen Einverständnis erfolgenden Verlesung seiner Aussage verzichtet werden soll. Die Möglichkeit, die persönliche Konfliktlage mittels einer Aussageverweigerung, die in ihrer Konsequenz ein Verwertungsverbot nach sich zieht, aufzulösen, kann nicht von einer vorgeschalteten, der Prozeßtaktik geschuldeten Entscheidung der übrigen Verfahrensbeteiligten abhängen. Allein dieses Gesetzesverständnis kann eine Umgehung und Aufweichung des § 252 verhindern und der umfassenden Schutzfunktion, die diese Vorschrift vermittelt, gerecht werden. Etwas anderes läßt sich auch nicht aus dem Wortlaut des § 252 herleiten, der aus einer Zeit stammt, in der der Verlesungsgrund des allseitigen Einverständnisses noch unbekannt war, und der aus diesem Grunde die Anwesenheit des weigerungsberechtigten Zeugen für eine Ausübung des Rechtes voraussetzen konnte.

Auf der Grundlage der vorstehenden Ausführungen ist die Ansicht von Rebmann/Roth/Herrmann, die die Unmittelbarkeit der Beweisaufnahme generell zur

220 BT/Ds 12/6853 S.37; vgl. zudem § 77a Abs. 4 OWiG

Voraussetzung für die Anwendung des §§ 252, 52 machen, abzulehnen[221]. Sie verkennen die Reichweite des § 252 ebenso wie Senge und Göhler, die sich mit ihrer Differenzierung zwischen richterlichen und nichtrichterlichen Protokollen nur scheinbar auf dem Boden der BGH-Rechtsprechung zu § 252 bewegen. In Wirklichkeit gehen sie über diese hinaus, wenn sie die Verlesbarkeit der vor einer richterlichen Verhörsperson getätigten Aussage unter Hinweis auf die Einschränkung des Unmittelbarkeitsgrundsatzes in § 77a OWiG (vergleichbar mit § 420 Abs. 1) ohne erneute Befragung des Zeugen in der Hauptverhandlung für zulässig erklären. Das Verwertungsverbot gilt nach Ansicht des BGH im Prinzip nämlich auch für richterliche Vernehmungsniederschriften. So darf beispielsweise der Urkundsbeamte oder ein Prozeßbeteiligter nicht als Zeuge vom Hörensagen vernommen werden[222]. Dieses Verbot erfährt nur durch die für zulässig erachtete Möglichkeit, den mitwirkenden Richter oder Schöffen zu vernehmen, eine – praktisch allerdings bedeutsame – Ausnahme[223]. Kriminalpolitische Zweckmäßigkeitserwägungen des BGH ändern gleichwohl nichts an der Geltung des § 252, der eine Befragung des weigerungsberechtigten Zeugen in der Hauptverhandlung verlangt und den verfahrensvereinfachenden Verlesungstatbeständen vorgeht. Insoweit ist es unerheblich, ob man dem § 252 die Wirkung eines Verwertungsverbotes mit oder ohne Ausnahme bezüglich der Vernehmbarkeit des Ermittlungsrichters beimißt[224]. Entscheidend kommt es alleine darauf an, daß die in die Verfügungsgewalt der Verfahrensbeteiligten gestellte Aufweichung des Unmittelbarkeitsgrundsatzes keine Einschränkung des Anwendungsbereichs des § 252 bewirkt. Folglich existiert bis zu dem Moment, in dem Gewißheit über die Aussagebereitschaft des Zeugen besteht, ein Beweiserhebungsverbot, und zwar unabhängig davon, ob es sich um richterliche oder nichtrichterliche Protokolle handelt und ob man im Falle der Verweigerung von einem absoluten oder eingeschränkten Verwertungsverbot ausgeht. Diese Ansicht wird offensichtlich auch vom BGH in dem zitierten Urteil vertreten[225]. Das Beweiserhebungsverbot wird dort ausdrücklich in bezug auf richterliche Vernehmungsniederschriften bestätigt; gerade also für jene Konstellation, in der der BGH nicht von einem umfassenden Verwertungsverbot ausgeht.

221 Vgl. auch KK/StPO-Tolksdorf § 420 Rn.4
222 Kl/M-G § 252 Rnr.14; Eisenberg Rnr.1315
223 BGHSt 2,99; BGH JZ 1990,874; Kühne Rnr.563.2
224 für eine Ausnahme BGHSt 2,99; 32,25,29; a.A. Fezer JuS 1977,670 f; Geerds JuS 1991,200 f
225 Vgl. BGH in NStZ 1996,295, der sich die Argumentation der Revision zueigen macht, wie das Wort „zutreffend“ erkennen läßt; vgl zudem Schröer S.162

d. *Klärung der Voraussetzungen des § 252 StPO*

Das Vorliegen der Voraussetzungen des § 252 prüft das Gericht im Freibeweisverfahren[226]. Im Rahmen der insoweit entsprechend zu beachtenden Amtsaufklärungspflicht (§ 244 Abs. 2) stellt es daher die für eine Klärung erforderlichen prozeßerheblichen Tatsachen fest[227]. Nach der geläufigen Abgrenzung ist die Sachaufklärung somit dann erforderlich, wenn die dem Gericht bekannten Umstände des Einzelfalls eine Beweiserhebung nahelegen. Solange also nicht zur Überzeugung des Gerichts feststeht, welche Entscheidung der Zeuge hinsichtlich seines Rechtes aus § 252 zu treffen gedenkt, ist eine (weitere) Sachaufklärung erforderlich. Der BGH hat dafür in dem schon mehrfach zitierten Urteil folgende Formulierung gefunden[228]: „Eine weitere Erforschung der prozessual bedeutsamen Tatsachen ist dann nicht geboten, wenn aufgrund der gesamten Umstände des Einzelfalls ein sicherer Schluß darauf möglich ist, daß der Zeuge von seinem Recht zur Zeugnisverweigerung keinen Gebrauch machen will." Die dargelegten Ausführungen zur Aufklärungspflicht sind weitestgehend unstreitig. Einer genaueren Untersuchung zu unterziehen ist allerdings die Frage, wann ein solch sicherer Schluß zu bejahen ist.

Der BGH-Entscheidung lag folgender Sachverhalt zugrunde: Die weigerungsberechtigte Zeugin war, da sie zum vorgesehenen Termin der Hauptverhandlung wegen eines Krankenhausaufenthaltes nicht erscheinen konnte, von einem beauftragten Richter belehrt und anschließend vernommen worden. Ihre Aussage wurde aber erst am zweiten Verhandlungstag verlesen, zu einem Zeitpunkt, als die Zeugin das Krankenhaus wieder verlassen hatte und in der Hauptverhandlung hätte aussagen können. Ein Beschluß nach § 251 Abs. 1 Nr. 2 kam somit nicht in Frage. Statt dessen behalf man sich mit einer Verlesung nach § 251 Abs. 1 Nr. 4, ohne sich erneut zu vergewissern, ob die Zeugin noch immer nicht von ihrem Zeugnisverweigerungsrecht Gebrauch machen wollte. Der BGH hat dieses Vorgehen gebilligt und das Erfordernis einer erneuten Prüfung abgelehnt, weil seiner Ansicht nach ein sicherer Schluß auf die Aussagebereitschaft der Zeugin noch im Moment der Verlesung möglich war. Schaut man sich jedoch die Umstände des Einzelfalls an, die ihm diese Einsicht vermittelten, regen sich Zweifel an ihrer Richtigkeit.

Sofern der BGH darauf abgestellt, daß die Vernehmung der Zeugin kurze Zeit vor Beginn der Hauptverhandlung stattgefunden habe, ist auf den Zeitabstand zwischen dem Tag der richterlichen Einvernahme gemäß § 223 Abs. 1 und der

226 Vgl. BGH NStZ 1996,295; Alsberg/Nüse/Meyer S.151
227 Kl/M-G § 244 Rnr.9
228 BGH NStZ 1996,295

Verlesung ihrer Aussage hinzuweisen. Dieser betrug knapp zwei Monate. Zeit genug also für den Zeugen, seine Aussagebereitschaft zu überdenken. Es kann daher nicht die Rede davon sein, eine erneute Prüfung sei nicht erforderlich, weil die Zeugin zeitnah zur Hauptverhandlung vernommen worden sei und die einmal getroffene Entscheidung bis in die Hauptverhandlung fortwirke.

Weiterhin wird seitens des BGH unterstellt, die Zeugin habe keinen Grund, nunmehr das Zeugnis zu verweigern, da sie ihren Neffen bei den ausführlichen Angaben nicht belastet habe. Diese Argumentation kann nicht ohne Widerspruch bleiben, denn in ihrer Konsequenz läge es, daß das Gericht seine eigenen Vorstellungen zum Wertmaßstab erheben dürfte und anstelle des Zeugen eine Entscheidung zu dessen höchstpersönlichem Recht aus §§ 52, 252 fällen würde. Dabei knüpft das Zeugnisverweigerungsrecht allein an die Existenz der äußeren Konfliktlage an. Ob der Zeuge diesen Konflikt als einen solchen begreift und aus welchen Gründen er sich für oder gegen eine Aussage entscheidet, ist ohne Belang und spielt für das Recht, über sein Aussageverhalten selbst zu entscheiden, keine Rolle. Festzuhalten bleibt folglich, daß der Inhalt der Aussage keinerlei Rückschlüsse auf die Aussagebereitschaft ermöglicht.

Die Ausführungen des BGH sind insgesamt spürbar von dem Willen getragen, das inhaltlich für richtig empfundene Urteil aufrechtzuerhalten. Interessant ist es nämlich, einen Vergleich mit der Lage herzustellen, die sich bei einem „normalen" Lauf der Ereignisse ergeben hätte. Zum Zeitpunkt des ersten Hauptverhandlungstages, der entweder ursprünglich der einzige bleiben sollte oder an dem die Verlesung der Niederschrift zumindest vorgesehen war, lag die Zeugin im Krankenhaus. Das aus diesem Grunde gemäß §§ 223 ff im Vorfeld erstellte Vernehmungsprotokoll sollte nun an die Stelle einer Einvernahme in der Hauptverhandlung treten und gemäß § 251 Abs. 1 Nr. 2 verlesen werden. Dieser Ablauf war allen Beteiligten bekannt. Die Zeugin wußte also, daß sie unter normalen Umständen keine Gelegenheit mehr erhalten würde, das Zeugnis noch in der Hauptverhandlung zu verweigern. Die Verlesung hätte sie also nur noch durch eine aus eigener Initiative erhobene Erklärung der Aussageverweigerung verhindern können[229]. Diese Rechtsposition sollte wohl allein durch die (unvorhergesehene) Verschiebung des Termins für die Einführung in die Hauptverhandlung und der damit verbundenen Änderung des Verlesungstatbestandes keine Erweiterung erfahren. Die Zeugin hätte somit nach Auffassung des BGH bei einer Verlesung nach § 251 Abs. 1 Nr. 4 ohne erneute Belehrung und Befragung zum Zeugnisverweigerungsrecht aus eigenem Antrieb die Ausübung des Rechtes aus §§ 252, 52 erklären müssen. Diese Ansicht wird indes den Besonderheiten des Verlesungstatbestandes in § 251 Abs. 1 Nr. 4, der sich wie bereits dargelegt von

229 Vgl. L/R-Gollwitzer § 252 Rnr.15

den Gründen in § 251 Abs. 1 Nrn. 1 - 3 unterscheidet, nicht gerecht. In § 251 Abs. 1 Nrn. 1 - 3 sind Situationen beschrieben, die eine Abweichung vom Unmittelbarkeitsgrundsatz rechtfertigen, weil das bessere Beweismittel nicht oder nur unter sehr schwierigen Umständen zur Verfügung steht[230]. Der in § 251 Abs. 1 Nr. 4 normierte Verlesungstatbestand dagegen dient allein dem Zwecke der Verfahrensvereinfachung. Obwohl dem Zeugen als dem zuverlässigeren Beweismittel ein Erscheinen in der Hauptverhandlung möglich und zumutbar ist, begnügt man sich mit der Verlesung des Vernehmungsprotokolls. Wenn es aber keinen zwingenden oder wenigstens naheliegenden Grund dafür gibt, auf eine persönliche Vernehmung des Zeugen zu verzichten und stattdessen auf das Vernehmungsprotokoll als Beweismittel zurückzugreifen, so ist der Zeuge, dem ein Zeugnisverweigerungsrecht zusteht, ausdrücklich über dieses Recht zu belehren und anschließend zu seiner Aussagebereitschaft zu befragen.

Zusammenfassend bleibt festzuhalten, daß sich ein „sicherer Schluß" auf die Aussagebereitschaft des weigerungsberechtigten Zeugen nicht aus den vom BGH in der Urteilsbegründung verwendeten Indizien gewinnen läßt. Es handelt sich bei §§ 252, 52 um ein höchstpersönliches Recht, d.h. die Entscheidung über die Geltendmachung trifft nur der Zeuge. Das Gericht darf sich daher nicht über einen Dritten Kenntnis vom Inhalt dieser Entscheidung verschaffen[231]. Wenn der Zeuge sich auf das Recht aus §§ 252, 52 berufen will, ist er nicht gehalten, von sich aus nachträglich die Zeugnisverweigerung zu erklären. Er ist vielmehr, sofern keine eindeutige Stellungnahme von ihm vorliegt – wie das auch geschehen würde, wenn er in der Hauptverhandlung als Zeuge zu vernehmen wäre – gemäß § 52 Abs. 3 persönlich zu belehren und anschließend zu seiner Aussagebereitschaft zu befragen.

e. *Klärung der Aussagebereitschaft außerhalb der Hauptverhandlung*

Die erforderliche Beachtung des § 252 ließe sich auf die Weise herstellen, daß man den weigerungsberechtigten Zeugen, wenn die Anwendung des § 251 Abs. 1 Nr. 4 (ebenso bei §§ 251 Abs. 2 S. 1, 420 Abs. 1 und § 77a OWiG) in Betracht kommt, immer in die Hauptverhandlung lüde und dort zunächst zu seiner Aussagebereitschaft befragte. Wollte er sodann zur Sache aussagen, drängte sich eine persönliche Vernehmung auf, da der Zeuge nun einmal anwesend wäre und der mit der Verlesung anvisierte Vereinfachungs- und Zeitersparniseffekt weitestgehend aufgebraucht wäre[232]. Eine verfahrensvereinfachende Wirkung käme § 420

230 Schneidewin 1951,481,484
231 KK/StPO-Mayr (3.Auflage) § 252 Rnr.21; L/R-Gollwitzer § 252 Rnr.15
232 AK/StPO-Loos § 420 Rnr.7; KK/OWiG-Senge § 77a Rnr.6

Abs. 1, 3 folglich im Hinblick auf einen weigerungsberechtigten Zeugen nicht zu. Sinnvoller wäre es demnach, eine außergerichtliche Klärung der Haltung des Zeugen zu seiner Aussagebereitschaft herbeizuführen, wenn man aus verfahrensvereinfachenden Gesichtspunkten eine Verlesung nach § 251 Abs. 1 Nr. 4 erwägt. Das Gericht wäre dann aufgerufen, zeitnah vor dem Termin der Hauptverhandlung, in dem eine Verlesung nach Nr. 4 in Betracht zu ziehen wäre, zu klären, ob der Zeuge noch immer von der Ausübung des Zeugnisverweigerungsrechtes absehen möchte[233]. Auf diese Weise könnte sowohl der dem Schutz des Zeugen dienenden Vorschrift des § 252 als auch der angestrebten Verfahrensvereinfachung und –beschleunigung Rechnung getragen werden.

Gegen eine derartige außergerichtliche Erklärung des Zeugen spricht sich ohne eine nähere Erläuterung Senge aus[234]. Wenn sich diese Ablehnung allein auf den Wortlaut des § 252 („in der Hauptverhandlung") gründen würde, so wäre ihm mit der hier vertretenen Position entgegenzuhalten, daß es im Verhältnis zu § 251 Abs. 1 Nr. 4, § 251 Abs. 2 S. 1 und § 420 Abs. 1 eben gerade nicht auf eine am Gesetzestext klebende Auslegung des § 252 ankommen könne. Für eine Zulässigkeit spricht vielmehr zunächst, daß § 252 generell auch dann Anwendung finden soll, wenn der Zeuge bereits vor der Hauptverhandlung die Ausübung des Zeugnisverweigerungsrechtes erklärt hat[235]. Es wäre reiner Formalismus, wollte man ihm eine gleichlautende Erklärung noch einmal in der Hauptverhandlung abnötigen[236]. Ein Erscheinen des Zeugen vor Gericht ist somit in diesem Fall nur dann erforderlich, wenn die Aufklärungspflicht eine Ladung gebieten würde, z.B. weil Grund zu der Annahme besteht, der Zeuge sei nunmehr doch zur Aussage bereit oder er sei bei der Zeugnisverweigerung einem Irrtum über die Reichweite dieser Erklärung erlegen gewesen[237]. Eine außergerichtliche Erklärung des Zeugen zu seinem Schweigerecht aus § 252 ist also grundsätzlich anerkannt[238]. Von Seiten des Gerichtes ist dabei zu beachten, eine Klärung so früh wie nötig und so spät wie möglich vorzunehmen. Denn keinesfalls darf die Tatsache unberücksichtigt bleiben, daß diese Vorgehensweise nur eine Hilfskonstruktion darstellt, um die im Gesetz vorgesehenen Vereinfachungen mit den Rechten des Zeugen in Übereinstimmung zu bringen, d.h. von dem in § 252 vorgegebenen Zeitpunkt „in der Hauptverhandlung" sollte so wenig wie möglich abgewichen werden. Auf diese Weise bleibt die dem Zeugen zur Verfügung stehende Überlegungsfrist zwischen dem Zeitpunkt der früheren, in einem Vernehmungsprotokoll enthalte-

233 Göhler OWiG § 77a Rnr.2a; AK/StPO-Loos § 420 Rnr.7; ähnlich Grünwald S.130
234 KK/OWiG-Senge § 77a Rnr.6
235 L/R-Gollwitzer § 252 Rnr.15
236 AK/StPO-Meier § 252 Rnr.6
237 BGHSt 21,12ff
238 Göhler OWiG § 77a Rnr.2a; zustimmend wohl auch AK/StPO-Loos § 420 Rnr.7

nen Aussage und dem der Hauptverhandlung weitgehend erhalten. Dafür spricht ferner, daß Situationen denkbar sind, in denen erst nach der früheren Vernehmung, z.B. durch ein Verlöbnis, ein Zeugnisverweigerungsrecht gemäß § 52 entsteht, auf das § 252 ebenfalls Anwendung findet[239]. Andererseits muß eine Erklärung so zeitig herbeigeführt werden, daß das Gericht notfalls auf eine Aussageverweigerung reagieren kann[240]. Der genaue Zeitpunkt für den Moment der Klärung läßt sich allerdings nur für den Einzelfall bestimmen.

Die Prüfung, ob die Voraussetzungen des § 252 gegeben sind, erfolgt durch das Gericht im Freibeweisverfahren. Zulässig und ausreichend wäre somit eine telephonische Befragung des Zeugen[241]. Im Sinne der Rechtsklarheit vorzugswürdig erschiene jedoch eine schriftliche Klärung[242], wobei nicht zu verkennen ist, daß ein derartiges Vorgehen zu einer erheblichen Verzögerung und Verlangsamung des b.V. führen kann.

f. Zusammenfassung

Die Vorschrift des § 252 geht dem Verlesungstatbestand des § 251 Abs. 1 Nr. 4 (und dem insoweit vergleichbarem § 420 Abs. 1, 3) vor. Der Verlesung eines Vernehmungsprotokolls, das die Aussage eines weigerungsberechtigten Zeugen enthält, im allseitigen Einverständnis hat also immer die Klärung seiner Aussagebereitschaft voranzugehen. Zu diesem Zweck kann der Zeuge in die Hauptverhandlung geladen und dort zu seinem Recht aus §§ 252, 52 belehrt und befragt werden. Alternativ besteht die Möglichkeit, zeitnah zum Termin der Hauptverhandlung eine außergerichtliche Klärung der Aussagebereitschaft des Zeugen herbeizuführen. Auf diese Weise wird sowohl dem umfassenden Schutzzweckcharakter des § 252 als auch dem mit der Einfügung des § 420 Abs. 1, 3 angestrebten Ziel der Verfahrensvereinfachung Rechnung getragen.

---

239 L/R-Gollwitzer § 252 Rnr.12

240 Nach Ansicht des BGH kommt z.B. bei richterlichen Protokollen eine Vernehmung des Richters als Verhörsperson in Frage; dieser müßte noch rechtzeitig geladen werden können.

241 Alsberg/Nüse/Meyer S.144; Kl/M-G § 244 Rnr.9; Bedenken dagegen bei Schlüchter Rnr.474; Bovensiepen S.58f,75

242 dafür Göhler OWiG § 77a Rnr.2a; vgl zudem BGHSt 21,12

B. Vereinfachte Beweisaufnahme gemäß § 420 Abs. 2 StPO

I. Regelung des Normalverfahrens

§ 256 stellt ebenso wie § 251 eine Durchbrechung des materiellen Unmittelbarkeitsgrundsatzes dar[243]. Er gestattet aus Gründen der Verfahrensvereinfachung und der Prozeßwirtschaftlichkeit Ausnahmen vom Verlesungsverbot des § 250[244]. Bei bestimmten Erklärungen öffentlicher Behörden und gerichtsärztlicher Dienste, ärztlichen Attesten über Körperverletzungen gemäß §§ 223, 224, 229 StGB und besonderen in § 256 Abs. 1 S. 2 genannten Gutachten kann von einer persönlichen Vernehmung der Auskunftspersonen über ihre Wahrnehmungen abgesehen werden[245]. Statt dessen ist es möglich, von ihr schriftlich fixierte Erklärungen im Wege des Urkundenbeweises in die Hauptverhandlung einzuführen.

Die Abweichung von dem für das Strengbeweisverfahren zu beachtenden § 250 ist für zulässig erachtet worden, weil man den mit dem Unmittelbarkeitsgrundsatz verfolgten Zweck einer möglichst zuverlässigen Beweisgewinnung in diesen streng definierten Ausnahmefällen nicht in Gefahr sah. Die Rechtfertigung für die Verfahrensvereinfachung ergibt sich aus der der Behörde zugeschriebenen speziellen Autorität, die Privatpersonen in diesem Umfang nicht zukommt[246]. Diese Autorität ist nicht zuletzt auf die Objektivität, zu der die Behörde durch entsprechende Dienstanordnungen bei der Vornahme von Handlungen verpflichtet ist, und die Fachkunde, die sie aufgrund zahlreicher Tätigkeiten innerhalb des ihr zugewiesenen Aufgabenbereiches erworben hat, zurückzuführen[247].

Darüber hinaus sollte es den Amtsträgern und in unbedeutenderen Fällen einer Körperverletzung den Ärzten (§ 256 Abs. 1 S. 1 Alt. 3) erspart werden, die Richtigkeit ihrer schriftlichen Aufzeichnungen, über deren Inhalt hinaus sie ohnehin im Regelfall keine Erinnerung mehr haben, in der Hauptverhandlung nur zu bestätigen[248]. Der dem Gericht und den Zeugen durch eine persönliche Einvernahme entstehende finanzielle und zeitliche Aufwand soll somit nur noch dann erforderlich sein, wenn die Aussage in der Hauptverhandlung für die Wahrheitsfindung von erheblicher Bedeutung ist (§ 244 Abs. 2)[249].

---

243 BGHSt 1,94,96; Kl/M-G § 256 Rnr.1
244 AK/StPO-Rüping § 256 Rnr.1; SK/StPO-Schlüchter Rnr.1
245 L/R-Gollwitzer § 256 Rnr.1
246 OLG Koblenz 1984,2424; Schneidewin JR 1951,481,486; Alsberg/Nüse/Meyer S.295
247 Ranft Rnr.1727; SK/StPO-Schlüchter § 256 Rnr.1; L/R-Gollwitzer § 256 Rnr.3
248 L/R-Gollwitzer § 256 Rnr.1
249 Alsberg/Nüse/Meyer S.295f

Nicht unter die Verfahrenserleichterung des § 256 fallen Leumundszeugnisse, d.h. alle Werturteile über die Persönlichkeit des Angeklagten, Zeugen oder einen Dritten[250]. Subjektive Wertungen und Einschätzungen dieser Art müssen zur Beurteilung ihrer Glaubwürdigkeit persönlich in die Hauptverhandlung eingebracht werden. Vor allem Laienrichter sollen so vor der Fehleinschätzung bewahrt werden, es handele sich um objektiv festgestellte Tatsachen[251].

Eine weitere wichtige, aus dem Wortlaut der Norm nicht direkt zu entnehmende Einschränkung erfährt die Verlesungsmöglichkeit nach § 256 hinsichtlich der aus Anlaß des Strafverfahrens bei den Strafverfolgungsbehörden angefallenen Vorgänge[252]. Insoweit gilt § 256 nicht[253]. Diese müssen vielmehr auf die allgemein von der Strafprozeßordnung vorgesehene Art und Weise in den Prozeß eingeführt werden, also z.B. durch die Vernehmung des Polizeibeamten, von dem der Aktenvermerk stammt, da anderenfalls der Unmittelbarkeitsgrundsatz der Beweisaufnahme ausgehöhlt werden würde[254].

II. Erweiterung des § 256 StPO im beschleunigten Verfahren durch § 420 Abs. 2 StPO

1. Bedeutung des Wortlautes in § 420 Abs. 2 StPO

Der neu eingefügte § 420 Abs. 2 nimmt auf die Vorschrift des § 256 nur insoweit Bezug, als es um die Verlesung von „Erklärungen von Behörden und sonstigen Stellen geht“. Das hausärztliche Attest beispielsweise über eine einfache Körperverletzung kann auch weiterhin nur über § 256 in die Verhandlung eingeführt werden.

Der Wortlaut des § 420 Abs. 2 hat verglichen mit dem des § 256 einige Änderungen erfahren. Diese Abweichungen beschränken sich aber im wesentlichen auf redaktionelle Klarstellungen[255]. Statt „öffentliche Behörden“ heißt es nun dem neueren Sprachgebrauch entsprechend „Behörden und sonstige Stellen“ (vgl. § 36 Abs. 2 OWiG, § 11 Abs. 1 Nr. 2 lit. c StGB)[256]. Eine andere Bedeutung ist damit nicht verbunden, so daß zur Beantwortung der Frage, wessen Er-

250 AK/StPO-Rüping § 256 Rnr.7; Kl/M-G § 256 Rnr.10; Fezer 14/Rnr.43
251 SK/StPO-Schlüchter § 256 Rnr.25; L/R-Gollwitzer § 256 Rnr.30
252 Alsberg/Nüse/Meyer S.300; Krause S.170; vgl auch BT/Ds 10/2652 S.24
253 Vgl. z.B. BGH NStZ 1988,420,421; BGH StV 1995,236; BGH StV 1987,285,286
254 Krause S.171
255 Vgl. zu den einzelnen Änderungen nur die Anmerkung Göhlers in OWiG § 77a Rnr.6
256 Böttcher NStZ 1986,393,396; BT/Ds 10/2652 S.25

klärungen verlesen werden können, auf die Rechtsprechung zu § 256 zurückgegriffen werden kann[257]. Ferner wurden die Begriffe „Zeugnis" und „Gutachten" des § 256 in § 420 Abs. 2 durch „ihre dienstliche Wahrnehmungen, Untersuchungen und Erkenntnisse sowie über diejenigen ihrer Angehörigen" ersetzt. Inhaltlich bringt diese Änderung gleichfalls nichts Neues. Schon der § 256 gestattete nur die Verlesung von Vorgängen, die anläßlich der Ausübung einer amtlichen Tätigkeit wahrgenommen wurden[258], so daß die Einfügung des Wortes „dienstlich" keine Abweichung von der früheren Auslegung zur Folge hat. Da darüber hinaus die Behörde keine eigenen Wahrnehmungen machen kann, hat man davon abgesehen, den Begriff „Zeugnis", der eigene Wahrnehmungen gerade voraussetzt, erneut zu verwenden[259]. Die Einfügung der neuen Begriffe „Wahrnehmungen, Untersuchungen und Erkenntnisse" hat zusätzlich den Vorteil, sich die oft mühsame Subsumtion unter die Begriffe „Zeugnis" und „Gutachten" zu ersparen und mögliche Zweifel bei aufkommenden Auslegungsschwierigkeiten auszuschließen[260]. Zudem wird es nicht selten geschehen, daß nicht nur die Wahrnehmung eines einzelnen Angehörigen der Behörde zu verzeichnen ist, sondern gebündelte Wahrnehmungen bei der Behörde durch die Einbeziehung der Wahrnehmungen einzelner Angehöriger zu einem einheitlichen Ganzen anfallen[261]. Um nun denkbare Abgrenzungsprobleme zu vermeiden, werden im Gesetzestext die Wahrnehmungen der Behörde und die ihrer Angehörigen nebeneinander genannt[262].

Insgesamt kommt dem Wortlaut des § 420 Abs. 2 nach diesen Feststellungen vor allem die Aufgabe zu, den Anwendungsbereich der Norm deutlicher hervortreten zu lassen, als dieses bei § 256 der Fall ist, an dessen Fassung er sich anlehnt[263].

Zwischen beiden Verlesungstatbeständen offenbart sich ein gravierender Unterschied im Wortlaut erst, wenn man die Vorschrift des § 420 Abs. 3 zu der des § 420 Abs. 2 hinzuzieht. Das Zusammenspiel beider Normen verdeutlicht, daß der spezielle Verlesungstatbestand des b.V. ein Mehr an Voraussetzungen gegenüber § 256 verlangt, wenn für eine Verlesung das Einverständnis der anwesenden Prozeßbeteiligten gefordert wird. Systematisch knüpft diese Regelungstechnik an die bereits bekannten Vorbilder der § 251 Abs. 1 Nr. 4 und § 251 Abs. 2 S. 1 aus dem Normalverfahren und der § 420 Abs. 1, 3 aus dem b.V. an, denen

257 Vgl. Göhler OWiG vor § 35 Rnr.3 und L/R-Gollwitzer § 256 Rnr.9
258 SK/StPO-Schlüchter § 256 Rnr.21; L/R-Gollwitzer § 256 Rnr.21
259 BT/Ds 10/2652 S.25
260 Böttcher NStZ 1986,393,396
261 R/R/H OWiG § 77a Rnr.9; Göhler OWiG § 77a Rnr.6
262 KK/OWiG-Senge § 77a Rnr.13; BT/Ds 10/2652 S.25
263 BT/Ds 10/2652 S.25

zufolge die Einhaltung des Unmittelbarkeitsgrundsatzes in den Grenzen des § 244 Abs. 2 zur Disposition der Beteiligten steht.

2. *Verlesung von Vorgängen, die bei den Strafverfolgungsbehörden anläßlich des anhängigen Strafverfahrens angefallen sind*

a. *Darstellung*

Die bereits erwähnten Unterschiede im Wortlaut zwischen § 420 Abs. 2 und § 256 erschöpften sich nach den bisherigen Ausführungen überwiegend in begrifflichen Klarstellungen. Wesentliche Abweichungen zur Rechtslage des Normalverfahrens und zur Auslegung des § 256 begründeten sie nicht. Unter Berücksichtigung des § 420 Abs. 3 ging der Verlesungstatbestand des b.V. hinsichtlich seiner Voraussetzungen sogar über die des § 256 hinaus. Angesichts des gesetzgeberischen Zieles einer Vereinfachung des Verfahrens drängt sich daher die Vermutung auf, daß sich hinter der bisher nur als kosmetisch erkannten Änderung des Wortlautes auch eine inhaltliche Erweiterung des § 256 verbergen könnte. Bestätigung findet diese Annahme durch die in § 420 Abs. 2 enthaltene Formulierung „...auch dann verlesen werden, wenn die Voraussetzungen des § 256 nicht vorliegen“. Welchen Inhalt die Erweiterung zum Gegenstand hat, läßt sich der Norm unmittelbar nicht entnehmen.

Schon im Rahmen der Darstellung des Regelungsumfanges zu § 256 war festgehalten worden, daß dessen Wortlaut einen Ausschluß der Verlesbarkeit strafverfolgungsbehördlicher Erklärungen, die anläßlich des zu verhandelnden Strafverfahrens angefallen sind, nicht rechtfertigt. Es ist gleichwohl allgemein anerkannt, daß die Vorschrift in diesem Sinne einschränkend interpretiert werden muß, um eine Aushöhlung des Unmittelbarkeitsgrundsatzes zu vermeiden[264]. Die in § 420 Abs. 2 vorgesehene Regelung soll sich nun von dieser Beschränkung lösen und es ermöglichen, daß auch die im Strafverfahren selbst bei den Strafverfolgungsbehörden angefallenen Vorgänge durch Verlesung in die Hauptverhandlung eingeführt werden können[265]. Zwar steht der Wortlaut der Norm dieser vom Gesetzgeber intendierten Auslegung nicht entgegen[266]. Vor dem Hintergrund der einschränkenden Auslegung des § 256 hätte man jedoch angesichts der zahlreichen klarstellenden Änderungen in § 420 Abs. 2 eine deutlichere Fassung des Gesetzestextes erwarten können. Allenfalls der Hinweis auf das Hinausgrei-

264 Vgl. 3.Kap B I
265 AK/StPO-Loos § 420 Rnr.8
266 Böttcher NStZ 1986,393,396

fen über den vom § 256 abgesteckten Bereich im Zusammenhang mit den Ausführungen in der Entwurfsbegründung stützen die gewünschte Interpretation[267].

b. Würdigung

Wenn man die vom Gesetzgeber für das b.V. vorgesehene, weitere Auflockerung des Unmittelbarkeitsgrundsatzes näher betrachtet, so fällt zunächst auf, daß keine Erklärung dafür angeboten wird, warum die erwünschte Auslegung des Wotlautes im Rahmen des § 420 Abs. 2 zulässig sein soll, während es eine solche im Rahmen von § 256 nicht ist. In den Gesetzesmaterialien wird nur pauschal auf das Schrifttum und die Rechtsprechung zu § 77a OWiG verwiesen[268]. In dem insoweit zu Rate zu ziehenden Begründungsentwurf zum § 77a OWiG aus dem Jahre 1986 wiederum wird die über § 256 hinausreichende Verlesungsmöglichkeit und die damit verbundene Aushöhlung des Unmittelbarkeitsgrundsatzes ausdrücklich auf den Unterschied zwischen einem Straf- und einem Ordnungswidrigkeitsverfahren gestützt. Das Bußgeldverfahren, so wird argumentiert, sei nämlich weder in seiner Bedeutung noch im Hinblick auf die dem Betroffenen drohenden Nachteile mit dem Strafverfahren vergleichbar. Der Verurteilung zu einer Geldbuße fehle der Ernst und der Makel einer staatlichen Strafe. Aus diesem Grund könne man auf die für den Strafprozeß geltende wesentliche Einschränkung des § 256 im Bußgeldverfahren verzichten. Diese Argumentation bezüglich des § 77a OWiG läßt sich auf das b.V. nicht übertragen, da der insoweit geltende Sanktionsrahmen (bis zu einem Jahr Freiheitsstrafe) keinen Vergleich mit einer denkbaren Geldbuße zuläßt. Somit fehlt es letztlich an einer Begründung des Gesetzgebers für die Zulässigkeit der Verlesung von Vorgängen im Rahmen des § 420 Abs. 2, die bei den Strafverfolgungsbehörden im anhängigen Strafverfahren angefallen sind.

Auch inhaltlich läßt sich die Zulässigkeit einer derartigen Verlesung kaum begründen. Allgemein wird die Rechtfertigung für die Verlesbarkeit behördlicher Zeugnisse und Gutachten in § 256 nämlich im wesentlichen in der der Behörde zugeschriebenen Objektivität gesehen. Diese Begründung für die Durchbrechung des Unmittelbarkeitsprinzips ist weitgehend anerkannt[269]. Bedenken gegen die bestehende Unparteilichkeit könnten sich nun aus der Tatsache ergeben, daß Erklärungen von Strafverfolgungsbehörden in einem Strafverfahren verlesbar sein sollen, in dem sie selbst die Untersuchungen geführt haben. Dieses Problem hat

267 Böttcher NStZ 1986,393,396

268 BT/Ds 12/6853 S.37

269 Vgl. nur KMR-Paulus § 256 Rnr.2; L/R-Gollwitzer § 256 Rnr.3; Kl/M-G § 256 Rnr.1; Alsberg/Nüse/Meyer S.295; kritisch dagegen Eisenberg Rnr.1503 ff; Seyler GA 1989,546,560

der Gesetzgeber in seiner Begründung zur Einfügung des § 77a Abs. 2 OWiG selber erkannt[270]. Die Bedenken wollte er aber mit dem Hinweis auf die Verpflichtung der Behörde zur Unparteilichkeit entkräftet wissen. Schließlich seien die Strafverfolgungsbehörden nicht zur Wahrnehmung eigener Interessen veranlaßt[271].

Ein Vergleich mit der Ausgangslage des Normalverfahrens verdeutlicht, daß der Gesetzgeber mit dieser Argumentation letztlich eine von zwei verfahrensrechtlichen Sicherungen, die den Verzicht auf die Einhaltung des Unmittelbarkeitsgrundsatzes erst legitimieren, aufgibt. Die behördlichen Zeugnisse und Gutachten, die im Rahmen von § 256 verlesbar sind, werden ausnahmslos von Behörden erstellt, die sich wegen der ihnen obliegenden Aufgabe im Hinblick auf das Strafverfahren grundsätzlich in einer neutralen Position befinden. Zusätzlich sind die einzelnen Mitarbeiter dieser Behörde bei der Erfüllung ihrer Aufgabe zur Unparteilichkeit verpflichtet. Letzteres gilt zwar im gleichen Maße für die Strafverfolgungsbehörden. Ihnen obliegt allerdings die Aufgabe, Straftaten zu untersuchen und aufzuklären. Ziel von Staatsanwaltschaft und Polizei muß es dabei sein, möglichst viele der angefallenen Taten zur Klärung zu bringen und abzuschließen. Wegen dieses eigenen Interesses an der Überführung von Straftätern können die Strafverfolgungsbehörden von ihrem Aufgabenkreis her nicht als objektiv bezeichnet werden. Ist bei ihren Untersuchungen der Verdacht auf eine bestimmte Person gefallen, so steht erfahrungsgemäß zunächst die Erhärtung dieser Hypothese im Vordergrund, während entlastendem Beweismaterial weniger Beachtung geschenkt wird[272]. In dieser Phase des Verfahrens erstellte Aktenvermerke oder Protokolle über Augenscheinseinnahmen könnten im Rahmen eines b.V. nach der Neuregelung in eine spätere Hauptverhandlung – gleichsam als objektive Erklärung – durch Verlesung eingeführt werden. Natürlich ziehen weder Staatsanwaltschaft noch Polizei Unschuldige wider besseren Wissens in ein Strafverfahren, nur um sie dann mittels der Verlesung eigener Erklärungen zu überführen. Allerdings muß die bestehende Interessenlage zur Kenntnis genommen werden, der zufolge die Staatsanwaltschaft und die Polizei ihre im Hinblick auf das Strafverfahren nicht neutrale Aufgabe unter einem gewissen Erledigungsdruck erfüllen müssen. Wenn man zudem bedenkt, daß in Fällen der kleinen und mittleren Kriminalität, dem Anwendungsgebiet des b.V., ohnehin nur summarisch ermittelt wird[273] und nicht in jedem Ermittlungsverfahren die letzte Sicherheit über den Tatverlauf erreicht werden kann und angestrebt wird, so kann, nicht

270 BT/Ds 10/2652 S.24ff
271 BT/Ds 10/2652 S.25
272 Perron S.143
273 Loos/Radtke NStZ 1996,7,11; Roxin § 52 Rnr.4

nur aus der Sicht des die Vorwürfe bestreitenden Angeklagten[274], beispielsweise ein von der Polizei stammender Aktenvermerk[275] nicht per se als Ausdruck von Objektivität betrachtet werden. Einer Gleichstellung mit sonstigen behördlichen Erklärungen kann somit nicht zugestimmt werden.

In diesem Zusammenhang wird von den Befürwortern der Regelung des § 420 Abs. 2 häufig auf die korrigierende Funktion des Beweiswertes hingewiesen, sofern eine verlesene staatsanwaltschaftliche oder polizeiliche Erklärung nicht über jeden Zweifel erhaben sein sollte[276]. Aber zum einen wäre es wohl kaum nötig, die Möglichkeit eines Abstrichs vom Beweiswert schon einmal vorab in den Raum zu stellen, wenn es sich – wie im Rahmen des § 256 – grundsätzlich um glaubwürdige, weil objektive Erklärungen handelte. Einzig darin ist schließlich die Legitimation für die Verlesung begründet. Zum anderen ist auch hier die Tendenz zu beobachten, schützende und eindeutige Formvorschriften zugunsten der Einführung eines gewissen Ermessensspielraumes aufzugeben. Gerade die Bedeutung, die Aktenvermerken und insbesondere auch Protokollen über nichtrichterliche Augenscheinseinnahmen im Einzelfall zukommen können, machen es erforderlich, daß sich das Gericht selbst ein Bild von der Person des Zeugen und seiner Glaubwürdigkeit macht. Ausgerechnet in diesem oftmals entscheidendem Bereich den Prozeß auf die vorgesehene Weise beschleunigen zu wollen, ist der Wahrheitsermittlung nicht förderlich. Daß die hier vertretene Ansicht im Extremfall die Durchführung eines b.V. verhindert, wie Schröer befürchtet[277], mag zutreffen, kann aber zu keiner anderen Einschätzung der Rechtslage führen.

Letztlich rechtfertigt auch der pauschale Hinweis auf das Erfordernis des allseitigen Einverständnisses die erleichterte Verlesbarkeit nicht, da zumindest dem unverteidigten Angeklagten die nötige Rechts- und Aktenkenntnis fehlen wird, um eine fundierte Entscheidung treffen zu können[278]. In diesen Fällen sollte schon der Makel vermeintlicher Parteilichkeit vermieden und auf eine Verlesung derartiger Erklärungen verzichtet werden.

Eine andere Beurteilung mag nur dann gerechtfertigt sein, wenn der Angeklagte geständig ist oder zwar die Tatbegehung abstreitet, aber in Begleitung eines den Akteninhalt kennenden Anwalts erschienen ist.

---

274 AK/StPO-Loos § 420 Rnr.11

275 Kl/M-G § 420 Rnr.7: sie werden exemplarisch als Erklärungen angeführt, die jetzt nach § 420 Abs. 2 verlesbar sein sollen.

276 BT/Ds 10/2652 S.25; Schröer S.172

277 Schröer S.171 ff

278 Vgl. zum Zustimmungserfordernis 3.Kap C III b

3. Bestimmung des Verhältnisses von § 256 StPO und § 420 StPO

Aus dem Wortlaut des § 420 Abs. 2 ("...dürfen auch dann verlesen werden, wenn die Voraussetzungen des § 256 nicht vorliegen.") lassen sich zur Bestimmung des Verhältnisses zu § 256 zwei wesentliche Erkenntnisse gewinnen. Danach kann eine Verlesung auch im b.V. auf § 256 gestützt werden[279]. Diese Norm bleibt also neben § 420 Abs. 2 anwendbar. Zudem läßt sich die Feststellung treffen, daß der in § 420 Abs. 2 enthaltene Tatbestand – in Übereinstimmung mit den soeben getroffenen Feststellungen[280] – über die Regelung des § 256 hinausgreift.

Im einzelnen hat dieses zur Konsequenz, daß § 420 Abs. 2 dem § 256 vorgeht, sofern sein Regelungsbereich über den des § 256 hinausreicht[281]. Dabei bleibt zu berücksichtigen, daß die Vereinfachung des § 420 Abs.2 in § 420 Abs. 3 an das zusätzliche Erfordernis der Zustimmung aller anwesenden Verfahrensbeteiligten zur Verlesung geknüpft wird. Sollte die Zustimmung einmal nicht übereinstimmend erklärt werden, scheidet eine Verlesung auf der Grundlage von § 420 Abs. 2 aus. In diesem Fall kann bei Vorliegen der Voraussetzungen aber wieder auf die verdrängte Regelung des § 256 zurückgegriffen werden, da im b.V. der Handlungsrahmen des Gerichtes durch die speziellen, der Verkürzung dienenden Verfahrensregelungen nur erweitert, keinesfalls eingeschränkt werden sollte[282]. Dementsprechend bleibt § 256 ohnehin in vollem Umfang anwendbar, soweit sein Regelungsbereich durch die Einfügung des § 420 Abs. 2 gar nicht erst tangiert wurde.

C. Einschränkung des Anwendungsbereichs von § 420 Abs. 1 und § 420 Abs. 2 StPO durch das Zustimmungserfordernis in § 420 Abs. 3 StPO

I. Anwendungsbereich und Funktion

Die Einschränkung des Unmittelbarkeitsgrundsatzes in § 420 Abs. 1 und § 420 Abs. 2 und die damit vom Gesetzgeber angestrebte beschleunigte und vereinfachte Beweisaufnahme wird in § 420 Abs. 3 davon abhängig gemacht, daß die Prozeßbeteiligten mit der Verlesung einverstanden sind. Sowohl der erste als auch der zweite Absatz des § 420 erweitern die bereits im allgemeinen Verfahrensrecht in § 251 und § 256 bestehenden Durchbrechungen des Unmittelbar-

279 Vgl. Böttcher NStZ 1986,393,396 für § 77a OWiG
280 Vgl. dazu 3.Kap B II 2
281 R/R/H OWiG § 77a Rnr.10
282 In diesem Sinne R/R/H OWiG § 77a Rnr.10, die allerdings nur zu einer entsprechenden Anwendung des § 256 gelangen.

keitsprinzips. Anders als bei § 251 Abs. 1 Nr. 4 und § 251 Abs. 2 S. 1, auf die sich § 420 Abs. 1 bezieht, wird die mittelbare Beweisaufnahme nach § 256, an den sich § 420 Abs. 2 anlehnt, nicht von der Zustimmung der Beteiligten abhängig gemacht. Der Verlesungstatbestand des § 420 Abs. 2, Abs. 3 übernimmt also einen Ausschnitt des Regelungsbereiches des § 256, erweitert ihn[283] und kombiniert ihn mit dem Zustimmungserfordernis. Die Einverständniserklärung der Beteiligten mit der mittelbaren Beweiserhebung räumt ihnen die Möglichkeit ein, über den Umfang der Beweisaufnahme zu disponieren und sie bei Einigkeit im Einzelfall zu verkürzen. Die damit verbundene und beabsichtigte Verfahrensvereinfachung, die den der Wahrheitsfindung dienenden Unmittelbarkeitsgrundsatz weiteren Ausnahmen zugänglich macht, soll nach den Vorstellungen des Gesetzgebers durch die vorhergehende, von den Beteiligten übereinstimmend zu erklärende Zustimmung mit der Vorgehensweise legitimiert und kompensiert werden[284].

Einer genaueren Begründung bedarf die den Beteiligten vom Gesetzgeber im b.V. eingeräumte größere Dispositionsmöglichkeit. Das für die Vereinfachung des Ordnungswidrigkeitverfahrens (vgl. § 77a Abs. 1, Abs. 2, Abs. 4 OWiG) angeführte Argument, dem Beschuldigten drohe nur eine Geldbuße und ihm sei deswegen eine weitreichendere Verfügungsgewalt über die Einhaltung des Unmittelbarkeitsgrundsatzes zuzutrauen[285] und wohl auch zuzumuten, kann für das beschleunigte Strafverfahren in den §§ 417 ff naturgemäß nicht fruchtbar gemacht werden. Gleiches gilt für einen weiteren Grund, der im Bußgeldverfahren als Rechtfertigung für die im Vergleich zum Normalstrafverfahren erweiterte Zustimmungsbefugnis herangezogen wird. Wenn das Gericht die Durchführung einer Hauptverhandlung nach einem zulässigen Einspruch des Betroffenen (§ 71 OWiG) nicht für erforderlich halte, so wird argumentiert[286], und die Beteiligten dieser Einschätzung nicht widersprächen (§ 72 OWiG), entscheide es durch einen Beschluß nach Aktenlage. Den Beteiligten sei somit das Recht eingeräumt, auf eine Hauptverhandlung völlig zu verzichten. Unter diesen Umständen könne auch eine Regelung keine Beanstandung finden, die Teile der Akten – bei allseitiger Zustimmung durch die Beteiligten – durch eine Verlesung zur Entscheidungsgrundlage mache. Dieser Ansatz läßt sich indes keinesfalls auf das b.V. übertragen, da dieses zwingend eine Hauptverhandlung vor dem erkennenden Gericht voraussetzt. Gerade im Erfordernis einer mündlichen Verhandlung liegt jedoch

283 Jedenfalls wenn man der vom Gesetzgeber favorisierten Auslegung folgt.
284 BT/Ds 10/2652 S.24 und S.26
285 BT/Ds 10/2652 S.24
286 Schlimgen-Rosa S.130f; Cramer DAR 1981,269,279

nicht zuletzt im Hinblick auf die Abgrenzung zum Strafbefehlsverfahren ein wesentliches Kennzeichen des b.V., das nicht disponibel ist.

Wenn man das gesamte Regelungsgefüge der §§ 417 ff betrachtet, leitet der Gesetzgeber letztlich die Beschränkung des Unmittelbarkeitsgrundsatzes unausgesprochen wohl allein aus der vorausgesetzten Eignung eines Falles zur Verhandlung im b.V. ab (vgl. § 417, § 419 Abs. 1 S. 2). Die strukturellen Sicherungen in Form des Eignungsbegriffes und der Sanktionsrahmenbegrenzung sollen die Defizite, die die Durchführung des b.V. für die Beschuldigtenrechte mit sich bringt[287], auszugleichen helfen und damit die Verkürzung eines wesentlichen Verfahrensprinzips ermöglichen. Von zentraler Bedeutung in den §§ 417 ff ist zunächst das Erfordernis der Eignung des konkreten Falles zur sofortigen Verhandlung[288]. Nur wenn der Fall aufgrund des einfachen Sachverhalts oder der klaren Beweislage zur sofortigen Verhandlung geeignet ist (§ 417), kommt die Anwendung des b.V. in Betracht. Dabei dürfen aber weder die Wahrheitsfindung noch die Verteidigungsinteressen des Beschuldigten beschränkt werden[289]. Das Eignungskriterium hat nach den Vorstellungen des Gesetzgebers somit die Aufgabe, jene Fälle für das b.V. abzuschöpfen, die der verfahrensrechtlichen Garantien des Normalverfahrens nicht bedürfen. Um die dann noch verbleibenden, niemals völlig vermeidbaren Gefahren und Mißbrauchsmöglichkeiten, die mit der Abweichung vom Regelverfahren verbunden sind, zu minimieren, ist eine weitere Sicherung durch die Begrenzung des Sanktionsrahmens in § 419 Abs. 1 S. 2 vorgesehen[290]. Die von vielen Seiten geforderte Zustimmungsbefugnis des Angeklagten zu der Durchführung des b.V. als solchem ist dagegen gesetzlich nicht verankert worden[291].

Während also für das Normalverfahren Regelungen bestehen, die grundsätzlich für jeden vor Gericht angeklagten Fall Gültigkeit haben, und zwar unabhängig vom Umfang und dem Schweregrad der Tat, beziehen sich die Verfahrensvorschriften des b.V. nur auf ganz bestimmte, von Staatsanwaltschaft und Gericht übereinstimmend filtrierte Fälle, in denen man aufgrund der eingebauten strukturellen Sicherungen von den Verfahrensgarantien des Normalverfahrens glaubte, abweichen zu dürfen bzw. ihre strikte Einhaltung in die Hände der Beteiligten legen zu können.

Der Gesetzgeber geht somit davon aus, daß in vielen Verfahren bei einfach gelagerten Fällen mit klarer Beweislage allseitig kein Interesse an einer umfang-

287 Vgl. dazu KMR-Fezer vor § 417 Rnr.3; Fezer ZStW 106 (1994),1,7f
288 BT/Ds 12/6853 S.35; KMR-Fezer vor § 417 Rnr.4
289 BT/Ds 12/6853 S.35
290 KMR-Fezer vor § 417 Rnr.6; Fezer ZStW 106 (1994),1,8f; BT/Ds 12/6853 S.35
291 Loos/Radtke NStZ 1996,7,10; Dähn FS-Baumann S.349,356,359; Fezer ZStW 106 (1994),1,8

reichen Beweisaufnahme bestehen wird, jedenfalls aber die Beteiligten angesichts der überschaubaren Sachverhalte in der Lage sein werden und es ihnen auch zuzumuten ist, ein eventuell bestehendes Verlangen nach einer unmittelbaren Beweisaufnahme geltend zu machen und der erwogenen Verlesung ihr Plazet zu verweigern. Bei einer abschließenden Beurteilung der § 420 Abs. 1 und Abs. 2 wird folglich viel davon abhängen, ob tatsächlich vor allem der Angeklagte im Prozeß eine Position einnehmen kann, die ihm eine sinnvolle Ausübung dieses Zustimmungsrechtes ermöglicht.

II. Wirksamkeit der Zustimmungserklärung

1. Belehrung

Die mittelbare Beweiserhebung in Form der Verlesung bedarf zu ihrer Wirksamkeit der Zustimmung der Prozeßbeteiligten. Als wirksam und beachtlich kann eine derartige Zustimmungserklärung nur dann bezeichnet werden, wenn der Erklärende weiß, welche Folgen mit seiner Erklärung verbunden sind. Daß die Vertreter der Staatsanwaltschaft und die Strafverteidiger über das erforderliche Fachwissen verfügen, darf man voraussetzen. Differenziert ist hingegen der Kenntnisstand des Angeklagten zu beurteilen. Wird er von einem Verteidiger in der Verhandlung begleitet, so ist davon auszugehen, daß dieser ihm die Handlungsmöglichkeiten erläutert hat. In Zweifelsfällen ist er jedoch ebenso wie der unverteidigte Angeklagte über die Bedeutung der Erklärung zu belehren.

Dabei kann es keineswegs als ausreichend erachtet werden, wenn sich die Aufklärung des Angeklagten in der Information erschöpft, daß die Verlesung von seiner Zustimmung abhängig sei. Vielmehr muß ihm im Rahmen der Belehrung verdeutlicht werden, daß die Verlesung Grundlage der Urteilsfindung sein werde[292]. Auf diese Weise erhält er Kenntnis von der Tatsache, daß der Inhalt des zu verlesenen Protokolls, Zeugnisses oder Gutachtens der Urteilsfindung dient, sofern er mit der Verlesung einverstanden ist[293]. Ob ihm allerdings bei einer derartigen Belehrung bewußt wird, worin die Alternative zur mittelbaren Beweiserhebung besteht und welche Vorteile mit einer persönlichen Vernehmung verbunden sein können, erscheint zumindest zweifelhaft. So ist es ihm selbstverständlich unbenommen, sich zum Inhalt des verlesenen Protokolls zu äußern, die Möglichkeit aber, einen Zeugen direkt zu seinen Ausführungen zu befragen, entfällt. Es be-

---

292 OLG Köln StV 1987,525; NStZ 1988,31; BayObLG StV 1993,515; AK/StPO-Loos § 420 Rnr.13

293 Göhler OWiG § 77a Rnr.14

steht die Gefahr, daß dem in rechtlichen Dingen unerfahrenen Angeklagten nach dem vorgesehenen Umfang der Aufklärung in vielen Fällen die Einsicht in den Unterschied zwischen einer mittelbaren und einer unmittelbaren Beweisaufnahme fehlen wird[294]. Zudem darf nicht vergessen werden, daß es bei dem vom b.V. betroffenen Personenkreis, soweit es bisher bekannt ist[295], ohnehin sprachliche (Ausländer) und geistige (Drogenabhängige, Minderbemittelte) Barrieren zu überwinden gilt. Nicht selten handelt es sich also um mutmaßliche Täter, die unverteidigt mit der Wahrnehmung ihrer Interessen vor Gericht häufig genug überfordert sein werden[296]. Es muß Bedenken wecken, wenn ihnen in dieser Situation die Entscheidung über die Einhaltung eines tragenden Grundsatzes des Strafverfahrensrechts abverlangt wird.

2. *Abgabe der Erklärung*

Der vereinfachten Beweisaufnahme müssen nur die Verfahrensbeteiligten zustimmen, die in der Hauptverhandlung anwesend sind. Wer die Gelegenheit zur Teilnahme an der Verhandlung trotz (potentiellen) Anwesenheitsrechtes nicht wahrnimmt und dabei nicht schuldlos verhindert ist, soll jeglichen Einfluß auf den Ablauf des Prozesses verlieren[297]. Da der Staatsanwalt immer und der Angeklagte regelmäßig anwesend sein wird, zielt diese Formulierung hauptsächlich auf das oftmalige Fehlen eines Wahlverteidigers ab[298], dessen Zustimmung zur Verlesung nichtrichterlicher Vernehmungsniederschriften im b.V. – anders als im Normalverfahren gemäß § 251 Abs. 2 S. 1 – nunmehr verzichtbar ist.

Die abzugebende Erklärung über die Vorgehensweise nach § 420 Abs. 1, 2 bezieht sich dabei jeweils nur auf ein konkretes Beweismittel[299]. Niemals kann das Einverständnis pauschal für eine Vielzahl von Beweismitteln oder gar eine beschleunigte Beweisaufnahme insgesamt erteilt werden[300]. Die Beteiligten sollen nämlich von Fall zu Fall und je nach Entwicklung des Prozesses entscheiden, ob eine mittelbare Beweiserhebung als ausreichend erachtet wird oder doch eine persönliche Einvernahme erforderlich ist.

---

294 SK/StPO-Paeffgen § 420 Rnr.31; Ranft Rnr.2338; Loos/Radtke NStZ 1996,7,11; Scheffler NJW 1994,2191,2195

295 Vgl. Fezer ZStW 106 (1994),1,13f mit Fn.45; Herzog ZRP 1991,125,126; Loos/Radtke NStZ 1996,7,12 mit Fn.129

296 Loos/Radtke NStZ 1996,7,12; Scheffler NJW 1994,2191,2195

297 BT/Ds 10/2652 S.26 und BT/Ds 12/6853 S.37; Göhler OWiG § 77a Rnr.15; Kupsch NJW 1987,352,355

298 SK/StPO-Paeffgen § 420 Rnr.9

299 AK/StPO-Loos § 420 Rnr.13

300 KK/OWiG-Senge § 77a Rnr.19

Eindeutig stellt sich insoweit die Lage dar, wenn das Einverständnis jeweils von den anwesenden Beteiligten ausdrücklich erteilt wird. Wird der Angeklagte von einem Verteidiger begleitet, müssen beide ihr Plazet zur Vereinfachung abgeben. Der Angeklagte kann sich dabei nicht vertreten lassen. Erscheint er mit mehreren Verteidigern in der Verhandlung, so müssen alle ihre Zustimmung zur Verlesung zum Ausdruck bringen.

Umstritten ist die Beantwortung der Frage, ob und in welchem Umfang die Einverständniserklärung durch eine schlüssige Handlung erteilt werden kann. Eine schlüssige Handlung soll unter Umständen in einem bloßen Stillschweigen zu erblicken sein. So erfreut sich die Ansicht, daß in dem Schweigen des Angeklagten zur Verlesung einer Niederschrift, der der Verteidiger zugestimmt habe, seine eigene Zustimmung liege, einer großen Beliebtheit[301]. Weitergehend hält man es sogar für möglich, daß die Zustimmung überhaupt stillschweigend erklärt werden könne, sofern sich die anwesenden Beteiligten nur der Tragweite ihres Schweigens bewußt seien[302]. Somit käme eine Verlesung bereits dann in Frage, wenn beispielsweise nur der Staatsanwalt sich explizit zustimmend äußert, während sowohl der Angeklagte als auch der Verteidiger schweigen, man aber bei ihnen von der Kenntnis der Zustimmungsbedürftigkeit ausgehen darf[303].

Die beschriebene Problematik findet ihren Ursprung in der Tatsache, daß eine Prozeßhandlung, soweit gesetzlich keine besondere Form vorgeschrieben ist, auch durch schlüssiges Verhalten möglich sein soll[304]. Die Eindeutigkeit dieses Satzes läßt allerdings zu wünschen übrig, wenn man sich vergegenwärtigt, was alles unter den Begriff des „schlüssigen Verhaltens“ fallen soll. Nicht jedem Verhalten kommt schließlich qualitativ der gleiche Erklärungswert zu. So ist ein auf Befragung erfolgendes Kopfnicken sicherlich klarer und einfacher zu deuten als ein reines Stillschweigen. Dazwischen sind wiederum eine Reihe von nonverbalen Handlungen denkbar, die in ihrem Aussagewert – abhängig nicht zuletzt vom Kontext, in dem sie wahrgenommen werden – stark differieren. Um Unsicherheiten und Unklarheiten, die im Zusammenhang mit der Auslegung von konkludentem Verhalten regelmäßig aufkommen, von vornherein bei dieser bedeutsamen Prozeßhandlungen zu vermeiden, sollte man auf einer ausdrücklichen Erklärung des Beteiligten bestehen[305]. Zumindest der unverteidigte Angeklagte sollte die prozeßgestaltende Erklärung explizit abgeben[306].

301 BayObLG NJW 1978,1817f; L/R-Gollwitzer § 251 Rnr.46
302 Göhler OWiG § 77a Rnr.14a; R/R/H OWiG § 77a Rnr.12; ähnlich Schröer S.164 f
303 R/R/H OWiG § 77a Rnr.12
304 Vgl. BGH StV 1983,319,320 mit Anm. Schlothauer
305 Anm. Schlothauer zu BGH StV 1983,319,320
306 AK/StPO-Loos § 420 Rnr.12; dafür sogar im Normalverfahren L/R-Gollwitzer § 251 Rnr.46

Wenn man eine ausdrückliche Willenserklärung fordert, hat dieses zudem den Vorteil, daß dem Beteiligten die Wichtigkeit der Entscheidung vor Augen geführt wird und er eher geneigt ist, sich mit der Frage ernsthaft auseinanderzusetzen. Anderenfalls ist die Befürchtung nur allzu naheliegend, daß die Bedeutung des Verzichts im Einzelfall nicht realisiert wird[307].

Die angeführten Bedenken wurden bereits zu den Verlesungstatbeständen des Normalverfahrens erhoben, soweit sie die mittelbare Beweisaufnahme zur Disposition der Beteiligten stellten. Sie gelten verschärft noch für das b.V., da nicht nur einerseits Niederschriften, Gutachten und Zeugnisse in einem weiteren Umfang verlesen werden dürfen, sondern andererseits die Verlesung in Gegenwart allein des unverteidigten Angeklagten zulässig ist. Der Gesetzgeber bürdet ihm eine Entscheidung auf, deren Tragweite ein Maß erreichen kann, das mitunter in keinem Verhältnis mehr zu den minimalen formellen Anforderungen an die Entscheidungsbekanntgabe steht. Vor allem vor dem Hintergrund, daß viele Vereinfachungsinstrumente des b.V. kumulativ zur Anwendung gebracht werden können und sollen, sollte eine ausdrückliche Erklärung der Beteiligten, besonders des Angeklagten, eingeholt werden.

Den getroffenen Feststellungen entsprechend müssen sich alle Prozeßbeteiligten, die in der Hauptverhandlung anwesend sind, mit der Verlesung einverstanden erklären. Verweigert nur einer seine Zustimmung, so kommt eine Verlesung auf der Grundlage von § 420 Abs. 1 bzw. Abs. 2 nicht mehr in Betracht[308]. Zumindest in bezug auf das Bußgeldverfahren und § 77a OwiG akzeptiert Göhler diesen Grundsatz nicht ausnahmslos. Nach seiner Ansicht kommt der Ablehnung der vereinfachten Beweisaufnahme durch den Verteidiger gegen den Willen des Betroffenen keine Beachtung zu[309]. Zur Begründung führt er einen Vergleich mit der Regelung des § 72 OWiG an, nach der der Verteidiger der Durchführung des Beschlußverfahrens gegen den Willen des Betroffenen nicht wirksam widersprechen könne. Die von Göhler gezogene Parallele kann indes nicht überzeugen. Nach § 72 OWiG kann das Gericht, das eine Hauptverhandlung nicht für erforderlich hält, ein Beschlußverfahren durchführen. Vorausgesetzt ist aber nach dem Wortlaut der Norm, daß weder der Staatsanwalt noch der Betroffene der Durchführung des Beschlußverfahrens widersprechen. Der Verteidiger findet dabei ausdrücklich keine Erwähnung. Jedoch soll nach einhelliger Auffassung auch er dem Verfahren widersprechen können[310], allerdings – und das ist entscheidend – nur anstelle des Betroffenen. Auf die Zustimmung eines Verteidigers neben der

307 Ranft Rnr.1732

308 KK/OWiG-Senge § 77a Rnr.19; R/R/H OWiG § 77a Rnr.12

309 Göhler OWiG § 77a Rnr.13

310 R/R/H OWiG § 77a Rnr.7; Göhler OWiG § 77a Rnr.12

des Betroffenen soll es in § 72 OWiG gerade nicht ankommen. Im Rahmen des b.V. ist sie hingegen gemäß § 420 Abs. 3 dem eindeutigen Wortlaut nach zwingend erforderlich, sofern der Verteidiger in der Hauptverhandlung anwesend ist. § 420 Abs. 3 mißt der Einverständniserklärung des Verteidigers also ein eigenständiges Gewicht bei. Im Ergebnis trägt der Vergleich mit § 72 OWiG daher so wenig wie der mit § 297[311], in dem geregelt ist, daß der Verteidiger nur für den Beschuldigten, nicht gegen dessen Willen Rechtsmittel einlegen darf. Auch § 297 räumt dem Verteidiger daher anders als § 420 Abs. 3 nur eine unterstützende Funktion ein. Im Ergebnis hat somit ein Dissens zwischen Verteidiger und Angeklagten (wie jede nicht allseitig erklärte Zustimmung) über die Verfahrensvereinfachung die unmittelbare Erhebung dieses Beweismittels zur Folge.

Da die Anwesenheit in der Hauptverhandlung entscheidend für die Ausübung des Zustimmungsrechtes nach § 420 Abs. 3 ist, könnte man, wenn die Durchführung einer Abwesenheitsverhandlung gemäß § 232 in Betracht gezogen wird, erwägen, den unverteidigten Angeklagten bereits in der Ladung für das b.V. (vgl. insoweit § 418 Abs. 2) über die Möglichkeit einer mittelbaren Beweisaufnahme nach den § 420 Abs. 1 - 3 zu belehren und ihn explizit darauf hinzuweisen, daß er im Falle seines Fernbleibens jeglichen Einfluß auf die Art und Weise der Beweiserhebung verliert[312]. Für das Bußgeldverfahren wird eine solche Belehrung überwiegend abgelehnt[313]. Weder sei sie vorgeschrieben noch durch das Gebot eines fairen Verfahrens bedingt. Erscheine der Betroffene nicht zur Hauptverhandlung, müsse er damit rechnen, daß das Gericht nach den verfahrensrechtlich gegebenen Vorschriften verfährt, und dürfe nicht darauf vertrauen, daß der Sachverhalt nur auf der Grundlage unmittelbar erhobener Beweismittel aufgeklärt werde[314]. Das b.V. ist hingegen anders als das Bußgeldverfahren ein Strafverfahren. Wenn durch die Neueinfügung des § 420 das Unmittelbarkeitsprinzip als Garant für die Wahrheitsfindung und als eine der tragenden Säulen des Strafprozesses in einem großen Umfang zur Disposition der anwesenden Beteiligten gestellt wird, so legt diese Möglichkeit der Verfahrensvereinfachung, gerade weil es in der Verhandlung um die Verhängung einer Strafe geht, die Belehrung des Angeklagten nahe. Ein routinemäßig erstellter Vermerk auf der Ladung behindert und verzögert den Ablauf des Verfahrens schließlich in keiner Weise und hat bestenfalls den Nebeneffekt, daß sich der Angeklagte im Einzelfall ein beabsichtigtes Fernbleiben von der Hauptverhandlung gut überlegt.

311 AK/StPO-Loos § 420 Rnr.12
312 Dafür AK/StPO-Loos § 420 Rnr.15; Schröer S.165
313 KK/OWiG-Senge § 77a Rnr.20; Göhler OWiG § 77a Rnr.16
314 Göhler OWiG § 77a Rnr.16

Wie im Regelverfahren sind die schriftlichen Beweisunterlagen in vollem Umfang zu verlesen. Die Verlesung selbst erfolgt dabei genauso wie in § 251 Abs. 4 S. 1 durch einen Gerichtsbeschluß[315]. Sollte also in Ausnahmefällen das b.V. vor dem Schöffengericht eingeleitet und durchgeführt werden, geschieht der Erlaß dieses Beschlusses unter Mitwirkung der Schöffen[316]. Der Beschluß und die ausdrückliche Zustimmung der am Verfahren Beteiligten sind gemäß § 273 in das Protokoll über die Hauptverhandlung aufzunehmen[317]. Ein Grund für die Verlesung kann, muß jedoch nicht angeführt werden[318]. Bei richterlichen Vernehmungsprotokollen gilt es zusätzlich die Fragen der Vereidigung nach § 251 Abs. 4 S. 3, 4 zu beachten.

III. Grundlage der Zustimmungserklärung

Die Einverständniserklärung mit der vereinfachten Beweisaufnahme setzt zunächst einmal voraus, daß die Beteiligten um den Unterschied zwischen einer mittelbaren und einer unmittelbaren Beweisaufnahme wissen. Wenn sie ihn verstanden haben – bestehende Zweifel diesbezüglich sind bereits angemeldet worden (vgl. 3.Kap C II 1) – bedürfen sie für ihre Entscheidung zudem der Kenntnis vom Inhalt des zu verlesenden Beweisstückes. Anderenfalls kann eine realistische Einschätzung dahingehend, ob die Auskunftsperson nicht doch persönlich vor Gericht vernommen werden sollte, z.B. um Unklarheiten in der Aussage zu beseitigen oder ergänzende Fragen zu stellen, nicht vorgenommen werden.

1. Ausübung der Zustimmungsbefugnis

a. Im Normalverfahren

Eine den § 420 Abs. 1 - 3 ähnelnde Regelung findet sich im Normalverfahren in § 251 Abs. 1 Nr. 4 bzw. Abs. 2 S. 1. Beiden Vorschriften ist gemein, daß sie den Unmittelbarkeitsgrundsatz innerhalb eines bestimmten Rahmens zur Disposition der Beteiligten stellen.

In § 251 Abs. 1 werden die Voraussetzungen beschrieben, unter denen eine Verlesung richterlicher Vernehmungsniederschriften möglich ist. Von einzelnen Sonderfällen abgesehen müssen zumindest der Staatsanwalt und der Angeklagte

---

315 Kl/M-G § 420 Rnr.8
316 AK/StPO-Loos § 420 Rnr.16
317 OLG Köln NStZ 1988,31,32; R/R/H OWiG § 77a Rnr.16; AK/StPO-Loos § 420 Rnr.16
318 SK/StPO-Paeffgen § 420 Rnr.9; KMR-Fezer § 420 Rnr.7

der Verlesung zustimmen. Ist ein Verteidiger anwesend, so ist auch dessen Einverständnis erforderlich. Der Staatsanwalt wird bei der Abgabe seiner Erklärung über den Inhalt der Vernehmungsprotokolle so genau informiert sein, wie es ein ordentlich vorbereiteter Verteidiger aufgrund des Akteneinsichtsrechtes nach § 147 ist. Dem Angeklagten selber steht kein Anspruch auf Akteneinsicht zu[319]. Ein verteidigter Angeklagter wird aber, falls er nicht ohnehin dem Votum des Verteidigers folgend seine Zustimmung erteilt oder verweigert, über seinen Anwalt die erforderlichen Kenntnisse vom Inhalt der Niederschriften erhalten. Somit erlangt er eine tragfähige Informationsgrundlage, die es ihm ermöglicht, eine sachgerechte Entscheidung zu treffen, zumal wenn man berücksichtigt, daß ihn der Anwalt auf die Vor- und Nachteile einer mittelbaren Beweiserhebung im Einzelfall hinweisen wird.

Unverteidigt hingegen wird dem Angeklagten die Akteneinsicht in die richterlichen Vernehmungsprotokolle fehlen. Kompensiert wird dieses Defizit aber auf zweierlei Weise. Zum einen wird richterlichen Niederschriften ein besonderes, gesteigertes Vertrauen entgegengebracht, das sich aus der Funktion und Autorität, die Richter durch ihr Amt innehaben, ableitet[320]. Es wird unterstellt, daß sie die Bekundungen des Zeugen bzw. Sachverständigen besonders genau und umfassend wiedergeben. Andererseits sind dem Beschuldigten im Ermittlungsverfahren bei einer richterlichen Vernehmung von Zeugen und Sachverständigen in § 168c wichtige Beteiligungsrechte eingeräumt. Gemäß § 168c Abs. 5 ist der Beschuldigte vom Termin der Vernehmung in Kenntnis zu setzen, damit er von dem in § 168c Abs. 2 normierten Anwesenheitsrecht[321] Gebrauch machen kann. Parallel dazu wurde dem Angeklagten bei einer kommissarischen Vernehmung gemäß § 223 ein Anspruch auf Anwesenheit eingeräumt, der ebenfalls durch eine Benachrichtigungspflicht (§ 224) abgesichert wird[322]. Ihm ist somit wenigstens die Möglichkeit eröffnet, sich mittels seiner Präsenz im Zeitpunkt der Erstellung des Protokolls über den Inhalt zu informieren. Im Ergebnis ist ihm folglich eine Entscheidung gemäß § 251 Abs. 1 Nr. 4 zuzutrauen.

Nichtrichterliche Vernehmungsniederschriften dürfen nach § 251 Abs. 2 S. 1 von Sonderfällen abgesehen nur dann im allseitigen Einverständnis verlesen werden, wenn der Angeklagte mit einem Verteidiger erschienen ist, der Verteidiger im Zeitpunkt, in dem die Zustimmungserklärungen abgegeben werden sollen, anwesend ist und der Verlesung auch zustimmt. Der Angeklagte kann sich also, falls er nicht ohnehin „blind" den Empfehlungen des Verteidigers Folge leistet,

---

319 RGSt 72,268,275; Kl/M-G § 147 Rnr.3

320 L/R-Gollwitzer § 251 Rnr.6

321 Anders nur bei der richterlichen Vernehmung des Mitbeschuldigten, vgl. BGH StV 1997,234,236; Theisen JR 1996,436; Ranft Rnr.396

322 Kl/M-G § 224 Rnr.1

mittels der Erkenntnisse, die ihm der Verteidiger vom Akteninhalt vermittelt, eine eigene Meinung über die Notwendigkeit der persönlichen Vernehmung der Auskunftsperson bilden.

b. Im beschleunigten Verfahren

Die Fassung des § 420 Abs. 3 beschränkt das Zustimmungsrecht auf die in der Hauptverhandlung anwesenden Prozeßbeteiligten. Nach den Feststellungen zum Normalverfahren bedeutet dieses für den in Begleitung eines Verteidigers erschienenen Angeklagten, daß er über das in § 147 gewährleistete Akteneinsichtsrecht seines Verteidigers vom Inhalt der Vernehmungsniederschriften sowie der sonstigen behördlichen Erklärungen, die nach § 420 Abs. 2, 3 verlesbar sind, Kenntnis erlangt und somit bezogen auf die Verlesung eine fundierte und sachgerechte Entscheidung treffen kann.

Wird der Angeklagte in der Hauptverhandlung weder von einem Wahl- noch von einem Pflichtverteidiger begleitet, so ist zwischen den verschiedenen Beweisschriften zu differenzieren.

Falls richterliche Vernehmungsniederschriften mittelbar in die Verhandlung eingeführt werden sollen, verschlechtert sich die Position des Angeklagten im b.V. nicht. Ebenso wie im Normalverfahren ist die Anwesenheit des Verteidigers keine Voraussetzung für deren Verlesung. Dem Schutz des Angeklagten ist gleichwohl Rechnung getragen; einerseits durch die vermutete Qualität der von einem Richter erstellten Vernehmungsprotokolle und andererseits in Form seiner bereits angesprochenen Beteiligungsrechte (§§ 168c, 224) im Zeitpunkt der Erstellung der Protokolle, die ihn in die Lage versetzten, die Notwendigkeit einer unmittelbaren Beweisaufnahme selbst zu beurteilen.

Grundsätzlich anders fällt dagegen die Bewertung aus, soweit Wahrnehmungen einer Beweisperson, die in nichtrichterlichen Vernehmungsniederschriften enthalten sind, mittelbar in die Hauptverhandlung eingeführt werden sollen. Die Fassung des § 420 Abs. 1 ermöglicht eine Verlesung im Unterschied zum Normalverfahren selbst dann, wenn der Angeklagte nicht von einem Verteidiger in der Hauptverhandlung begleitet wird. Bedenklich stimmt diese Regelung, weil der Beschuldigte bei einer polizeilichen oder staatsanwaltschaftlichen Einvernahme der Zeugen und Sachverständigen kein Recht auf Anwesenheit hat (vgl. § 161a). Darüber hinaus steht ihm selbst gemäß § 147 Abs. 1 auch kein Anspruch auf Akteneinsicht zu. Er kann sich allenfalls darum bemühen, daß ihm Aktenauszüge in Form von Abschriften und Ablichtungen zur Verfügung gestellt werden[323]. Eine entsprechende Initiative des Angeklagten bedingt allerdings vertiefte

323 Kl/M-G § 147 Rnr.3

Kenntnisse der Strafprozeßordnung und die Fähigkeit zur Selbsthilfe, die regelmäßig fehlen werden. Ohnehin darf nicht verkannt werden, daß die Staatsanwaltschaft bzw. der Vorsitzende des mit der Sache befaßten Gerichtes über das Erstellen von Aktenauszügen nur auf der Grundlage pflichtgemäßen Ermessens entscheidet, ein Rechtsanspruch des Angeklagten also insoweit keineswegs besteht. Da ein b.V. zwingend einen einfachen Sachverhalt voraussetzt, der eine genauere Aktenkenntnis normalerweise, d.h. nach den Regelungen des Normalverfahrens, nicht erforderlich macht, wird die Bereitschaft nicht eben groß sein, einem entsprechenden Ansinnen stattzugeben, das zudem die angestrebte Beschleunigung konterkarieren könnte.

Nicht anders verhält es sich mit jenen behördlichen Erklärungen, die über § 256 hinausgehend nach § 420 Abs. 2 im allseitigen Einverständnis verlesen werden dürfen, z.B. Aktenvermerke der Staatsanwaltschaft und der Polizei. Sie sind ebenso Bestandteile der Akten und dem unverteidigten Angeklagten daher fast immer unbekannt. Für die übrigen behördlichen Erklärungen, die bereits nach § 256 verlesbar sind, gilt dagegen die Vermutung der Objektivität und die damit verbundene Möglichkeit, sie auch ohne Zustimmung in die Hauptverhandlung mittelbar einzuführen[324].

Stimmt der Angeklagte einer Verlesung nach § 420 Abs.1 bzw. Abs. 2 i.V.m. § 420 Abs. 3 zu, wird sich für ihn erst hinterher herausstellen, ob das ein Fehler war, weil beispielsweise die Glaubhaftigkeit der Aussage oder die Glaubwürdigkeit des Zeugen zu überprüfen gewesen wären. Die Möglichkeit, nachträglich der Verwertung mittelbar erhobener Beweise zu widersprechen, besteht nämlich nicht[325]. Für eine Verlesung nichtrichterlicher Protokolle und behördlicher Erklärungen gilt somit nach wie vor das, was den Gesetzgeber schon bei der Fassung des § 251 Abs.2 S. 1 dazu bewog, die mittelbare Beweisaufnahme von der Anwesenheit des Verteidigers abhängig zu machen: „Der unverteidigte Angeklagte wird vielfach nicht in der Lage sein, die Tragweite seiner Einverständniserklärung sicher genug abzuschätzen...“[326].

Ob sich an dieser Einschätzung durch das Urteil des EGMR vom 17.02.1997 etwas ändern wird, bleibt abzuwarten[327]. In dieser Entscheidung war aus Art. 6 Abs. 3 lit.b MRK, der jedem Angeklagten das Recht gewährt, über ausreichend Gelegenheit zur Vorbereitung seiner Verteidigung zu verfügen, das Recht des Beschuldigten zur Akteneinsicht auch ohne Hinzuziehung eines Verteidigers abgeleitet worden. Es bleibt zunächst fraglich, in welchem Umfang dieser Urteils-

---

324 Vgl. 3.Kap B I

325 Vgl. 3.Kap C IV

326 BT/Ds 10/6592 S.23; vgl. auch Loos/Radtke NStZ 1996,7,11f; Böttcher NStZ 1986,393,396

327 Vgl. EGMR NStZ 1998,429 mit Anmerkung Deumeland

spruch in die deutsche Justizpraxis Einzug halten wird und ob das Einsichtsrecht an bestimmte Bedingungen geknüpft sein wird. Selbst wenn ein solches Recht auf persönliche Akteneinsicht in Zukunft Anerkennung finden sollte, so ist doch davon auszugehen, daß viele Beschuldigte nicht in der Lage sein werden, von diesem Recht Gebrauch zu machen, um auf der Grundlage der gewonnenen Erkenntnisse eine sachgerechte Entscheidung zur Frage der Verlesung treffen zu können. Voraussetzung für die Wahrnehmung jedes prozessualen Rechtes ist nämlich zunächst die Kenntnis von seiner Existenz. Gerade dieses Wissen dürfte aber, sofern nicht wider Erwarten eine diesbezügliche Aufklärungspflicht gesetzlich verankert werden würde oder sie sich aus der Fürsorgepflicht des Gerichtes ableiten ließe[328], nur bei einer sehr geringen Zahl der Beschuldigten, die ein b.V. zu gewärtigen haben, vorhanden sein. Es mangelt indes nicht nur an vertieften Kenntnissen in der Strafprozeßordnung, sondern es fehlt dem vom b.V. betroffenen Personenkreis (Ausländern, Drogenabhängigen, Wohnsitzlosen) in der Regel darüber hinaus auch die Fertigkeit, bestehende Rechte durchzusetzen und in Anspruch zu nehmen, z.B. rechtzeitig in der u.U. sehr kurz bemessenen Zeitspanne zwischen dem Abschluß der Ermittlungen und der Durchführung der Hauptverhandlung bei der zuständigen Stelle (vgl. Nr. 183 RiStBV) um Akteneinsicht nachzusuchen. Letztlich gilt es zu bedenken, daß eine vom Beschuldigten gewünschte Akteneinsicht – gleich der eines Anwalts – terminliche und damit organisatorische Probleme aufwerfen würde, die der Durchführung eines b.V. im Wege stehen könnten. Diese Tatsache wird die Bereitschaft von Staatsanwaltschaft und Gericht, den Beschuldigten in dem Willen zur Wahrnehmung seines Akteneinsichtsrechtes zu bestärken, nicht eben erhöhen, sondern im Gegenteil Widerstände produzieren, die die vom b.V. betroffenen Personen nur schwerlich werden überwinden können.

2. *Einschränkung durch die Fürsorgepflicht*

Daß die vereinfachte Beweisaufnahme nach § 420 Abs. 1 - 3 der Einschränkung durch die Wahrheitsermittlungspflicht gemäß § 244 Abs. 2 unterliegt, wurde bereits erwähnt. Aus einer anderen Richtung erfährt das Ermessen des Gerichtes ebenfalls eine Beschränkung. Der Richter ist dem Angeklagten gegenüber zur prozessualen Fürsorge verpflichtet. Ein besonderes Maß der Hilfsbedürftigkeit ergibt sich im Rahmen der verkürzten Beweisaufnahme daraus, daß der Angeklagte eine verantwortungsvolle Entscheidung im Rahmen des § 420 Abs. 3 zu treffen hat und unverteidigt und rechtsunkundig Probleme haben wird, sich sachgerecht zu verhalten.

328 Vgl. bzgl. der Fürsorgepflicht die eher skeptischen Ausführungen in 3.Kap C III 2

Das Gericht soll mittels der Fürsorgepflicht darauf hinwirken, daß der unverteidigte Angeklagte die ihm eingeräumte Rechtsposition bewußt wahrnehmen kann, ohne ihn zugleich vor belastenden Angaben zu warnen. Sie dient dem Ausgleich zwischen der Subjektstellung des Angeklagten und der Verantwortung für die Wahrheitsfindung[329]. Näher zu beleuchten wäre deswegen die Frage, in welchem Umfang die Fürsorgepflicht den Ermessensspielraum für die Anordnung der Verlesung begrenzen und als Korrektiv für den als zu weit empfundenen § 420 Abs. 3 dienen kann.

Ausfluß dieser Pflicht ist es nach Böttcher, einem nicht verteidigten Angeklagten keine vereinfachte Beweisaufnahme nahezulegen, die dessen Verteidigungslinie erkennbar widerspreche[330]. Nicht hinreichend deutlich wird aus dieser Formulierung allerdings das Ausmaß der Ermessensbeschränkung. Wenn nach Böttchers Ansicht einzig prozeßentscheidende Schriftstücke, deren Inhalt der Angeklagte als nicht wahrheitsgemäß bestreitet, nicht verlesbar sein sollen, so hielte sich die Begrenzung des Ermessensspielraums nicht nur in einem engen Rahmen, sondern sie ginge auch über die von der Aufklärungspflicht gemäß § 244 Abs. 2 ohnehin bereits gezogene Grenze nicht hinaus[331].

Seine Äußerung ließe sich auch weitergehend so interpretieren, daß bei einem nicht geständigen Angeklagten kein Schriftstück mittelbar in die Verhandlung eingeführt werden dürfe, das irgendwie geeignet wäre, den Tat- oder Schuldvorwurf zu erhärten, da dieses jedenfalls seiner Verteidigungslinie widersprechen würde. Diese Auslegung böte dem Angeklagten im Rahmen der § 420 Abs. 1 - 3 zweifelsohne einen ausreichenden Schutz. Das Gericht hingegen müßte sein eigenes Interesse an einer zügigen Verhandlung zurückstellen und hinsichtlich des jeweiligen Beweismittels auf eine einfache Beweisaufnahme verzichten. In der Konsequenz läge es, daß ein wesentliches, neu eingefügtes und für die Beantragung des b.V. eventuell ausschlaggebendes Instrument der Beschleunigung in der Verhandlung gegen einen nicht geständigen, unverteidigten Angeklagten nicht zur Anwendung gelangen könnte und gleichsam außer Kraft gesetzt werden würde. Eine derartige Auslegung des § 420 Abs. 3 würde dazu beitragen, die viel zu weit gefaßte Vorschrift auf ein vernünftiges Maß zu korrigieren.

Es steht allerdings zu befürchten, daß sich die Gerichte auf die Position zurückziehen werden, der Gesetzgeber habe dem Angeklagten in Kenntnis der Problemlage eine eigenverantwortliche Entscheidung zugetraut. Das Zustimmungsrecht sei ganz bewußt nur den anwesenden Prozeßbeteiligten zugestanden worden. So habe es nicht zuletzt in der Intention des Gesetzgebers gelegen, nicht-

---

329 Kl/M-G Einl. Rnr.157

330 Böttcher NStZ 1986,393,396

331 Vgl. 3.Kap A III 2

richterliche Protokolle gerade in Abwesenheit des Verteidigers[332] verlesen zu lassen.

In der Praxis wird daher der ermessensbeschränkenden Wirkung der gerichtlichen Fürsorgepflicht im Rahmen des § 420 Abs. 3 keine große Bedeutung zukommen. Lediglich in wenigen extremen Einzelfällen kann sie das Gericht - revisionsrechtlich überprüfbar - bei Angeklagten, die mit der Zustimmungserklärung offensichtlich vollkommen überfordert sind, zur Zurückhaltung anhalten[333]. Als ein weiterreichender Rettungsanker wird sich die Fürsorgepflicht hingegen kaum erweisen.

IV. Widerruf der Erklärung

Schon einmal kurz angesprochen wurde die Frage, ob man an eine einmal abgegebene Zustimmungserklärung gebunden ist oder ob man sie unter bestimmten Voraussetzungen zurücknehmen darf. Einigkeit besteht jedenfalls darüber, daß das Einverständnis bis zur Verlesung selber zurückgenommen werden kann. Jenseits dieses Zeitpunktes gehen die Auffassungen jedoch weit auseinander. Der eigentliche Streit entzündet sich dabei an dem Problem, worauf sich das Einverständnis bezieht.

Teilweise interpretiert man die Fassung des § 420 Abs. 3 so, daß jeder Beteiligte eine Art doppeltes Zustimmungsrecht hat. Zunächst sei eine Einverständniserklärung mit der Verlesung eines der in § 420 Abs. 1 bzw. Abs. 2 aufgezählten Schriftstücke erforderlich[334]. Nur bei insoweit bestehender Einstimmigkeit erfolge überhaupt eine mittelbare Beweisaufnahme. Die in § 420 Abs. 3 aber eigentlich gemeinte und geforderte Zustimmung nehme materiell Bezug auf die Verwertung des so eingeführten Beweismittels[335]. In der Konsequenz dieser Ansicht liegt es folglich, daß die Beteiligten nach der Verlesung nunmehr die Verwertung der mittelbar erhobenen Beweisstücke durch einen Widerspruch verhindern könnten[336]. Als Argument wird der Wortlaut des § 420 Abs. 3 herangezogen. In § 251 Abs. 1 Nr. 4 gehe man aufgrund der sprachlich ungenauen Fassung überwiegend davon aus, daß sich das Einverständnis auf die Verlesung beziehe ("...mit der Verlesung einverstanden...")[337]. Im b.V. werde die Zustimmung nach

332 BT/Ds 10/6592 S.23 : schon ein Bundesratsvorschlag sah einmal eine derartige Regelung sogar für das Normalverfahren vor
333 Vgl. auch AK/StPO-Loos § 420 Rnr.13; Loos/Radtke NStZ 1996,7,12
334 Göhler OWiG § 77a Rnr.14
335 Göhler OWiG § 77a Rnr.14
336 SK/StPO-Paeffgen § 420 Rnr.9
337 Vgl. AK/StPO-Dölling § 251 Rnr.19; L/R-Gollwitzer § 251 Rnr.47

§ 420 Abs. 3 dagegen zum Verfahren nach den Absätzen 1 und 2 erteilt, d.h. zur Ersetzung der Vernehmung durch die Verlesung einer Urkunde[338]. Nach der Verlesung könne man somit noch einer Verwertung des mittelbar erhobenen Beweises widersprechen.

Vorwiegend wird jedoch die Ansicht vertreten, daß mit der Verlesung die Zustimmung zu einer mittelbaren Beweisaufnahme bindend wird und sie nicht mehr wirksam zurückgenommen werden kann. Diese Position erscheint aus einem ganzen Bündel von Gründen einleuchtender.

Zu Recht wird zunächst auf die dem Angeklagten zuteil werdende Belehrung hingewiesen[339]. Sie verdeutlicht dem Angeklagten im Idealfall, daß die Verlesung Grundlage der Urteilsfindung sein werde, d.h. mit der allseitig erklärten Zustimmung der Beteiligten wird ein Schriftstück verlesen, dessen Inhalt in das Urteil einfließt. Dem Angeklagten muß aufgrund der Belehrung klar sein, daß sich seine Zustimmung nicht allein auf die Form der Einführung des Beweismittels in die Verhandlung – mittelbar durch Verlesen – bezieht, sondern eben auch auf die Verwertung des Inhalts im Urteil.

Ferner stützt das Wortlautargument eher die hier vertretene Ansicht. Die Zustimmung spaltet sich nämlich nicht, wie Göhler meint, in zwei Einzelerklärungen auf. Einverstanden müssen die Beteiligten nur mit dem Verfahren sein, d.h. mit der Ersetzung der persönlichen Vernehmung durch die Verlesung. Infolge der Verlesung wird das Beweismittel dann mittelbar und nicht unmittelbar, wie es ohne Anwendung des Ausnahmetatbestandes der Fall wäre, erhoben. Mit dem Vorgang des Verlesens endet aber der zustimmungsbedürftige Teil. Die Verwertung selber ist nicht konsenspflichtig und ein gegen sie vorgebrachter Widerspruch somit unbeachtlich[340].

Unter praktischen Gesichtspunkten ist die künstliche, zweiteilige Einverständniserklärung ebenfalls abzulehnen. Mit der Einfügung des § 420 sollte das Verfahren beschleunigt werden. In der Konsequenz der doppelten Zustimmung läge es hingegen bei einem Widerspruch gegen die Verwertung, über den Inhalt des verlesenen Beweisstückes noch einmal durch eine persönliche Vernehmung der Auskunftsperson Beweis zu erheben. Es käme also unter Umständen statt zu einer vereinfachten zu einer doppelten Beweiserhebung, die die Hauptverhandlung im Vergleich zum Normalverfahren sogar noch verlangsamen würde. Eine derartige Auslegung ließe sich mit dem Zweck des b.V. nicht in Übereinstimmung bringen.

338 Göhler OWiG § 77a Rnr.14
339 AK/StPO-Loos § 420 Rnr.13
340 R/R/H OWiG § 77a Rnr.12

So scheint denn hinter dieser Auslegung auch mehr das Bemühen zu stehen, die den Angeklagten nicht selten überfordernde Frage der Zustimmungserteilung abzumildern. Gerade der unverteidigte Angeklagte ohne Aktenkenntnis könnte durch die Verlesung – quasi als Kompensation für das fehlende Akteneinsichtsrecht – vom Inhalt des Beweisstückes erfahren und sich danach immer noch für oder gegen eine Verwertung entscheiden. Andererseits wird der Angeklagte mit Verteidiger den Inhalt der Akten im Regelfall kennen und durch die Notlösung in Form der Differenzierung zwischen den einzelnen Zustimmungserfordernissen nur ein zusätzliches, insoweit nicht benötigtes Recht erhalten. Sinnvoller erscheint es deswegen, wenn man die Vorschrift des § 420 Abs. 1 - 3 bei Beteiligung eines unverteidigten Angeklagten nicht bereits als solche restriktiv interpretieren will, mehr Wert auf eine den Angeklagten als juristischen Laien wirklich informierende Belehrung zu legen.

V. Deal-Problematik

Die Einräumung der Zustimmungsbefugnis in § 420 Abs. 3 soll ein weitergehendes Abweichen vom Unmittelbarkeitsgrundsatz des § 250 legitimieren. Bedenken, die sich dagegen aus der Sicht des Angeklagten ergeben, sind bereits angesprochen worden. Ein weiteres Problem liegt in der Konstruktion dieser Verfahrensvereinfachung begründet.

Der Unmittelbarkeitsgrundsatz dient dem Schutz des Angeklagten. Bestreitet er vor Gericht die ihm zur Last gelegte Tat, so gibt es für ihn zunächst einmal keinen zwingenden Grund, einer vereinfachten Beweisaufnahme, die sich bei den einfachen Fällen des b.V. (überwiegend) auf vermeintlich belastendes Beweismaterial konzentrieren wird, zuzustimmen. Umgekehrt sieht sich das Gericht einer großen Anzahl von Verfahren gegenüber und ist folglich – unter Beachtung der Aufklärungspflicht – an einer schnellen Beendigung der Hauptverhandlung u.a. durch eine mittelbare Beweiserhebung interessiert. Unter Zugrundelegung dieser Ausgangslage lassen sich unterschiedliche Situationen und Konstellationen denken, die sich in Abhängigkeit vom Kräfteverhältnis der Prozeßbeteiligten (verteidigter/unverteidigter Angeklagter) und ihrer Prozeßziele (Freispruch, mildere Strafe) entwickeln können:

Ist der Angeklagte unverteidigt und gehört er einem vor Gericht potentiell hilfloseren Personenkreis (Minderbemittelte, Ausländer, Drogenabhängige) an, ist die Gefahr nicht von der Hand zu weisen, daß er seitens des Gerichtes zur Abgabe der Einverständniserklärung entweder mit der Aussicht auf eine mildere Strafe geködert oder mit der Androhung einer höheren Strafe veranlaßt wird[341].

Andererseits hat der BGH nunmehr entschieden, daß eine Verständigung (sog. „dealing“) zwischen den Prozeßbeteiligten nicht von vorneherein unzulässig ist, wenn bestimmte Regeln beachtet werden[342]: So muß die Verständigung unter Mitwirkung aller Verfahrensbeteiligten in öffentlicher Hauptverhandlung stattfinden, wobei aber Vorgespräche außerhalb der Hauptverhandlung nicht ausgeschlossen sind. Das Ergebnis der Verständigung muß als vorgeschriebene Förmlichkeit im Hauptverhandlungsprotokoll niedergelegt werden. Das Gericht muß weiterhin das Geständnis daraufhin überprüfen, ob es glaubwürdig ist. Schließlich darf das Gericht keine bestimmte Strafe zusagen, jedoch eine Strafobergrenze angeben, die es nicht überschreiten werde, wobei es die allgemeinen Strafzumessungsgesichtspunkte zu beachten hat. Es bedarf vor dem Hintergrund dieses Urteils nicht allzu viel Phantasie, sich vorzustellen, wie der (wahl-)verteidigte Angeklagte sich die Bereitschaft, auf eine „Konfliktverteidigung“ zu verzichten oder überhaupt nur zügig zu verhandeln (Geständnis, Zustimmung zur mittelbaren Beweisaufnahme, keine Stellung von Beweisanträgen), mit Strafnachlässen „bezahlen“ läßt. Findet die Absprache zwischen den Prozeßbeteiligten bereits im Vorfeld der Hauptverhandlung statt, läßt sich sogar das günstigste Strafverfahren aushandeln: Abgabe eines Geständnisses, Verzicht auf Beweisanträge usw. gegen die Beantragung eines b.V. und Vereinbarung einer gewissen Höchststrafe, mit der Sicherheit eines Auffangnetzes in Form einer gesetzlich garantierten, maximalen Sanktionserwartung von einem Jahr Freiheitsstrafe[343].

Insgesamt ist es daher nicht auszuschließen, daß die Verfahrensvereinfachung der § 420 Abs. 1 - 3 eine andere, vom Gesetzgeber nicht intendierte, viel weitreichendere Verfahrenserleichterung nach sich zieht, indem sie durch ihre Regelungskonzeption eine Ausweitung der Absprachepraxis geradezu provoziert[344].

Die Ausführungen zeigen ganz deutlich auf, daß sich die Durchführung der Hauptverhandlung nicht beliebig durch eine immer umfänglichere konsensuale Außerkraftsetzung tragender Verfahrensprinzipien beschleunigen läßt. Der unverteidigte Angeklagte sieht sich nicht allein der Gefahr gegenüber, daß ihm das Einverständnis mit der Verlesung „herausgefragt“ wird. Er muß darüber hinaus vielmehr befürchten, daß er im Ergebnis hinsichtlich des Strafmaßes schlechter steht als der (wahl-) verteidigte Angeklagte. Nun ist das abgesprochene Urteil sicherlich kein Phänomen allein des b.V.. Es kann aber kein Zweifel bestehen, daß

341 SK/StPO-Paeffgen vor § 417 Rnr.7

342 Vgl. dazu BGHSt 43,195

343 Hamm StV 1994,456,458

344 Loos/Radtke NStZ 1996,7,12; vgl. zudem Bürgle S.52, S.152, die ein Zweiklassen-Strafrecht befürchtet

das Aushandeln eines Urteils durch die Regelung des § 420 Abs. 1 - 3 gefördert wird. Dafür spricht auch, daß die Verhandlungsposition der Verteidigung gegenüber dem Normalverfahren als günstiger zu beurteilen ist. Denn über das aufgrund der Belastung der deutschen Strafjustiz bestehende allgemeine Bedürfnis nach einer schnellen Verfahrenserledigung hinaus dient im b.V. die Tatsache, daß sich die Einleitung und Durchführung dieses Strafverfahrens nur lohnt, wenn innerhalb einer (kurzen) Sitzung ein endgültiger Verfahrensabschluß erzielt wird, als Verhandlungsmasse. Bereits das Erfordernis eines zweiten Verhandlungstages würde unter Berücksichtigung der derzeit herrschenden organisatorischen und terminlichen Probleme die erreichte Zeitersparnis im Vergleich zum Normalverfahren zunichte machen. Es stimmt daher bedenklich, wenn das Kräfteverhältnis der Beteiligten über das Zustimmungserfordernis entscheidenden Einfluß auf die Urteilsfindung haben kann. Nicht zuletzt vor diesem Hintergrund sollte von einer Beschleunigung jenseits der wohl überlegten Ausnahmen vom Unmittelbarkeitsprinzip in den §§ 251 ff nur unter den schon beschriebenen restriktiven Voraussetzungen Gebrauch gemacht werden.

VI. Verstoß gegen Art. 6 Abs. 3 lit.d MRK

Bisweilen wird die Sorge geäußert, die Beachtung des Art. 6 Abs. 3 lit.d MRK, der dem Angeklagten u.a. das Recht einräumt, Fragen an den Belastungszeugen zu stellen, sei infolge einer denkbaren verkürzten Beweisaufnahme im b.V. nicht hinreichend gewährleistet[345]. Welche Regelung im einzelnen dabei das Risiko einer Verletzung dieses Rechtes heraufbeschwören könnte, wird nicht ausdrücklich gesagt. Eine Verletzungsgefahr könnte jedenfalls in der Mittelbarkeit der Beweisaufnahme nach § 420 Abs. 1 - 3 zu erblicken sein, die eine persönliche Einvernahme der Auskunftsperson vor Gericht ersetzt. Dem Angeklagten böte sich in jenen Fällen keine Gelegenheit, die Beweisperson in der Hauptverhandlung zu befragen.

Wenn man die Auslegung des Art. 6 Abs. 3 lit.d MRK durch die Europäische Kommission und den Europäischen Gerichtshof betrachtet, so fällt auf, daß in erster Linie immer wieder betont wird, die Vorschrift sei ein Ausdruck des Grundsatzes der Waffengleichheit[346]. Dem Angeklagten sollen demnach die gleichen Befugnisse hinsichtlich der Zeugenbefragung eingeräumt werden wie der Staats-

---

345 AK/StPO-Paeffgen vor § 417 Rnr.7; Wächtler StV 1994,159,160; im übrigen ergibt sich dieses Recht je nach Standpunkt auch aus Art.103 Abs. 1 oder Art. 1, 2 Abs. 1 GG i.V.m. dem Rechtsstaatsprinzip, vgl Eisenberg Rnr.793

346 IntKommEMRK-Vogler Rnr.548; Trechsel SZStR 96 (1979),337,367; Spaniol S.112+114

anwaltschaft[347]. Das Recht aus Art. 6 Abs. 3 lit.d MRK gilt allerdings nicht absolut, sondern unterliegt seinerseits Einschränkungen. Formell verlangt also eine mit der Konvention übereinstimmende Verfahrensgestaltung eine Befragungsbefugnis, die beide Seiten – auch in der Beschränkung – gleich behandelt[348].

Bezüglich Auskunftspersonen, die in der Hauptverhandlung anwesend sind, steht sowohl der Staatsanwaltschaft als auch dem Angeklagten im b.V. das Fragerecht aus § 240 Abs. 1 i.V.m. Abs. 2 S. 1 zu. Die Konvention verlangt aber nicht zwingend zur Wahrung des Befragungsrechtes eine persönliche Einvernahme, sondern läßt prinzipiell ebenso eine mittelbare Beweiserhebung zu[349]. Bei der Erstellung richterlicher Vernehmungsniederschriften werden die Staatsanwaltschaft und der Angeklagte insofern schon gleich behandelt, als ihnen im Ermittlungsverfahren nach § 168c Abs. 2 und im Rahmen der kommissarischen Vernehmung nach § 223 f ein Anwesenheits- und ein Fragerecht eingeräumt ist[350]. Die Möglichkeit, die Fragebefugnis allein zu diesem Zeitpunkt ausüben zu können, wird als ausreichend betrachtet[351]. Die Verlesung aller anderen Niederschriften und behördlichen Erklärungen können beide Seiten verhindern, indem sie die erforderliche Zustimmung nach § 420 Abs. 3 nicht erteilen. Jeder anwesende Prozeßbeteiligte hat dadurch eine Art Vetorecht, mit der er sich der Verlesung widersetzen und ein persönliches Erscheinen der Auskunftsperson vor Gericht erzwingen kann. Macht einer der Beteiligten davon Gebrauch, aktualisiert sich in der Hauptverhandlung wieder für beide Seiten das Fragerecht aus § 240, unabhängig davon, wer der mittelbaren Beweiserhebung widersprochen hat. Problematisch erscheint in diesem Zusammenhang allein die Verlesung einer polizeilichen Vernehmungsniederschrift gemäß § 251 Abs. 2 S. 2, wenn der (Belastungs-)Zeuge mittlerweile verstorben ist und bei der Erstellung des Protokolls weder der Angeklagte noch sein Verteidiger anwesend waren[352]. Insofern handelt es sich jedoch nicht um ein spezielles Problem des b.V. und der Vorschrift des § 420.

Von der Verfahrensvorschrift des § 420 Abs. 1 - 3 geht folglich keine Gefahr für das in Art. 6 Abs. 3 lit.d MRK verankerte Befragungsrecht des Angeklagten aus.

---

347 IntKommEMRK-Vogler Rnr.548

348 Spaniol S.113

349 BGH NStZ 1985,376; Frowein/Peukert Art.6 Rnr.200; L/R-Gollwitzer Art.6 MRK Rnr.227; Kl/M-G Art.6 MRK Rnr.22

350 Vgl. Kl/M-G § 168c Rnr.2, § 223 Rnr.22

351 L/R-Gollwitzer Art.6 MRK Rnr.227

352 Vgl. dazu L/R-Gollwitzer Art.6 Rnr.228

D. Zusammenfassung

Eine allgemein gültige Einschätzung der Regelung des § 420 Abs. 1 - 3 läßt sich nicht vornehmen.

Ist der unverteidigte Angeklagte geständig und werden gleichzeitig die im einzelnen begründeten inhaltlichen Beschränkungen des Absatzes 1 – im Hinblick auf die Verlesbarkeit einer Aussage von prozeßentscheidender Bedeutung und bezüglich des Vorrangs von § 252 – und des Absatzes 2 – hinsichtlich der Verlesbarkeit von Vorgängen, die bei den Strafverfolgungsbehörden anläßlich des anhängigen Strafverfahrens angefallen sind – beachtet, spricht nichts gegen eine Anwendung der verfahrensvereinfachenden Vorschriften. Gleiches gilt, wenn der Angeklagte – unabhängig von der Frage, ob er geständig ist oder die Tat bestreitet – in der Hauptverhandlung mit einem Verteidiger erscheint. Insoweit ist davon auszugehen, daß dieser für eine sinnvolle Wahrnehmung des Zustimmungsrechtes Sorge trägt.

Festzuhalten bleibt indes, daß die angestrebte beschleunigende Wirkung der Vorschrift des § 420 Abs. 1 im Beisein eines Anwalts ins Leere geht, da insofern kein Unterschied zu den Tatbeständen des § 251 Abs. 1 Nr. 4 bzw. Abs. 2 S. 1 existiert. Zudem dürfte sich in dieser personellen Konstellation nicht selten die Problematik „ausgedealter Urteile" aktualisieren. Daß sich in den vorher bezeichneten Konstellationen infolge der Anwendung der Vorschrift des § 420 Abs. 1 - 3 insgesamt im Vergleich zu den Regelungen des Normalverfahrens in den §§ 251 ff ein bedeutsamer, ins Gewicht fallender Zeitgewinn einstellen wird, darf bezweifelt werden.

Von zentraler Bedeutung für die Akzeptanz dieser Vorschrift ist es jedoch, sie restriktiv interpretierend gegenüber einem den Tatvorwurf leugnenden, unverteidigten Angeklagten anzuwenden. Wenn eine Verlesung nicht bereits ausscheidet, weil die Zustimmung kategorisch verweigert wird, ist zu berücksichtigen, daß der Angeklagte ohne Akteneinsicht, die ihm gemäß § 147 regelmäßig fehlen wird, eine fundierte Entscheidung nicht wird treffen können. Dieses gilt um so mehr, als trotz Belehrung das Verständnis für die Tatsache, daß er sich infolge einer nur mittelbaren Beweisaufnahme seines Fragerechtes begibt, gering ausgeprägt sein dürfte.

Wenn man folglich die Intention des Gesetzgebers für die Einfügung des § 420 Abs. 1, die im wesentlichen darin besteht, nichtrichterliche Protokolle auch ohne Einverständniserklärung eines Verteidigers in die Hauptverhandlung einführen zu können, mit dem vom hier vertretenen Standpunkt des rechtlich Möglichen in Beziehung setzt, so ergibt sich eine erleichterte Verlesbarkeit allein für den Fall, daß dem geständigen Angeklagten, der ohne Wahlverteidiger erschienen ist, eine Freiheitsstrafe von nicht mehr als sechs Monaten (vgl. § 418 Abs. 4) droht.

Da die Anwendung des § 420 Abs. 1 - 3 gesetzlich aber an keine weitere Bedingung geknüpft ist, als an jene, daß im b.V. verhandelt wird, gilt es abschließend festzuhalten, daß die Risiken für die Wahrheitsfindung, die von einer Anwendung dieser Beschleunigungsinstrumente ausgehen können, ihren Nutzen bei weitem überwiegt.

4. Kapitel. Vereinfachte Beweisaufnahme gemäß § 420 Abs. 4 StPO

Neben den bereits geschilderten Abweichungen vom Regelverfahren sieht § 420 in Absatz 4 bei der Durchführung der Beweisaufnahme eine weitere Änderung für das b.V. vor[353]. Danach bleibt es zwar im Verfahren vor dem Schöffengericht zwar dabei, daß Beweisanträge nur gemäß § 244 Abs. 3 - 5 abgelehnt werden dürfen. Im Verfahren vor dem Strafrichter bestimmt jedoch nunmehr dieser unbeschadet des § 244 Abs. 2 den Umfang der Beweisaufnahme. Die Einfügung dieses Absatzes stellt mit Sicherheit den umstrittensten Teil der Neuregelung dar. Mehrfach zuvor war bei Gesetzesänderungen erwogen worden, eine gleichlautende Vorschrift für Verfahren vor dem Amtsgericht insgesamt einzuführen[354]. Erst nach heftigen Protesten[355] ließ man (bisher) von diesem Vorhaben ab. Wie diese Gesetzesänderung für das b.V. zu beurteilen ist, ist im folgenden zu erörtern.

A. Umfang der Beweiserhebung bei nichtpräsenten Beweismitteln

I. Im Normalverfahren und früheren beschleunigten Verfahren

Die Beweisaufnahme, die als Teil der Hauptverhandlung des Regelverfahrens an die Vernehmung des Angeklagten anschließt (§ 244 Abs. 1), ist von Amts wegen und auf Antrag eines Prozeßbeteiligten auf die entscheidungsrelevanten Tatsachen und Beweismittel zu erstrecken.

1. Im allgemeinen

Die Beweisaufnahme hat den Zweck, alle für die Entscheidung bedeutenden Beweismittel und Tatsachen in der Hauptverhandlung zu präsentieren, da das Gericht seine subjektive Überzeugung von der objektiven Wahrheit der entschei-

353 Über den Verweis in § 411 Abs. 2 S. 2 auch für das Strafbefehlsverfahren

354 Beschluß der 52. Konferenz der Justizminister und -senatoren StV 1982,325; Schulz StV 1991,354,355 zum Gesetzesentwurf zur Entlastung der Rechtspflege; vgl. Darstellung bei Scheffler NJW 1994,2192,2193

355 S. z.B. Bandisch StV 1994,153,158 : „Horror- und Spinnerliste von 1982“

dungserheblichen Tatsachen aus dem Inbegriff der Hauptverhandlung schöpfen soll (§ 261).

Da eine strafrechtliche Verurteilung nur auf der Basis materieller Wahrheit erfolgen darf und der Maßstab der „persönlichen subjektiven Gewißheit" die Gefahr von Willkürentscheidungen in sich trägt, gilt es, im Rahmen der Beweiswürdigung darauf zu achten, daß die Entscheidung des Gerichtes auf einer rational-objektiven Grundlage fußt[356]. Dieser Gedanke findet seinen Niederschlag in dem in § 244 Abs. 2 normierten Untersuchungsgrundsatz, der dem Gericht die Pflicht auferlegt, den wahren Sachverhalt von Amts wegen zu ermitteln. Die Beweisaufnahme ist auf alle Beweismittel und Tatsachen zu erstrecken, die für die Aufklärung des Sachverhalts von Bedeutung sind und von denen das Gericht Kenntnis erlangt. Nur wenn das Gericht einen möglichst vollständigen Eindruck von dem zu beurteilenden Geschehen gewonnen hat und in der Lage ist, seine darauf basierende Entscheidung nach außen in nachvollziehbarer Weise zu begründen und transparent zu machen, wird es den an eine ordnungsgemäße Urteilsbegründung gestellten Anforderungen gerecht. Den Prozeßbeteiligten steht die Möglichkeit offen, die Beachtung der Sachaufklärungspflicht mittels einer Aufklärungsrüge zu kontrollieren und das Gericht gegebenenfalls durch eine erfolgreiche Revision dazu zu veranlassen, auch ohne vorhergehendes Beweisbegehren einen bestimmten Beweis zu erheben. Der Amtsermittlungsgrundsatz begründet für das Gericht folglich eine umfassende Beweiserhebungspflicht[357]. Keinesfalls kann das Gericht die Aufklärung eines bedeutenden Umstandes unterlassen, weil der Angeklagte es wünscht oder die Beteiligten darauf verzichtet haben[358].

Die Instruktions- bzw. Inquisitionsmaxime soll jedoch andererseits die Prozeßbeteiligten nicht von der Aufklärung des Sachverhalts ausschließen. Ihnen, insbesondere dem Beschuldigten als Prozeßsubjekt, verbleibt die Möglichkeit, auf den Umfang der Beweisaufnahme durch die Abgabe von Beweisanregungen und das Stellen von Beweisanträgen einzuwirken. Der Beweisantrag wird dabei definiert als das ernsthafte Vorbringen eines Prozeßbeteiligten, über eine bestimmte Tatsachenbehauptung durch ein bestimmtes, nach der Prozeßordnung zulässiges Beweismittel Beweis zu erheben[359]. Mangelt es dem Antrag entweder an einer bestimmten Tatsachenbehauptung oder an der Nennung eines bestimmten Beweismittels, so liegt eine Beweisanregung vor. Mittels einer Beweisanregung wird der Umfang der Beweisaufnahme in das durch die Sachaufklärungspflicht gebundene Ermessen des Gerichtes gestellt. Die Sachaufklärungspflicht

356 Eisenberg Rnr.97

357 Vgl. Kl/M-G § 244 Rnr.11; Alsberg/Nüse/Meyer S.21; Eisenberg Rnr.3; Wißgott S.263

358 Alsberg/Nüse/Meyer S.21

359 BGHSt 6,128,129; Roxin § 43 Rnr.5; vgl. auch den Wortlaut von § 219 Abs. 1

des Gerichtes gemäß § 244 Abs. 2 aktualisiert sich also anhand der dem Gericht vom Beschuldigten durch eine Beweisanregung vermittelten Kenntnis von weiteren Tatsachenbehauptungen und Beweismitteln bezüglich des aufzuklärenden Sachverhalts. Für das Beweisantragsrecht gelten dagegen die §§ 244 Abs. 3 - 5, 245 Abs. 2. Danach darf ein Beweisantrag nur aus ganz bestimmten Gründen, die in § 244 Abs. 3 - 5 normiert sind, und nur mittels eines Gerichtsbeschlusses (§ 244 Abs. 6) abgelehnt werden.

Ob und gegebenenfalls welche Unterschiede aus der Differenzierung zwischen Amtsaufklärungspflicht und Beweisantragsrecht hinsichtlich des Umfangs der Beweisaufnahme erwachsen, gilt es im nachfolgenden Abschnitt zu klären.

2. *Verhältnis von Beweisantragsrecht und Amtsaufklärungsgrundsatz*

Angesichts der Tatsache, daß die Vorschrift des § 244 Abs. 2 wie dargelegt das Gericht bereits von Amts wegen zur Aufklärung des Sachverhaltes verpflichtet und zugleich auch einen Beweiserhebungsanspruch für die Prozeßbeteiligten beinhaltet, stellt sich unweigerlich die Frage nach dem Verhältnis zum Beweisantragsrecht und seiner Funktion. Im wesentlichen werden zu diesem Problemkreis in der besonders umfangreichen Literatur zwei Positionen vertreten.

a. *Identitätslehre*

Die Vertreter dieser Ansicht gehen davon aus, daß der aus der Amtsaufklärungspflicht gemäß § 244 Abs. 2 abgeleitete Beweiserhebungsanspruch mit der durch einen Beweisantrag ausgelösten Beweiserhebungspflicht identisch ist[360]. Die 1950[361] kodifizierten Ablehnungsgründe des § 244 Abs. 3 ff seien der höchstrichterlichen Rechtsprechung zum Umfang der Wahrheitsermittlungspflicht entnommen worden. Sie konkretisierten für den Fall der Stellung eines Beweisantrages die dem Tatrichter gemäß § 244 Abs. 2 obliegende Aufklärungspflicht[362]. Die gleichen Maßstäbe und Beurteilungsgrundsätze fänden somit auch Anwendung bei einer Beweiserhebung von Amts wegen. Da § 244 Abs. 3 die mit dem Antizipationsverbot zu vereinbarenden Ablehnungsgründe abschließend aufzähle, sei sowohl im Rahmen der Sachaufklärungspflicht als auch im Rahmen des Beweisantragsrechts eine Vorwegnahme der Beweiswürdigung, die der Wahrheitserforschung grundsätzlich abträglich sei, verboten. Einzig durch die strikte Be-

---

360 Wessels JuS 1969,1,3; Engels GA 1981,21,22 ff; Ulsenheimer AnwBl 1983,373,376; KMR-Fezer § 384 Rnr.7

361 Gesetz zur Wiederherstellung der Rechtseinheit vom 12.09.1950, BGBl I, 1067

362 Wessels Jus 1969,1,3; Engels GA 1981,21,22

achtung dieses Verbots werde der Pflicht, die Wahrheit zu ermitteln, Genüge geleistet.

Aufgrund der behaupteten Identität von Beweisantragsrecht und Sachaufklärungspflicht läge der Zweck eines Beweisantrages nach dieser Ansicht in der Aktualisierung der Aufklärungspflicht. Der Vorteil gegenüber einer einfachen Beweisanregung bestünde darin, daß das Gericht bei der Ablehnung des Beweisantrages gezwungen wäre, in einem begründeten Beschluß (vgl. § 244 Abs. 6) Stellung zu einer Beweisfrage noch vor der Urteilsverkündung zu beziehen, und daß damit die in der Revision mit einer Aufklärungsrüge verbundenen Beweisschwierigkeiten verringert würden[363].

b. *Differenzierungslehre*

Nach dieser vorherrschend vertretenen Ansicht[364] kann das Gericht einen Beweisantrag nur aus den in § 244 Abs. 3 ff normierten Gründen ablehnen. Ansonsten sei es unabhängig von seiner Einschätzung der bisherigen Beweislage zur Beweiserhebung verpflichtet. Im Rahmen der Aufklärungspflicht gemäß § 244 Abs. 2 bleibe dagegen die Überzeugung des Gerichtes von der Beweislage nicht unberücksichtigt. Die Aufklärungspflicht erlaube es dem Gericht zunächst zwar grundsätzlich nicht wegen einer bereits gewonnenen Überzeugung auf die Erhebung weiterer Beweise zu verzichten[365]. Erscheine der Sachverhalt aber so eindeutig geklärt, daß eine weitere Beweiserhebung nach aller Erfahrung nichts einbringen werde, könne das Gericht von dem Gebrauch eines Beweismittels absehen[366].

Mit einem Beweisantrag könnte man somit das Gericht, sofern keiner der Ablehnungsgründe der § 244 Abs. 3 ff vorliegt, auch dann zu einer Beweiserhebung zwingen, wenn dieses von der Nutzlosigkeit des Beweismittels überzeugt wäre und von sich aus in Erfüllung der Aufklärungspflicht davon abgesehen hätte. Insoweit reichte das Beweisantragsrecht weiter als die Inquisitionsmaxime[367].

---

363 Vgl. Alsberg/Nüse/Meyer S.28 f

364 L/R-Gollwitzer § 244 Rnr.59; Kl/M-G § 244 Rnr.12; Alsberg/Nüse/Meyer S.29 ff; Schmidt-Hieber JuS 1985,291,292; Julius NStZ 1986,61 ff; Widmaier NStZ 1994,414,416; auch BGHSt 21,118,124

365 SK/StPO-Paeffgen § 420 Rnr.15; ter Veen S.68; Frister ZStW 105 (1993),340,344

366 Schmidt-Hieber JuS 1985,291,294

367 BGHSt 32,68,73; Im Einzelfall kann umgekehrt die Pflicht zur Sachaufklärung einmal weiter reichen als das Beweisantragsrecht, vgl. insoweit Alsberg/Nüse/Meyer S.32 f

c. *Würdigung*

Wenn man einmal die historische Entwicklung außer acht läßt, die beide Ansichten für sich in Anspruch nehmen[368], bleiben im wesentlichen zwei Gründe, die entscheidend für die als Differenzierungslehre bezeichnete Meinung sprechen.

Die der Identitätslehre zugrundeliegende Prämisse, die im Beweisantragsrecht geltenden Ablehnungsgründe in § 244 Abs. 3, die gleichzeitig die dem Tatrichter gemäß § 244 Abs. 2 obliegende Aufklärungspflicht konkretisieren, würden jedwede Form der Beweisantizipation verbieten, ist unzutreffend. Dieses läßt sich anhand des Umkehrschlusses zum Ablehnungsgrund der Prozeßverschleppung gemäß § 244 Abs. 3 S. 2 Var. 6 aufzeigen, der die Ablehnung eines Beweisantrages unter zwei Voraussetzungen ermöglicht. Das Gericht muß von der Nutzlosigkeit der beantragten Beweiserhebung zweifellos überzeugt sein und der Antragsteller muß in Verschleppungsabsicht handeln. Die Überzeugung von der Aussichtslosigkeit einer Beweiserhebung kann das Gericht jedoch nur dadurch gewinnen, daß es das bisherige Beweisergebnis zu dem präsumtiven Wert und der Bedeutung der beantragten Beweiserhebung in Verhältnis setzt. Diesem Vorgang ist ohne Zweifel eine Beweisantizipation immanent, wodurch die Annahme, im Beweisantragsrecht mit den in § 244 Abs. 3 enthaltenen Ablehnungsgründen sei eine Vorwegnahme der Beweiswürdigung schlechthin ausgeschlossen, widerlegt wird[369]. Gleiches gilt auch für den Ablehnungsgrund der völligen Ungeeignetheit gemäß § 244 Abs. 3 S. 2 Var. 4, dessen Bejahung durch das Gericht ebenfalls eine Beweisantizipation vorausgeht. Für den Bereich der Amtsermittlung gilt es darüber hinaus festzuhalten, daß es anders als bei § 244 Abs. 3 auf den subjektiven Beweggrund (Verschleppungsabsicht) der Beteiligten nicht ankommt. Losgelöst von den Ab- und Ansichten der Prozeßbeteiligten beurteilt sich der Umfang der Beweisaufnahme auf der Grundlage der Sachaufklärungspflicht allein nach der Auffassung des Gerichtes, so daß im Bereich des § 244 Abs. 2 eine Beweisantizipation erst recht zulässig sein muß. Das Antizipationsrecht bei der Aufklärungspflicht geht, da das Gericht bei den Ermittlungen von Amts wegen nicht an die engbegrenzten Ablehnungsgründe des § 244 Abs. 3 gebunden ist und die Erhebung eines Beweises bereits dann ablehnen kann, wenn es sie zur Erforschung der Wahrheit nicht für erforderlich hält, sogar über die Möglichkeiten zur Beweisantizipation im Beweisantragsrecht hinaus. Insoweit ist der These, die

368 Ausführlich zur geschichtlichen Entwicklung Schatz S.220 ff; Wißgott S.33 ff

369 Vgl. ter Veen S.65; Alsberg/Nüse/Meyer S.29 f; Herdegen NStZ 1984,97,98; Schatz S.226 f

Beweiserhebungspflicht des Beweisantragsrechtes reiche weiter als jene im Rahmen der Sachaufklärungspflicht, beizupflichten.

Praktische Erwägungen stützen dieses Ergebnis ebenfalls. Das Gericht müßte nämlich, wenn es im Bereich der Aufklärungspflicht das bisherige Ergebnis des Beweisverfahrens nicht in seine Erwägungen einstellen dürfte, die Beweisaufnahme auf praktisch jedes unter irgendeinem Gesichtspunkt in Betracht kommende Beweismittel erstrecken. Wegen der damit verbundenen zeitlichen (und finanziellen) Aufblähung der Hauptverhandlung würde es sich in einen unerträglichen Widerspruch zum Interesse an der Funktionstüchtigkeit des Strafverfahrens setzen[370]. Daß nach der derzeitigen Rechtslage ein strengerer Maßstab an die Beweiserhebungspflicht im Beweisantragsrechts anzulegen ist, steht dem nicht hingegen, da insoweit ein konkretes Beweisverlangen eines Beteiligten vorausgesetzt ist. Somit konnte in Rahmen der § 244 Abs. 3 ff das Antizipationsverbot konsequenter verwirklicht werden.

Im Ergebnis geht daher der im Beweisantragsrecht wurzelnde Beweiserhebungsanspruch der Prozeßbeteiligten im Einzelfall über den hinaus, den die Sachaufklärungspflicht gewährt.

3. *Umfang der Beweisantizipation im Regelverfahren*

Den bisherigen Ausführungen ist die Notwendigkeit zur Unterscheidung zwischen dem Beweisantragsrecht einerseits und der in § 244 Abs. 2 normierten Aufklärungspflicht andererseits zu entnehmen.

Beweisanträge können nur aus den in § 244 Abs. 3 ff festgelegten Gründen abgelehnt werden. Abgesehen von den in diesen Gründen selbst enthaltenen Beweisantizipationen bleibt für die Vorwegnahme der Beweiswürdigung im Beweisantragsrecht kein Raum.

Mit der Feststellung, im Bereich der Aufklärungspflicht sei bei der Erhebung eines Beweismittels das Ergebnis der bisherigen Beweislage zu berücksichtigen, ist indes noch nichts darüber gesagt, ab wann ein Sachverhalt so eindeutig geklärt ist, daß die Umstände, die dem Gericht bekannt sind, oder die Akten und die Verfahrenslage nicht zum Gebrauch weiterer Beweismittel drängen oder ihn nahelegen. In der Rechtsprechung des BGH sind dazu zwei unterschiedliche Kriterien bekannt[371]. Einmal soll eine weitere Aufklärung geboten sein, wenn auch nur die „entfernte Möglichkeit" einer sich auf das Verfahrensergebnis auswirkenden Änderung der durch die bisherige Beweisaufnahme begründeten Vorstellungen von

370 AK/StPO-Schöch § 244 Rnr.29; Schmidt-Hieber JuS 1985,291,293; Julius NStZ 1986,61,63; ter Veen S.66; Schatz S.227 ff

371 Herdegen S.26; Herdegen NStZ 1984,97 f; Schröer S.180 f

dem zu beurteilenden Sachverhalt in Frage kommt[372]. Der andere Maßstab gebietet eine Beweiserhebung, wenn dem Tatrichter Umstände und Möglichkeiten bekannt oder erkennbar sind, „die bei verständiger Würdigung der Sachlage begründete Zweifel an der Richtigkeit der erlangten Überzeugung wecken müssen", falls ein noch nicht ausgeschöpftes Beweismittel vorhanden ist oder ausfindig gemacht werden kann[373]. Der Unterschied zwischen beiden Maßstäben liegt darin, daß ein Abstellen auf die entfernte Möglichkeit einer Vorstellungsänderung den abstrakt-gedanklichen Zweifel ausreichen läßt, um eine Beweiserhebungspflicht zu begründen, während die verständige Würdigung der Sachlage nur den auf Fakten beruhenden Zweifel als Auslöser für weitere Beweiserhebungspflichten akzeptiert[374]. Die erste Formulierung ist dementsprechend als zu weitreichend empfunden worden. In ihrer Konsequenz läge es nämlich, daß die Beweiserhebungspflicht im Rahmen des Amtsermittlungsgrundsatzes sogar über jene hinausginge, die sich aufgrund der § 244 Abs. 3 ff aktualisierte. Beispielsweise ließe sich praktisch nie die entfernte Möglichkeit ausschließen, daß die Vernehmung eines zweiten Sachverständigen ein anderes Beweisergebnis erbringen wird, während § 244 Abs. 4 S. 2 die Ablehnungsmöglichkeit eines entsprechenden Beweisantrages normiert. Der BGH hat diese Formulierung denn auch nur in besonderen Grenzfällen verwandt[375]. Für den Normalfall ist auf eine verständige Würdigung der Sachlage – damit ist die Beweisprognose eines lebenserfahrenen und sorgfältig abwägenden Richters gemeint – Bezug zu nehmen. In dem Merkmal der „verständigen Würdigung" liegt dabei die Berechtigung zur Beweisantizipation[376].

Letztlich verbleibt zwar nur ein schmaler, im Einzelfall jedoch möglicherweise entscheidender Streifen, in dem die Beweiserhebungspflicht des Beweisantragsrechtes weiterreicht als jene der Aufklärungspflicht[377], in dem also im Rahmen der Amtsaufklärungspflicht ein Beweisverlangen, das kein Beweisantrag ist, gemäß § 244 Abs. 2 unbeachtlich bliebe und nicht gleichzeitig von einem Ablehnungsgrund des § 244 Abs. 3 ff erfaßt würde.

---

372 BGHSt 23,176,188; 30,131,143; BGH NStZ 1983,376,377

373 BGH NJW 1951,283; BGH NStZ 1985,324,325

374 Herdegen S.28; vgl. auch Eisenberg Rnr.11

375 Vgl. z.B. BGHSt 23,176,188; Es ist allerdings fraglich, ob nicht auch „eine verständige Würdigung der Sachlage" ergeben hätte, daß auf einem derartig schwierig zu beurteilendem Sachgebiet die Hinzuziehung weiterer Sachverständiger geboten wäre.

376 Widmaier NStZ 1994,414,416; Herdegen NStZ 1984,97,98

377 Vgl. Alsberg/Nüse/Meyer S.843 Fn.23; BT/Ds 10/2652 S.21

II. Beweiserhebungsumfang im beschleunigten Verfahren nach der Regelung des § 420 Abs. 4 StPO

Das b.V. auf der Grundlage der §§ 212 ff a.F. beinhaltete hinsichtlich der Beweisaufnahme der Hauptverhandlung keine Abweichung vom Regelverfahren. Aus diesem Grund galten die vorstehenden Ausführungen zum Regelverfahren auch für das b.V. alter Prägung. Mit der Neufassung des b.V. und der Einfügung des § 420 hat sich dieses Bild gewandelt. § 420 Abs. 4 trifft nunmehr für den Beweiserhebungsumfang des b.V. eine eigenständige Regelung, sofern das Verfahren vor dem Strafrichter stattfindet. Der Umfang der Beweisaufnahme für ein wohl nur theoretisch denkbares b.V. vor dem Schöffengericht[378] ergibt sich dagegen weiterhin aus den allgemeinen Vorschriften für das Normalverfahren. Der Wortlaut der Norm orientiert sich im übrigen an der nahezu identischen Fassung des § 384 Abs. 3 (Privatklageverfahren) und des § 77 OWiG a.F.[379].

Der Umfang der Aufklärungspflicht bleibt auch nach der Neufassung gegenüber dem Regelverfahren unverändert. Das ergibt sich nicht zuletzt aus dem in § 420 Abs. 4 ausdrücklich enthaltenen Verweis auf § 244 Abs. 2. Ziel auch eines b.V. ist die Ermittlung des wahren Sachverhaltes von Amts wegen[380]. Eines Antrags der Beteiligten zur Erhebung eines Beweises bedarf es somit nicht[381]. Insbesondere hat der Gesetzgeber darauf verzichtet, den Umfang der Amtsermittlung, wie im Bußgeldverfahren in § 77 Abs. 1 S. 2 OWiG n.F. geschehen, explizit[382] von der Bedeutung des Falles abhängig zu machen. Gleichwohl ist nicht zu übersehen, daß eine gewisse Schwächung des Aufklärungsgrundsatzes im Vergleich zum Regelverfahren strukturell bereits in dem obligatorischen Wegfall des Zwischenverfahrens angelegt ist. Definitionsgemäß jedenfalls reicht die Aufklärungspflicht im b.V., ohne daß diesbezüglich ein Unterschied zum Regelverfahren bestünde, so weit, wie dem Gericht Tatsachen bekannt geworden sind, die zum Gebrauch von Beweismitteln drängen oder ihn nahelegen. Umgekehrt formuliert braucht ein Beweismittel dann nicht mehr erhoben zu werden, wenn das

378 Vgl. 2.Kap A und die unter 8.Kap B vertretene Ansicht zur Frage, ob die Rechtsfolgenkompetenz des § 419 Abs. 1 S. 2 auch bei der Bildung einer Gesamtstrafe zu beachten ist.

379 § 77 Abs. 1 OWiG n.F. (seit 1986 in Kraft) wurde im Wortlaut leicht modifiziert. Ob mit der Neufassung in Verbindung mit Absatz 2 Nr. 1 inhaltlich im Vergleich zur bisherigen Regelung eine Änderung verbunden ist, soll nicht näher erörtert werden.

380 SK/StPO-Paeffgen § 420 Rnr.11

381 R/R/H OWiG § 77 Rnr.4

382 In der Praxis jedoch dürfte bei der Entscheidung über den Umfang der von Amts wegen vorzunehmenden Ermittlungen eine Differenzierung nach der Bedeutung des Falles die Norm sein.

Gericht den Sachverhalt für ausreichend geklärt erachtet und die Beweiserhebung an dieser Auffassung aller Voraussicht nach nichts mehr ändern würde.

Den Beteiligten bleibt es nach der Gesetzesänderung weiterhin unbenommen, im b.V. Beweisanträge zu stellen. Durch den fehlenden Bezug in § 420 Abs. 4 auf § 244 Abs. 3 ff ist der Strafrichter jedoch nicht an die im Regelverfahren streng zu beachtenden, abschließend aufgezählten Ablehnungsgründe gebunden. Allein die Amtsaufklärungspflicht in § 244 Abs. 2 stellt im b.V. den Maßstab für die Befugnis des Richters dar, einen Beweisantrag abzulehnen[383]. Den Beweisanträgen kommt somit hinsichtlich des Umfangs der Beweiserhebung nur die Wirkung von Beweisanregungen zu. Das steht ihrer Qualifizierung als Beweisantrag aber in keiner Weise entgegen mit der Folge, daß auf sie das Recht des Beweisantrages Anwendung findet[384]. Insbesondere gelten folglich sowohl § 246 Abs. 1 als auch § 244 Abs. 6, d.h. es ist ein mit Gründen (§ 34) zu versehender Ablehnungsbeschluß des Gerichtes erforderlich[385]. Dabei ist es dem Richter unbenommen, sich bei der Begründung des Beschlusses auf eine der in § 244 Abs. 3 ff normierten Ablehnungsalternativen zu berufen. Er kann jedoch einen Beweisantrag auch ablehnen, wenn aufgrund der bisherigen Beweisaufnahme das Gegenteil der Beweistatsache bereits erwiesen ist, der Sachverhalt hinreichend geklärt ist und das neue Beweismittel nicht geeignet erscheint, die Überzeugung des Gerichtes zu erschüttern. Das im Normalverfahren jenseits der Ablehnungsgründe der § 244 Abs. 3, 4 strikt zu beachtende Verbot der Beweisantizipation bei Beweisanträgen gilt für das b.V. demnach nicht.

Das hat zur Folge, daß im b.V. die Möglichkeit entfällt, die Erhebung eines Beweises zu erzwingen, von dessen Nutzlosigkeit das Gericht überzeugt ist. Da sich der Richter bei der Beurteilung des prospektiven Wertes des zu erhebenden Beweismittels im Rahmen der „verständigen Würdigung" an Erfahrungssätzen orientieren wird, an dem, was üblicherweise einzutreten pflegt[386], wird sich die Verkürzung des Beweiserhebungsanspruchs vor allen Dingen dann auswirken, wenn der Angeklagte einen atypischen, nicht der allgemeinen Lebenserfahrung entsprechenden Geschehensablauf behauptet.

Es bleibt demnach festzuhalten, daß der Beweiserhebungsanspruch im b.V. vor dem Strafrichter aufgrund der auf § 244 Abs. 2 beschränkten Verweisung in § 420 Abs. 4 hinter dem des Normalverfahrens zurückbleibt.

---

383 Alsberg/Nüse/Meyer S.834

384 Schatz S.159; Bürgle S.115; Schröer S.182; unklar in der Formulierung Kl/M-G § 384 Rnr.14; Dahs NJW 1995,553,556; Alsberg/Nüse/Meyer S.834

385 AK/StPO-Loos § 420 Rnr.24,25

386 Alsberg/Nüse/Meyer S.31 f

III. Zulässigkeit der Einschränkung des Beweisantragsrechtes gemäß § 244 Abs. 3, 4 StPO

Es stellt sich nunmehr die Frage, ob das Beweisantragsrecht in den für das Normalverfahren geltenden Grenzen der § 244 Abs. 3, 4 unverzichtbar ist oder ob im b.V. in dem vom Gesetzgeber vorgesehenen, dargelegten Umfang Abstriche gemacht werden können.

1. Menschen- und Verfassungsrechtliche Vorgaben

Maßstab für die Beantwortung dieser Frage sind sowohl die Vorgaben des Grundgesetzes als auch der Europäischen Konvention für Menschenrechte. Sie geben einen Rahmen vor, den der Gesetzgeber bei der Ausgestaltung des Verfahrens zu beachten hat.

a. Menschenrechtliche Gewährleistung – Art. 6 Abs. 3 lit.d MRK

Die Europäische Menschenrechtskonvention räumt jedem Angeklagten in Art. 6 Abs. 3 lit.d MRK explizit das Recht auf Ladung und Vernehmung von Entlastungszeugen ein. Das ist insoweit von Bedeutung, als das Bundesverfassungsgericht ausgeführt hat, daß bei der Auslegung des Grundgesetzes Inhalt und Entwicklungsstand der EMRK zu berücksichtigen sei, sofern dies keine Minderung des Grundrechtsschutzes, der durch das Grundgesetzes vermittelt werde, zur Folge habe[387].

Es wäre allerdings angesichts der Tatsache, daß das deutsche Beweisantragsrecht des Normalverfahrens im europäischen Vergleich als besonders weitreichend gilt, verwunderlich, wenn die Konvention ein absolutes Recht auf Befragung oder Ladung von Entlastungszeugen gewährleistete. Eine genauere Lektüre des Wortlautes der Vorschrift – „unter denselben Bedingungen wie die der Belastungszeugen" – verrät dementsprechend bereits die Relativität des Ansatzes[388], den sich auch die Kommission und der Gerichtshof bei der Auslegung zu eigen gemacht haben. Ihre Ausführungen zu Art. 6 Abs. 3 lit.d MRK sind insgesamt von dem in Art. 6 Abs. 1 MRK verankerten fair trial-Grundsatz geprägt. Ein faires Verfahren müsse die Wahrung der formellen Waffengleichheit – einem Prinzip vor allem des Parteiprozesses[389] – gewährleisten. Entscheidend komme es

---

387 BVerfGE 74,358,370; Kl/M-G vor Art.1 Rnr.4

388 Trechsel SchwZStR 96 (1979),337,367; krit. zum Zuschnitt auf den englischen Strafprozeß Spaniol S.114 f

389 Perron S.33 f

darauf an, daß die nationalen Prozeßordnungen – auch wenn sie sich nicht am Modell des Parteiprozesses orientierten – die Verteidigung gegenüber der Anklage (Staatsanwaltschaft) nicht einseitig benachteiligten[390]. Werde die Gleichstellung beachtet, spielt es nach Ansicht der Konventionsorgane keine Rolle, ob die Ladung und Vernehmung von Zeugen von Fristen, Formen oder anderen Voraussetzungen für den Beweisantritt abhängig gemacht werde. Zudem wird den nationalen Gerichten ein großer Ermessensspielraum bei der Frage eingeräumt, ob die von den Beteiligten begehrte Beweiserhebung erheblich ist, d.h. ob sie etwas zur Sachverhaltsaufklärung beitragen kann, oder nicht[391]. Hintergrund der Spruchpraxis ist die sog. „fourth instance"-Doktrin, nach der es abgelehnt wird, anstelle des nationalen Tatrichters im konkreten Einzelfall zu prüfen, ob die Erhebung eines Beweismittels zur Aufklärung des Sachverhaltes erforderlich ist[392]. Auf diese Weise bleiben selbst krasse Fälle antizipierter Beweiswürdigung unbeanstandet[393].

Nähere Aufschlüsse für die hier interessierende Problematik sind aus der zusammenfassenden Darstellung der Spruchpraxis nicht zu gewinnen. Dem Grundsatz der formellen Waffengleichheit genügt § 420 Abs. 4 aber jedenfalls, da Staatsanwaltschaft und Angeklagter in der Hauptverhandlung von der Beschränkung des Beweisantragsrechtes gleichermaßen betroffen sind[394]. Ferner stellt die von Vogler[395] aus kontinental-europäischer Sicht zu Recht als „lax" bezeichnete Auffassung der Kommission zum Beweisantizipationsverbot keinen wirklichen Maßstab für die zu beurteilende Regelung dar. Der Standard der Beweiserhebungspflicht liegt im b.V. selbst nach der Aufhebung des strengen Beweisantizipationsverbotes für den Bereich des Beweisantragsrechtes allemal weit über dem, den die Europäische Menschenrechtskonvention zur Zeit nach Ansicht der zuständigen Konventionsorgane bietet.

---

390 Spaniol S.113; L/R-Gollwitzer Art.6 Rnr.215

391 Frowein/Peukert Art.6 Rnr.202; Perron ZStW 108 (1996),128,130; auch im Fall Vidal (EuGRZ 1992,440) wurde vom Gerichtshof eine Verletzung des Art. 6 Abs. 3 lit.d MRK wohl nur deswegen angenommen, weil das Tatgericht die Erhebung eines naheliegenden Beweises ohne Begründung abgelehnt hatte, vgl. Frowein/Peukert Art.6 Rnr.203

392 Peukert EuGRZ 1980,247,267; IntKommEMRK-Vogler Art.6 Rnr.573

393 Perron ZStW 108 (1996),128,130; vgl. Beispiele bei IntKommEMRK-Vogler Art.6 Rnr.574; krit. zur Spruchpraxis Spaniol S.115 f; Dörr S.69

394 Loos/Radtke NStZ 1995,569,570

395 IntKommEMRK-Vogler Art.6 Rnr.575

b. Verfassungsrechtliche Gewährleistung

Nachfolgend ist zu prüfen, ob sich aus dem Grundgesetz die Notwendigkeit eines Beweisantragsrechtes gemäß § 244 Abs. 3, 4 für das b.V. in der Konzeption der §§ 417 ff ableiten läßt.

aa. Art. 103 Abs. 1 GG

In Art. 103 Abs. 1 GG ist der Anspruch auf rechtliches Gehör festgeschrieben. Es legt fest, daß die Beteiligten vor einer gerichtlichen Entscheidung die Gelegenheit gegeben werden muß, sich in sachlicher und rechtlicher Hinsicht zur Sache zu äußern[396]. Das Recht auf Gehör ist eine Ausprägung des Rechtsstaatsprinzip und läßt sich auf die Achtung vor der Würde des Menschen zurückführen. Der Einzelne soll nicht zum bloßen Objekt richterlicher Entscheidungsfindung degradiert werden[397]. Vielmehr soll ihm als Prozeßsubjekt die Möglichkeit eröffnet werden, zum Anklagevorwurf und zur Beweisaufnahme Stellung zu beziehen und so das Verfahren und sein Ergebnis beeinflussen zu können[398]. Aus den vorstehenden Ausführungen ergeben sich inhaltlich drei Verwirklichungsstufen des rechtlichen Gehörs.

Eine inhaltliche Stellungnahme des Angeklagten setzt eine entsprechende Information seiner Person über den Verfahrensstoff voraus. Dem Gericht obliegt daher eine Informationspflicht gegenüber dem Betroffenen[399]. Eine inhaltliche Beschränkung des Beweisantragsrechtes in § 420 Abs. 4 tangiert diese Pflicht allerdings in keiner erdenklichen Weise[400].

Dem Angeklagten muß weiterhin die Gelegenheit eingeräumt werden, zu den ihm mitgeteilten Vorwürfen Stellung zu beziehen. Das Äußerungsrecht umfaßt die Befugnis, tatsächliche und rechtliche Ausführungen zu machen[401] und Beweisanträge zu stellen[402]. § 420 Abs. 4 greift in dieses Recht nicht ein. Zwar beschränkt diese Norm die Beweiserhebungspflicht im Rahmen des Beweisantrags-

---

396 Kl/M-G Einl. Rnr.28

397 Fezer 10/Rnr.49

398 BVerfGE 7,53,57; Wassermann DRiZ 1984,425

399 Wassermann DRiZ 1984,425,427

400 Ein Kollision mit der aus Art.103 Abs. 1 GG abgeleiteten Informationspflicht ist im Zusammenhang mit der Neuregelung des b.V. allenfalls bei der unmittelbaren Vorführung vorläufig Festgenommener denkbar (beachte auch Art. 6 Abs. 3 lit.b MRK), vgl. dazu Scheffler NJW 1994,2191,2193; Loos/Radtke NStZ 1995, 569,571

401 BVerfGE 28,378,384

402 BVerfGE 46,315,319; 65,305; BVerfG NJW 1986,833; Ranft Rnr.1544; Alsberg/Nüse/Meyer S.371 f

rechtes auf das durch die Aufklärungspflicht gebotene Maß. Das Recht, Beweisanträge zu stellen, bleibt jedoch unberührt[403].

Die Neuregelung verstieße letztlich dann gegen Art. 103 Abs. 1 GG, wenn das Gericht seiner Pflicht zur Berücksichtigung der Stellungnahme nicht nachkäme. Es muß die Äußerungen des Beteiligten zur Kenntnis nehmen und ernsthaft in Erwägung ziehen[404]. Ein Beweisantrag findet im b.V. nunmehr im Rahmen der Aufklärungspflicht gemäß § 244 Abs. 2 Beachtung. Das Gericht muß, selbst wenn es den Beweisantrag aufgrund einer Vorwegnahme der Beweiswürdigung ablehnen will, das bisherige Ergebnis der Beweisaufnahme mit dem prospektiven Wert und der Bedeutung des beantragten Beweises in Beziehung setzen und abwägen. Eine Ablehnung des Antrags ohne eine nähere inhaltliche Auseinandersetzung ist deshalb im b.V. ausgeschlossen. Nach außen dokumentiert wird die Kenntnisnahme und die eingehendere Befassung mit dem Antrag durch einen mit Gründen zu versehenen Gerichtsbeschluß gemäß § 244 Abs. 6[405].

Ein Verletzung des in Art. 103 Abs. 1 enthaltenen Anspruchs auf rechtliches Gehör durch die Fassung des § 420 Abs. 4 kann deshalb nicht festgestellt werden.

bb. Art. 2 Abs. 1 GG i.V.m. dem Rechtsstaatsprinzip und Art. 1 Abs. 1 GG

Es ist allgemein anerkannt, daß in einem Verfahren, in dem Grundrechte betroffen sind, die Verfahrensordnung so ausgestaltet werden muß, daß die einzelnen Grundrechte größtmögliche Wirksamkeit entfalten können[406]. Keinesfalls darf im Verfahrensrecht die „Gefahr einer Entwertung der materiellen Grundrechtsposition“ angelegt sein[407]. Kann der Beschuldigte also eine Grundrechtsposition für sich in Anspruch nehmen, muß dem im Rahmen der Strafprozeßordnung Rechnung getragen werden.

Das Beweisantragsrecht ist ein Verfahrensrecht, das dem Beschuldigten die Möglichkeit einräumt, auf die Beweisaufnahme Einfluß zu nehmen. Er soll nicht zum bloßen Objekt staatlicher Machtausübung degradiert werden, sondern durch die Gelegenheit zur Einwirkung auf die Beweiserhebung eine Subjektstellung erlangen. Insgesamt gesehen dient das Beweisantragsrecht also der Selbstbehauptung des Beschuldigten im Strafprozeß.

---

403 AK/StPO-Loos § 420 Rnr.22; Scheffler NJW 1994,2191,2194
404 BVerfGE 22,267,273; 54,140,142; Wassermann DRiZ 1984,425,428
405 Zum Umfang der Begründung vgl. 4.Kap A V
406 Spaniol S.225 f; Hesse S.100; Benda S.495
407 BVerfGE 63,131,143

Das Bundesverfassungsgericht hat in mehreren Entscheidungen die Grundrechtsrelevanz des Rechtes auf Selbstbehauptung bestätigt[408]. Über die Grenzen spezieller Verfahrensgrundrechte[409] hinaus lasse sich aus dem Rechtstaatsprinzip (Art. 20 Abs. 3 GG) in Verbindung mit dem allgemeinen Freiheitsrecht (Art. 2 Abs. 1 GG) ein Recht des Angeklagten auf ein faires, rechtsstaatliches Verfahren ableiten. Dieser allgemeine Anspruch auf ein faires Verfahren wurzele in dem durch das Rechtsstaatsprinzip verbürgten Grundrechten des Menschen. Als ein solches führt das Bundesverfassungsgericht Art. 1 Abs. 1 GG an, der es gebiete, dem Angeklagten als Prozeßsubjekt einen „Mindestbestand an aktiven verfahrensrechlichen Befugnissen" zu gewähren.

Ob für die hier in Frage stehende Problematik zudem das Recht auf Freiheit der Person (Art. 2 Abs. 2 S. 2 GG) Beachtung verdient[410], ist zweifelhaft. Grundsätzlich läßt die beschränkte Sanktionskompetenz in § 419 Abs. 1 S. 1 auch im b.V. die Verhängung einer Freiheitsstrafe zu. In vielen Fällen wird jedoch eine Freiheitsstrafe als Sanktionsmittel von vornherein nicht in Betracht kommen, so daß der Schutzbereich gar nicht tangiert wäre. Gleiches gilt für einen am Ende der Verhandlung freigesprochenen Angeklagten, sofern man nicht darauf abstellen wollte, daß während der Beweisaufnahme die Verhängung einer Freiheitsstrafe nicht mit letzter Sicherheit ausgeschlossen werden konnte. Die Frage kann jedoch im Ergebnis offenbleiben. Sollte nämlich das Beschuldigteninteresse an dem Recht auf Selbstbehauptung mit anderen Verfassungsgütern kollidieren, so würde eine Auflösung dieses Konfliktes nicht über den speziellen Eingriffsvorbehalt von Art. 2 Abs. 1 oder Art. 2 Abs. 2 S. 3 GG erzielt werden. Vielmehr würde man einen Ausgleich zwischen den betroffenen Verfassungsgütern, der beide Interessen möglichst optimal zur Geltung bringt, im Wege der praktischen Konkordanz vornehmen, weil der Anspruch auf ein faires Verfahren eine über den eigentlichen Inhalt von Art. 2 GG hinausgehende Gewährleistung darstellt, die sich nicht mit einer normalen Grundrechtsprüfung erfassen läßt.

Ob das Beweisantragsrecht in der Form, in der es momentan im Normalverfahren Gültigkeit hat – also im Rahmen der § 244 Abs. 3 ff –, zu dem „Mindestbestand an aktiven verfahrensrechtlichen Befugnissen" in dem neugestalteten b.V. gehört, bedarf noch der genaueren Klärung.

---

408 BVerfGE 57,250; 63,45

409 Es können sich somit über die Anforderungen hinaus, die bereits Art.103 Abs. 1 an die Stellung eines Beweisantrages richtet (vgl. oben), weitere Anforderungen aus dem Grundgesetz ergeben.

410 Vgl. BVerfGE 57,250,275

cc. Prinzip der Waffengleichheit

Das Prinzip der Waffengleichheit meint, daß der Beschuldigte, dem im Strafverfahren die Begehung einer Straftat zur Last gelegt wird, in einen an den Befugnissen des Prozeßgegners orientierten Umfang Gelegenheit erhalten muß, sich gegen den erhobenen Vorwurf zur Wehr zu setzen. Insoweit könnten sich aus dem Aspekt der Waffengleichheit, ließe er sich verfassungsrechtlich absichern, nähere Anhaltspunkte für eine Ausgestaltung des Beweisantragsrechtes ergeben.

Zunächst wäre allerdings zu klären, mit welchem Prozeßbeteiligten eine Gleichstellung verfahrensrechtlich überhaupt denkbar wäre. Eine Gleichstellung des Angeklagten mit dem Richter als Prozeßgegner kommt von vornherein schon deswegen nicht in Betracht, weil der Richter am Ende des Verfahrens über den gegen den Angeklagten erhobenen Vorwurf entscheidet.

Es verbleibt somit nur die Möglichkeit, den Angeklagten mit dem Staatsanwalt in seiner Funktion als Organ der Staatsgewalt auf eine Stufe zu stellen. Nach einer Auffassung soll der Grundsatz der Waffengleichheit in Art. 3 Abs. 1 GG verankert sein – als Gleichheit von Angeklagtem und Staatsanwalt vor dem Richter[411]. Voraussetzung dafür wäre aber, daß die Prozeßrollen von Staatsanwalt und Angeklagten als „im wesentlichen gleich" zu bezeichnen wären. Der Staatsanwaltschaft obliegt als staatlicher Ermittlungsbehörde die Aufgabe, im öffentlichen Interesse Straftaten zur Anklage bringen. Zu diesem Zweck stehen ihr eine Fülle von Eingriffsbefugnissen zur Verfügung. Sie entscheidet am Ende, welche Fälle vor Gericht gebracht werden und legt diesem die von ihr bearbeiteten Sachverhalte und Beweismittel vor. Der Angeklagte dagegen, dem im Falle der Verurteilung eine Geld- oder Freiheitsstrafe droht und der sich im Laufe des Strafverfahrens verschiedenen Eingriffen von staatlicher Seite ausgesetzt sehen kann, will sich aus eigenem Interesse gegen die erhobenen Vorwürfe verteidigen. Insgesamt gesehen erscheinen also die Prozeßrollen von Staatsanwaltschaft und Angeklagtem im Strafprozeß anders als die von Kläger und Beklagtem im Zivilprozeß[412] als nicht austauschbar. Sie sind zu unterschiedlich, als daß man einer eigenständigen grundrechtlichen Absicherung der Waffengleichheit in Art. 3 Abs. 1 GG das Wort reden könnte[413].

---

411 SK/StPO-Rogall vor § 133 Rnr.106; Müller NJW 1976,1064; M/D-Dürig Art.3 Rnr.50 ff

412 Dort ist die Waffengleichheit zwischen Kläger und Beklagtem anerkannt, vgl. BVerfGE 55,72,94; 69,126,140

413 Die Ableitung der Waffengleichheit aus Art. 6 Abs. 1 MRK scheitert bislang an der Spruchpraxis von Gerichtshof und Kommission, die mit ihren aus der EMRK abgeleiteten Anforderungen hinter denen zurückbleibt, die das Grundgesetz aufstellt, vgl Peukert EuGRZ 1980,255

Das Bundesverfassungsgericht ist daher der Ansicht, daß „eine gewisse verfahrensrechtliche Waffengleichheit von Staatsanwaltschaft und Beschuldigten im Strafprozeß" einzig als Bestandteil im allgemeinen Recht des Beschuldigten auf ein faires Verfahren enthalten sei[414]. Sie sei erforderlich für die Wahrung seiner Rechte und die Möglichkeit, auf das Verfahren Einfluß zu nehmen. Dieser Auffassung ist grundsätzlich beizupflichten, weil sie im Gegensatz zu der zuvor geschilderten Ansicht nicht davon ausgeht, daß die Prozeßrollen als im wesentlichen gleich zu betrachten sind. Verfassungsrechtlich ist also nicht die Einräumung gleicher Rechte für Staatsanwaltschaft und Beschuldigten geboten, sondern die Gewährung von effektiven Rechten in Abhängigkeit von der ihnen in den einzelnen Verfahrensabschnitten zukommenden Prozeßrolle[415].

Festgehalten werden kann somit, daß das Prinzip der Waffengleichheit keine eigenständige Verankerung im Grundgesetz erfahren hat. Zwar erfaßt es auch das Recht auf Selbstbehauptung, allerdings nur unter dem verengten Blickwinkel des Vergleichs mit den Rechten der Staatsanwaltschaft. Zudem zielt der Ansatzpunkt der Waffengleichheit für das Selbstbehauptungsrecht des Beschuldigten in der Hauptverhandlung an der Struktur des deutschen Strafverfahrens im wesentlichen vorbei[416]. Dem Richter obliegt die Verhandlungsleitung (§ 238 Abs. 1). Er fällt das Urteil aus seiner freien aus dem Inbegriff der Verhandlung geschöpften Überzeugung (§ 261). Dabei ist er verpflichtet, alles zur Wahrheitsfindung Erforderliche zu tun (§ 244 Abs. 2). Die vom Richter zu erstellende Entscheidungsgrundlage gilt es für den Angeklagten zu beeinflussen. Ihm gegenüber muß die Geltung der Selbstbehauptungsrechte gesichert sein. Das kann das Prinzip der Waffengleichheit jedoch nicht sicherstellen.

dd. Zusammenfassung

Anforderungen an die Ausgestaltung des Beweisantragsrechtes könnten sich nach der hier vertretenen Auffassung allein aus dem Recht auf ein faires Verfahren (Art. 2 Abs. 1 GG i.V.m. dem Rechtsstaatsprinzip und Art. 1 Abs. 1 GG) ergeben.

c. Einschränkung durch kollidierendes Verfassungsrecht

Das Recht des Beschuldigten zur Mitwirkung am Beweisverfahren unterliegt seinerseits natürlich verfassungsrechtlichen Beschränkungen. Es versteht sich von

414 BVerfGE 63,45,61; vgl. auch BVerfGE 38,105,111
415 Kl/M-G Einl Rnr.88; Beulke S.37 ff
416 Schulz StV 1991,354,360; Perron S.63

selbst, daß seine Verfahrensposition nicht beliebig ausbaubar ist und ihm nicht eine unbegrenzte Anzahl von Mitwirkungsrechten eingeräumt werden darf. Dieser Ansicht ist auch das Bundesverfassungsgericht, das nur von einem „Mindestbestand“ an Verfahrensrechten als verfassungsrechtlich geboten spricht. Der Beschuldigte soll staatlichem Machtmißbrauch entgegentreten und die Gefahr von Fehlurteilen minimieren können. Er darf hingegen nicht in die Lage versetzt werden, das öffentliche Interesse an der Funktionstüchtigkeit der Strafrechtspflege, das das Bundesverfassungsgericht aus dem Rechtsstaatsprinzip in Art. 20 Abs. 3 GG entwickelt[417], nachhaltig zu beeinträchtigen, indem er im Einzelfall mittels der ihm zur Verfügung stehenden Mitwirkungsrechte die Durchsetzung des materiellen Rechts unangemessen verzögert oder gar gänzlich verhindert[418]. Anderenfalls wäre die Balance zwischen dem öffentlichen Interesse an der Aufrechterhaltung der staatlichen Ordnung und an dem Schutz der Rechtsgüter, das eine effektive Strafverfolgung bedingt, und den Freiheitsrechten des einzelnen empfindlich gestört. Anhand von zwei Beispielen lassen sich diese Ausführungen verdeutlichen. Das Beweisantragsrecht als Mitwirkungsrecht des Beschuldigten kennt den Ablehnungsgrund der völligen Ungeeignetheit eines Beweismittels (§ 244 Abs. 3 S. 2 Var. 4). Gäbe es diese Einschränkung des Verfahrensrechtes nicht, müßte das Gericht einem Beweisantrag stattgeben, der vorsieht, einen Blinden zu seinen visuellen Wahrnehmungen hinsichtlich eines bestimmten Geschehens zu befragen. Ohne den Ablehnungsgrund der Offenkundigkeit (§ 244 Abs. 3 S. 2 Var. 1) müßte das Gericht auf einen entsprechenden Antrag hin durch Vernehmung eines Sachverständigen Beweis über die Behauptung erheben, den millionenfachen Judenmord in den Gaskammern der Konzentrationslager während des zweiten Weltkrieges habe es nicht gegeben. In beiden Fällen ist die beantragte Beweiserhebung erkennbar sinnlos – wegen der Ungeeignetheit des Beweismittels bzw. wegen der Offenkundigkeit des Gegenteils der Beweistatsache – und der Wahrheitsfindung nicht dienlich. Mit einer Vielzahl derartiger Beweisanträge könnte der Beschuldigte, unterläge das Verfahrensrecht des Beweisantrages nicht bestimmten Beschränkungen, das Gericht zu vollkommen zwecklosen Beweiserhebungen veranlassen und eine Verurteilung auf unbestimmte Zeit verhindern bzw. ganz vereiteln und damit das öffentliche Interesse an der Strafverfolgung konterkarieren.

417 BVerfGE 44,353,374; Hassemer StV 1982,275,276
418 Perron S.75

d. Zusammenfassung

Das Grundrecht des Beschuldigten auf ein faires Verfahren, das im Rechtsstaatsprinzip verankert ist, wird also vom Grundsatz der funktionstüchtigen Strafrechtspflege, ebenfalls aus dem Rechtsstaatsprinzip abgeleitet, beschränkt[419]. Dieses allein verdeutlicht, daß es ein eher schmaler Grat ist, der die Einräumung der gebotenen Mitwirkungsrechte des Beschuldigten im Strafverfahren von der Vereitelung einer wirksamen Strafverfolgung trennt.

Nachfolgend gilt es nun zu klären, ob bei der Neuregelung des b.V. der Anspruch des Beschuldigten auf ein faires Verfahren hinreichend beachtet wurde. Dem Gesetzgeber selbst verbleibt bei der Ausgestaltung des Verfahrens ein gewisser Spielraum, der es ihm erlaubt, eine Vorschrift auf die eine oder andere Weise abzufassen, ohne daß gleich ein Verstoß gegen das Verfassungsrecht zu konstatieren wäre. Die Prüfung kann deshalb nicht auf eine Norm – also § 420 Abs. 4 – begrenzt werden. Statt dessen kommt es im Rahmen einer Gesamtschau darauf an, ob die einzelnen Vorschriften und die Verfahrensstruktur dem Beschuldigten im Ergebnis ein faires Verfahren gewährleisten[420].

2. Erforderlichkeit des uneingeschränkten Beweisantragsrechtes

Die Strafprozeßordnung in ihrer konkreten Ausgestaltung stellt den Versuch dar, die Balance zwischen den Rechten der Beschuldigten einerseits und der Funktionsfähigkeit der Justiz andererseits zu wahren. Dieses muß bedacht werden, wenn um der Beschleunigung willen verschiedene Rechte, darunter auch das Beweisantragsrecht des Angeklagten, verkürzt wird.

a. Verfahrensrechte des Beschuldigten

Die Notwendigkeit eines über die Aufklärungspflicht hinausreichenden Beweisantragsrechtes (§ 244 Abs. 3 ff) bestimmt sich danach, unter welchen Bedingungen in welchem Abschnitt des Verfahrens dem Angeklagten welche Befugnisse von welchem Gewicht verbleiben.

aa. Beweisantragsrecht in den einzelnen Verfahrensabschnitten

Der Beschuldigte ist im Ermittlungsverfahren bei seiner ersten Vernehmung darauf hinzuweisen, daß er bereits in diesem Stadium des Verfahrens einzelne Be-

---

419 Vgl. Isensee/Kirchhof § 76 Rnr.29 f
420 BVerfGE 57,250,275 f

weiserhebungen zu seiner Entlastung beantragen kann (§ 163a Abs. 2)[421]. Die entsprechende Belehrungspflicht obliegt sowohl dem Richter (§ 136 Abs. 1 S. 3) als auch der Staatsanwaltschaft (§ 163a Abs. 3 S. 2 i.V.m § 136 Abs. 1 S. 3) und der Polizei (§ 163a Abs. 4 S. 2 i.V.m. § 136 Abs. 1 S. 3). In diesem Stadium des Verfahrens wird sich ein Beweisbegehren in der Regel an die Staatsanwaltschaft als "Herrin des Ermittlungsverfahrens" richten[422]. Besondere Formvorschriften müssen dabei nicht eingehalten werden, zumal eine Unterscheidung zwischen Beweisanträgen und -anregungen nicht stattfindet[423].

In der Praxis kommt dem Beweisantragsrecht gemäß § 163a Abs. 2 jedoch nur geringe praktische Relevanz zu[424]. Das liegt nicht zuletzt daran, daß eine Verpflichtung zur Erhebung von Beweisen nur besteht, wenn sie von Bedeutung sind. Wichtige, den Beschuldigten entlastende Umstände muß die Staatsanwaltschaft, die im Rahmen des Aufklärungsgrundsatzes nach pflichtgemäßem Ermessen (§ 160 Abs. 1) über die Erheblichkeit eines Beweisantrages entscheidet[425], aber bereits ohnehin gemäß § 160 Abs. 2 ermitteln. Eine über diese Ermessensentscheidung hinausreichende und die Rechte des Angeklagten erweiternde Regelung enthält § 163a Abs. 2 somit im Ergebnis nicht.

Erschwerend zu der als schwach zu bewertenden Ausprägung des Beweiserhebungsanspruchs tritt die fehlende richterliche Kontrolle bei der Ablehnung eines Antrags hinzu[426]. Das Gesetz sieht insoweit keine Rechtsbehelfe gegen eine ablehnende Entscheidung der Staatsanwaltschaft, die auch revisionsrechtlich nicht gerügt werden kann[427], vor. Eine fehlerhafte Ablehnung des Antrags bleibt selbst dann ohne Konsequenzen, wenn nachträglich ein Beweisverlust eintritt[428]. Schließlich erachtet man im Falle der Antragsablehnung eine formlose Unterrichtung des Beschuldigten – ohne Gründe – für ausreichend[429].

421 Alsberg/Nüse/Meyer S.336; Krekeler S.38

422 Beweisanträgen nach § 166 I, die von geringer praktischer Relevanz sind (vgl. Eisenberg Rnr.559), darf der Ermittlungsrichter nur im Rahmen einer „Notbeweisaufnahme" unter engen Voraussetzungen stattgeben, ist bei deren Vorliegen allerdings auch dazu verpflichtet (vgl. Krekeler S.35). Bei einer richterlichen Augenscheinsnahme kann der Beschuldigte gemäß § 168d Abs. 2 die Ladung eines Sachverständigen beantragen, im Falle der Ablehnung ihn notfalls auch selbst laden (vgl. zur geringen Bedeutung L/R-Rieß § 168d Rnr.2)

423 Perron S.167

424 Schatz S. 207; Krekeler S.39; Alsberg/Nüse/Meyer S.336

425 Quedenfeld FG-Peters S.215,218; Kl/M-G § 163a Rnr.15

426 L/R-Rieß § 163a Rnr.116; Quedenfeld FG-Peters S.215,218; Nelles StV 1986,74,79

427 Perron S.168

428 Krekeler S.57

429 Krekeler S.43; Schatz S. 207 f

Zu der mangelnden Effektivität des Beweisantragsrechtes können praktische Schwierigkeiten hinzutreten, überhaupt einen Beweisantrag zu stellen. Das Ermittlungsverfahren wird zunächst häufig ohne das Wissen des Beschuldigten durchgeführt, um zu vermeiden, daß Beweismittel vernichtet und Zeugen manipuliert werden. Ein Pflichtverteidiger (§ 418 Abs. 4) als Beistand, dem das Recht auf Akteneinsicht zusteht, wird regelmäßig erst nach der gerichtlichen Entscheidung über den Antrag gemäß § 417 bestellt werden, da erst zu diesem Zeitpunkt die Durchführung des b.V. feststeht und sich der Fall der notwendigen Verteidigung aktualisiert[430]. Steht dem Beschuldigten im Ermittlungsverfahren gleichwohl einmal ein Verteidiger zur Seite, wird diesem die volle Akteneinsicht unter Umständen erst nach dem Abschluß der Ermittlungen gewährt werden (vgl. § 147 Abs. 2), d.h. viele Beweisanträge könnten erst zu einem Zeitpunkt gestellt werden, in dem der Staatsanwalt das Ermittlungsverfahren für abgeschlossen erachtet[431].

Berücksichtigt man zudem, daß in Fällen der kleineren und mittleren Kriminalität, also dem typischen Anwendungsgebiet des b.V. aus wirtschaftlichen Gesichtspunkten ohnehin von Seiten der Ermittlungsbehörden mit geringerer Intensität ermittelt wird[432] und die Staatsanwaltschaft in scheinbar eindeutigen Fällen, in denen die Beantragung des b.V. frühzeitig erwogen wird, versucht sein könnte, von einer vollständigen Durchermittlung des Sachverhaltes abzusehen[433], lassen sich nicht zuletzt aufgrund der schwachen Position des Beschuldigten im Einzelfall Aufklärungsdefizite nicht vermeiden.

Stellt die Staatsanwaltschaft am Ende des Ermittlungsverfahrens den Antrag auf Entscheidung im b.V., findet ein formelles Zwischenverfahren, in dem dem Angeschuldigten vom Vorsitzenden des Gerichts u.a. eine Frist gesetzt wird, innerhalb derer er die Vornahme einzelner Beweiserhebungen beantragen kann (§ 201 Abs. 1), nicht statt. Das Gericht muß vielmehr auf der Grundlage der ihm vorgelegten Akten die Durchführung des b.V. bejahen können. Dabei ist die Anwendung der §§ 201, 202 ausgeschlossen[434].

Dem Angeschuldigten verbleibt somit keine Möglichkeit, vor der Entscheidung über die Durchführung der Hauptverhandlung im b.V. einen Beweisantrag an das Gericht zu stellen. Unter diesen Umständen wiegt seine schwache Position aus dem Ermittlungsverfahren doppelt schwer. Denn insgesamt gesehen bietet

430 Vgl. Tiemer S.107; für den Fall des Ergehens eines Haftbefehls gemäß § 127b Abs. 2 soll die notwendige Bestellung bereits bei der Verkündung des Hatbefehls erfolgen

431 Perron S.143; Quedenfeld FG-Peters S.215,219

432 Kühne Rnr.129 f; Roxin § 52 Rnr.4

433 Vgl. Loos/Radtke NStZ 1996,7,11 Fn.127; Bürgle S.145

434 Vgl. dazu 7.Kap A I

das Beweisantragsrecht dem Beschuldigten damit bis zum Beginn des Hauptverfahrens keine wirklichen Befugnisse zur Einflußnahme.

Entscheidet sich das Gericht für die Verhandlung im b.V. und entspricht damit dem Antrag der Staatsanwaltschaft gemäß § 417, hat der Angeklagte über die Vorschrift des § 219 grundsätzlich das Recht, Beweisanträge zur Vorbereitung der Hauptverhandlung zu stellen. Über diesen Antrag entscheidet allein der Vorsitzende des Gerichtes. Erhebt er den beantragten Beweis nicht, ist er verpflichtet, die Gründe für die ablehnende Entscheidung darzulegen (§ 34) und dem Angeklagten bekanntzumachen (§ 219 Abs. 1 S. 2)[435]. Den Maßstab für die Beweiserhebung entnimmt das Gericht dem Beweisantragsrecht der Hauptverhandlung[436]. Damit gilt für einen Beweisantrag nach § 219 in einem b.V. vor dem Strafrichter gemäß § 420 Abs. 4 der im Vergleich zum Normalverfahren beschränkte Umfang des § 244 Abs. 2. Eine Beschwerde gegen die richterliche Verfügung ist nach § 305 S. 1 unzulässig und eine Revision kann auf die Verletzung des § 219 in der Regel nicht gestützt werden[437].

Trotz der mit der fehlenden richterlichen Kontrolle verbundenen Schwächen des § 219 wird für das Regelverfahren darauf hingewiesen, daß das Gericht als Adressat der Beweisanträge gerne frühzeitig von Beweisbegehren des Angeklagten erfährt und ihnen gerade in diesem Verfahrensabschnitt häufig nachkommt, selbst wenn die Entscheidungserheblichkeit für das Gericht nicht erkennbar ist. Das geschieht, um frühzeitig um das Ergebnis solcher Beweisaufnahme zu wissen und nicht in denkbare Schwierigkeiten mit der Frist des § 229 zu kommen[438].

Für das b.V. entfaltet dieser Hinweis jedoch keine Gültigkeit. Zunächst ist der vom Gesetzgeber vorgesehene Zeitraum für die Vorbereitung der Hauptverhandlung knapp bemessen. Die Hauptverhandlung soll sofort oder so schnell wie möglich – spätestens innerhalb von zwei Wochen – stattfinden[439], d.h. dem Angeklagten, dem regelmäßig erst jetzt ein unter Umständen erforderlicher Pflichtverteidiger beigeordnet wird, verbleibt oft nur eine kurze Zeitspanne zur Wahrnehmung seines Antragsrechtes[440].

Wichtiger noch ist, daß der Beweiserhebungsanspruch gemäß § 219 in dieser Phase des Normalverfahrens nur aufgrund der Ausstrahlung des weitgehenden

435 Alsberg/Nüse/Meyer S.357 f; Perron S.176

436 L/R-Gollwitzer § 219 Rnr.17; für das Normalverfahren grundsätzlich auf die Geltung des § 244 Abs. 3 – 5 als dem insoweit gültigen Maßstab verweisen Alsberg/Nüse/Meyer S.356

437 L/R-Gollwitzer § 219 Rnr.33,35; Kl/M-G § 219 Rnr.6 f; Krekeler S.51f

438 Perron S.177

439 BT/Ds 12/6853 S.36; AK/StPO-Loos § 418 Rnr.9

440 Vgl. Schatz S.208

Beweisantragsrechtes der Hauptverhandlung, dessen Effektivität seinerseits auf einer intensiven Revisionskontrolle beruht, von vergleichsweise großer Wirkung ist. Dem Beweisantrag des Beschuldigten wird regelmäßig bereits in diesem Stadium des Verfahrens stattgegeben, weil das Gericht einem entsprechenden Antrag in der Hauptverhandlung, falls nicht einer der Ablehnungsgründe der § 244 Abs. 3 ff vorliegt, ohnehin – nunmehr allerdings um den Preis oder zumindest der Gefahr einer Verzögerung des Verfahrens – stattgeben müßte. Für das b.V. bedeutet das, daß die Abschwächung des Beweisantragsrechtes der Hauptverhandlung auf das Recht nach § 219 durchschlagen wird. Ein Beweis, der sich nicht aufdrängt oder naheliegt, muß weder vor noch in der Hauptverhandlung erhoben werden. Damit beinhaltet auch § 219 kein effektives Beweisantragsrecht.

Da die beschriebenen Defizite durch das Beweisantragsrecht der Hauptverhandlung nicht ausgeglichen werden können, bleibt es dem Angeklagten während des gesamten b.V. verwehrt, einen Beweis notfalls auch gegen den Willen des Gerichtes zu erheben, wenn er nach richterlicher Erfahrung nichts einbringen wird.

Im Ergebnis läßt sich festhalten, daß die Entwicklung des Beweisantragsrechtes im b.V. zwar grundsätzlich parallel zum Normalverfahren verläuft. Vom Beginn des Ermittlungsverfahrens bis zur Hauptverhandlung erfährt das Recht, Beweisanträge zu stellen, eine zunehmend stärkere Ausprägung[441]. Im b.V. bleibt aber die Intensität des Beweisantragsrechts, wenn es nicht in einzelnen Verfahrensabschnitten ganz entfällt, auf jeder Verfahrensstufe aus rechtlichen oder jedenfalls tatsächlichen Gründen hinter der des Normalverfahrens zurück.

bb. Sonstige Mitwirkungsrechte

Im Ermittlungsverfahren kommt dem Beschuldigten generell eine schwache Verfahrensposition zu. Weder ihm noch seinem Verteidiger steht ein Anwesenheits- oder gar ein Fragerecht bei der staatsanwaltschaftlichen/gerichtlichen Vernehmung eines Zeugen zu[442]. Daran ändert sich auch nichts, wenn es der Beschuldigte war, der einen entsprechenden Beweisantrag gestellt hat, dem die Staatsanwaltschaft im Rahmen von § 163a Abs. 2 nachgegangen ist. Für den Beschuldigten entfällt damit nicht nur die Möglichkeit, durch seine Präsenz bei der Vernehmung eine gewisse Kontrollfunktion auszuüben, sondern er ist zudem tatenlos

---

441 Quedenfeld FG-Peters S.215,229; Krekeler S.56

442 Abgesehen von dem jedenfalls im b.V. eher selten in Betracht kommenden Anwesenheitsrecht in §§ 168c Abs. 2, 168d Abs. 1; vgl. Perron S.143

darauf angewiesen, daß die Staatsanwaltschaft die aus seiner Sicht erheblichen Aspekte herausarbeitet[443]. Wirkliche Einflußmöglichkeiten verbleiben ihm nicht.

In der Hauptverhandlung kann der Angeklagten zwar aktiv auf das Verfahren Einfluß nehmen, indem er sich zu jeder Beweiserhebung erklären (§ 257) und das letzte Wort ergreifen (§ 258) darf. Von einem weiteren entscheidenden Verfahrensrecht wird er allerdings in vielen Fällen keinen Gebrauch machen können. Die gegenüber dem Normalverfahren erweiterten Ausnahmen vom Unmittelbarkeitsgrundsatz in § 420 Abs. 1 - 3 schränken nämlich nicht nur ein der Wahrheitsermittlung dienendes und somit auch im Interesse des Angeklagten bestehendes Prinzip ein, sondern sie entwerten darüber hinaus gleichzeitig das in § 240 Abs. 2 enthaltene Fragerecht des Angeklagten. Insbesondere die für den gerichtlich unerfahrenen, unverteidigten Angeklagten wichtige Möglichkeit, durch gezielte Fragen an den Zeugen auf das Prozeßgeschehen Einfluß zu nehmen, beispielsweise um die Glaubwürdigkeit des Zeugen oder die seiner Aussage näher zu beleuchten, entfällt, wenn in einem immer größeren Umfang Zeugenaussagen mittelbar in die Hauptverhandlung eingeführt werden[444]. Natürlich ginge eine Belehrung des Angeklagten – das Verlesene werde Grundlage der Urteilsfindung sein – seiner Zustimmungserteilung voraus. Diese dürfte allerdings dem Angeklagten häufig genug nicht vermitteln, worin die Alternative zur Verlesung besteht und welche Vorteile mit ihr verbunden sein können, zumal wenn man die typische Klientel des b.V. (Ausländer, Drogenabhängige) mitberücksichtigt[445].

Im Ergebnis verbleiben wenigstens dem unverteidigten Angeklagten weder vor noch während der Hauptverhandlung Mitwirkungsrechte von entscheidendem Gewicht, die eine Beschränkung des Beweisantragsrechts innerhalb des von § 244 Abs. 2 gesetzten Rahmens kompensieren könnten.

cc. Erhebung der Aufklärungsrüge

Die Beschränkung des Beweiserhebungsanspruchs auf den von der Aufklärungspflicht vorgegebenen Rahmen macht sich nicht nur in der erstinstanzlichen Hauptverhandlung nachteilig bemerkbar[446], sondern beeinflußt auch die Kon-

443 Quedenfeld FG-Peters S.215,219

444 Loos/Radtke NStZ 1996,7,11 f; Loos/Radtke NStZ 1995,569,571 äußern die Vermutung, die Anwendung von § 420 Abs. 3 werde bei unverteidigten Angeklagten eine größere Rolle spielen als bei verteidigten.

445 Loos/Radtke NStZ 1996,7,12 mit Nachweisen in Fn.129

446 Dabei ist eine gewisse Abschwächung der Aufklärungspflicht im b.V. – strukturell durch den Wegfall des Zwischenverfahrens und faktisch durch eine geringere Ermittlungsintensität in Fällen der mittleren – und Kleinkriminalität – ohnehin zu konstatieren.

trolle dieses Urteils durch das Rechtsmittel der Revision, auf das der Angeklagte im Geltungsbereich des § 313 Abs. 2 bei Verwerfung der Berufung als unzulässig angewiesen sein kann. Wird im Normalverfahren aus einem der in § 244 Abs. 3 ff kodifizierten Gründe ein Beweisantrag abgelehnt, so ist es zur Begründung der Verfahrensrüge gemäß § 344 ausreichend, den entsprechenden Antrag und den daraufhin ergangenen Ablehnungsbeschluß mitzuteilen. Dagegen muß im b.V. bei der auf einen Verstoß gegen § 244 Abs. 2 gegründeten Aufklärungsrüge im einzelnen dargetan werden, welches Beweismittel das Gericht außer acht gelassen hat, warum sich dem Gericht die Verwertung des nicht berücksichtigten Beweismittels hätte aufdrängen müssen und, daß das Urteil auf der Gesetzesverletzung beruht[447]. Die Abschaffung des formellen Beweisantragsrechtes im b.V. führt also zu wesentlich erschwerten Begründungsanforderungen an die Verfahrensrüge, zumal wenn man bedenkt, daß es einen Bereich gibt, innerhalb dessen die Antwort auf die Frage, ob die Erhebung eines Beweises naheliegt, durchaus unterschiedlich ausfallen kann[448]. Die typische Klientel des b.V. (Ausländer, Drogenabhängige etc.) wird ohne Verteidiger mit dieser Aufgabe regelmäßig überfordert sein[449].

Die Regelung des § 420 Abs. 4 mindert also nicht nur den erstinstanzlichen Beweiserhebungsanspruch des Angeklagten, sondern erschwert darüber hinaus die gerichtliche Kontrolle des verbliebenen Anspruchsumfangs.

dd. Zusammenfassung

Die Verfahrensrechte des Beschuldigten werden im b.V. auf erhebliche Weise beschnitten. Das Beweisantragsrecht bleibt in allen Verfahrensabschnitten hinter dem des Normalverfahrens rechtlich oder zumindest faktisch zurück. Die gerichtliche Überprüfung des verbliebenen, von § 244 Abs. 2 bestimmten Beweiserhebungsanspruchs wird infolge der hohen Anforderungen, die an eine wirksame Aufklärungsrüge gestellt werden, erschwert. Da insbesondere auch das sich aus § 240 Abs. 2 ergebende Fragerecht durch den Regelungszusammenhang des § 420 Abs. 1 - 3 abgeschwächt wird, verbleiben dem Beschuldigten in erster Instanz keine Mitwirkungsrechte von entscheidendem Gewicht, die eine Beschränkung des Beweisantragsrechtes und seine Auswirkungen kompensieren könnten.

---

447 Ranft Rnr.2127

448 SK/StPO-Paeffgen § 420 Rnr.20; Leisner S.131 Fn.325

449 Loos/Radtke NStZ 1996,7,12

b. *Legitimations- und Befriedigungsfunktion*

Die Mitwirkung des Beschuldigten am Beweisverfahren erscheint unter einem anderen Blickwinkel ebenfalls von Bedeutung. Die staatliche Aufklärungspflicht gemäß § 244 Abs. 2 kann die Ermittlung der Wahrheit nicht garantieren und die Gefahr einer Fehlverurteilung somit nicht ausschließen. Von dieser Erkenntnis aus kann man weder den zu unrecht Verurteilten darauf verweisen, daß er im Interesse einer funktionstüchtigen Strafrechtspflege die Sanktion auf sich nehmen muß, noch von der Verhängung von Strafen völlig absehen. Statt dessen ist an der Möglichkeit staatlichen Strafens festzuhalten, wobei dem Beschuldigten zum Ausgleich dafür verfahrensrechtliche Befugnisse einzuräumen sind, mit denen er auf das Beweisverfahren entscheidend Einfluß nehmen kann, weil sie auch im Konfliktfall gegenüber dem Richter und der Staatsanwaltschaft durchsetzbar sind. Die Mitwirkungsrechte minimieren einerseits das Fehlverurteilungsrisiko, da der Beschuldigte – auch der unschuldige – im Gegensatz zum Staatsanwalt und dem Richter nicht selten das tatsächliche Geschehen aus eigener Anschauung kennt[450] oder auf nur ihm bekannte Aspekte (z.B. Aufenthaltsort zur Tatzeit) hinweisen kann, die seiner Entlastung dienen. Andererseits überwälzen sie auf den Beschuldigten einen Teil der Verantwortung für die Richtigkeit des Urteils[451]. Sollte sich nämlich trotz dieser Vorkehrungen das verbleibende Risiko einer Fehlverurteilung realisieren, trüge die Ausgestaltung des Verfahrens mit dem starken Beweisantragsrecht zur Legitimierung des gefundenen Ergebnisses bei[452]. Schatz spricht in diesem Zusammenhang zutreffend von prozeduraler Gerechtigkeit[453]: Der Beschuldigten hat die Gelegenheit, „in eigener Verantwortung eine abweichende Sachverhaltshypothese vorzutragen“. Für den Fall einer Fehlverurteilung müßte er sich entgegenhalten lassen, daß er seinen Anteil an der fehlerhaften Entscheidung des Gerichts trägt, da er eine faire Chance hatte, das Ergebnis in seinem Sinne zu beeinflussen[454].

c. *Keine Beeinträchtigung der Funktionsfähigkeit der Rechtspflege*

Nachdem das Erfordernis eines uneingeschränkten Beweisantragsrechtes in einem beschleunigten Strafverfahren in den vorangegangenen Abschnitten dargelegt und im Grundsatz bejaht wurde, stellt sich nunmehr die Frage, ob ein ent-

450 Leisner S.128
451 Vgl. Perron S.72 f
452 Beulke S.64 ff; Bottke S.33
453 Schatz S.244
454 Perron S.52; vgl. auch Luhmann S.87,114,123

sprechendes Recht des Angeklagten die Funktionsfähigkeit der Rechtspflege unverhältnismäßig beeinträchtigen würde.

Es läßt sich nicht in Abrede stellen, daß konfliktbereite Verteidiger Beweisanträge bisweilen unter Ausnutzung der enggefaßten Ablehnungsgründe des § 244 Abs. 3 ff – wohl auch vor dem Amtsgericht – zu Zwecken der Verfahrenssabotage mißbrauchen. Untersuchungen zu diesem Thema[455] zeigen aber, daß in ca. 85-90 % aller strafgerichtlichen Hauptverhandlungen ein Antrag auf Erhebung eines Beweises völlig ausbleibt. Soweit sich im übrigen nicht ein rechtmäßiger Gebrauch, sondern ein Mißbrauch des Verfahrensrechtes konstatieren läßt, dürfte es sich um Einzelfälle handeln, denen überwiegend politisch motivierte Straftaten oder Wirtschaftsstrafsachen zugrunde liegen. Dabei üben die Beschuldigten nach den bisherigen Erkenntnissen in der Regel Berufe mit allgemein hohem Sozialprestige aus und/oder erzielen ein hohes Einkommen[456]. Weder erfüllt jedoch ein derartig charakterisierter Sachverhalt die Eignungskriterien des § 417 noch entstammen die Angeklagten des b.V. jenem genannten Täterkreis. Die Konfliktverteidigung dürfte demnach unter Berücksichtigung der generellen Häufigkeit ihres Vorkommens, der betroffenen Klientel und der abzuurteilenden Lebenssachverhalte kein Problem des b.V. sein[457].

Darüber hinaus steht nicht zu erwarten, daß von einer Beschränkung des Beweisantragsrechtes eine erwähnenswerte Entlastungswirkung für das jeweils zuständige Gericht ausgehen wird. Werden ohnehin nur in knapp 10 % aller Verfahren Beweisanträge gestellt, dürften diese Zahlen angesichts der in § 417 vorausgesetzten „klaren Beweislage“, die überwiegend in Form eines Geständnisses gegeben sein wird, für das b.V. noch einmal erheblich geringer ausfallen. Der unterdurchschnittliche Gebrauch des Antragsrechts rechtfertigt allerdings keinesfalls den Umkehrschluß, daß eine Schmälerung des Beweiserhebungsanspruchs nicht ins Gewicht fiele. Es muß vielmehr gewährleistet sein, daß der Beschuldigte in den (wenigen) Fällen, in denen er es für erforderlich erachtet, sich effektiv gegen den gegen ihn erhobenen Vorwurf zur Wehr setzen kann.

Das im Normalverfahren und auch zuvor im b.V. alter Prägung geltende formelle Beweisantragsrecht gemäß § 244 Abs. 3 ff bedroht nach den bisher vorliegenden Kenntnissen keineswegs die Funktionsfähigkeit der Rechtspflege.

---

455 Barton S.394+396; Vogtherr S.344 f

456 Vgl. dazu Bürgle S.85 f, 91; Barton S.400

457 Vgl. Schatz S.163

d. Keine Vergleichbarkeit mit § 77 OWiG a.F. und § 384 Abs. 3 StPO

Im Bußgeldverfahren und im Privatklageverfahren fanden bzw. finden sich Vorschriften, die mit dem Wortlaut des § 420 Abs. 4 nahezu völlig identisch sind[458]. Eine Gegenüberstellung mit dem b.V. ließe eventuell Rückschlüsse darüber zu, ob unter dem Gesichtspunkt der Vergleichbarkeit der Verfahren eine Beschränkung des Beweisantragsrechtes naheliegend ist.

Im Bußgeldverfahren geht es um alltägliche und massenhaft vorkommende Verhaltensfehler. Der Gesetzgeber stuft diese Verstöße nicht als Straftat ein, da sie aufgrund des geringen Unrechts- und Schuldgehaltes einen gewissen Verwerflichkeitsgrad nicht erreichen[459]. Zur Ahndung der Ordnungswidrigkeiten ist nicht einmal eine Hauptverhandlung erforderlich und als Sanktion kommt ob des Bagatellcharakters der Tat nur die Verhängung einer Geldbuße – nicht einer Kriminalstrafe, mit der notwendigerweise ein Unwerturteil und damit eine Beeinträchtigung des Ansehens des Betroffenen verbunden ist – in Betracht[460]. Das b.V. ist dagegen ein Strafverfahren. Zwar ist die Rechtsfolgenkompetenz des Gerichtes gemäß § 419 Abs. 1 S. 2 beschränkt. Sie eröffnet gleichwohl die Möglichkeit, eine Freiheitsstrafe von bis zu einem Jahr ohne Bewährung zu verhängen. Die im b.V. zu entscheidenden Fälle entstammen also teilweise sogar dem Bereich mittlerer Kriminalität. Daß auf die Strafe in einem vereinfachten Verfahren erkannt wurde, bedeutet im Ergebnis keinen qualitativen Unterschied zu einer im Normalverfahren verhängten Strafe. Da einer Sanktion als Unrechtsfolge des b.V. im Gegensatz zum Bußgeldverfahren der "Ernst des staatlichen Strafens"[461] anhaftet, lassen sich beide Verfahren letztlich nicht miteinander vergleichen.

Das Privatklageverfahren ist wie das b.V. ein Strafverfahren. Trotzdem besteht ein erheblicher Unterschied zwischen beiden Verfahrenstypen. Die Durchführung des Privatklageverfahrens ist auf bestimmte, in § 374 Abs. 1 abschließend aufgezählte Delikte beschränkt. Dabei handelt es sich um Vergehen, die häufig nur einen geringen Unwertgehalt aufweisen und eine öffentliche Klage nicht in jedem Fall erforderlich machen[462]. Unabdingbar ist die Verfolgung dieser sogenannten Privatklagedelikte durch die Staatsanwaltschaft allerdings bei Bestehen eines öffentlichen Interesses (vgl. § 376). Gemäß Art. 86 RiStBV besteht ein öffentliches Interesse in der Regel, wenn der Rechtsfrieden über den Lebenskreis des Verletzten hinaus gestört und die Strafverfolgung ein gegenwär-

458 Die Abweichung des § 420 Abs. 4 beruht darauf, daß im b.V. vor dem Schöffengericht das Beweisantragsrecht des Normalverfahrens Gültigkeit hat.

459 Mitsch S.10 f; vgl. auch Scheffler NJW 1994,2191,2193

460 Göhler OWiG vor § 1 Rnr.9

461 BVerfGE 27,18,33

462 Ranft Rnr.2433

tiges Anliegen der Allgemeinheit ist. Die im Anschluß in dieser Norm aufgezählten Beispiele dafür, wann das regelmäßig der Fall ist, verlangen alle eine gewisse Bedeutung des Verstoßes, teilweise im Hinblick auf das Gewicht des Unrechts (Ausmaß der Rechtsverletzung, Rohheit oder Gefährlichkeit der Tat), teilweise im Hinblick auf die Motive des Täters für die Handlung (niedrige Beweggründe), teilweise im Hinblick auf die Person des Opfers (Stellung des Verletzten im öffentlichen Leben). Aus der Durchführung des Privatklageverfahrens kann man folglich schließen, daß die fehlende Notwendigkeit einer öffentlichen Klageerhebung auf die verhältnismäßig geringe Bedeutung des Verstoßes im konkreten Einzelfall zurückzuführen ist. Um die in diesem Zusammenhang von den Prozeßbeteiligten unternommenen und nicht selten in keinem Verhältnis zur beschränkten Wichtigkeit der Gesetzesverletzung stehenden Bestrebungen, den Sachverhalt mittels Beweiserhebungen aufzuklären, in Grenzen zu halten, richtet sich der Umfang der Beweisaufnahme gemäß § 384 Abs. 3 nach § 244 Abs. 2[463]. Gegenstand eines b.V. können dagegen alle Straftatbestände sein, die im Falle ihrer Verwirklichung mit einem Strafrahmen von einem Jahr ohne Bewährung auskommen; theoretisch sogar Verbrechen, die eine Mindeststrafe von einem Jahr vorsehen. Wird bezüglich eines der in § 374 Abs. 1 aufgezählten Delikte von der Staatsanwaltschaft die Entscheidung im b.V. beantragt, hat sie zwangsläufig zuvor das öffentliche Interesse an der Strafverfolgung und damit eine gewisse Bedeutung des Verstoßes bejaht. Noch weitergehend muß sie sogar die Durchführung einer Hauptverhandlung für erforderlich halten, da der Erlaß eines Strafbefehls gemäß § 407 als Reaktion offensichtlich nicht mehr in Frage kam. Daß sie dabei die Eignung zur sofortigen Verhandlung aufgrund eines einfachen Sachverhaltes oder einer klaren Beweislage (vgl. § 417) bejaht, hat mit einer geringeren Bedeutung des Falles, wie man bereits der weit gefaßten Strafrahmenkompetenz in § 419 Abs. 1 S. 2 entnehmen kann, nichts zu tun.

Einer Einschränkung des Beweisantragsrechtes kann demnach nicht unter Hinweis auf die Vergleichbarkeit von Privatklageverfahren und b.V. das Wort geredet werden[464].

e. *Zusammenfassung*

Bereits zur alten Rechtslage ließen sich mindestens zwei Varianten des b.V. unterscheiden, die entsprechend ihrer Abweichungen zum Normalverfahren unterschiedlich beurteilt wurden: B.V. mit mündlicher Klageerhebung und sofortige Durchfürhrung des b.V. Die Neufassung des b.V. in den §§ 417 ff hat weitere

463 Woesner NJW 1959,704,706; Alsberg/Nüse/Meyer S.833 f
464 Schatz S.162

unterschiedliche Typen des b.V. mit einer Vielzahl von Untertypen mit sich gebracht. Ein einheitliches Urteil über das b.V. läßt sich jedenfalls jetzt nicht mehr fällen. Bei der Beantwortung der Frage, ob das formelle Beweisantragsrecht in den Grenzen von § 244 Abs. 3 ff erforderlich ist, ist aber das vom Gesetzgeber verfolgte Ziel, die Strafe der Tat möglichst auf dem Fuße folgen zu lassen, zu berücksichtigen. Ein möglichst zügiger Abschluß des Verfahrens veranlaßt den Richter, die im Einzelfall anwendbaren Beschleunigungsinstrumente auszuschöpfen. Somit muß sich der Entwurf an dem Ausmaß verfahrensrechtlicher Vereinfachungen messen lassen, die denkbar sind. In einem solchen Fall verbleiben dem unverteidigten, die Tat leugnenden Angeklagten keine entscheidenden Befugnisse mehr, um auf die erstinstanzliche Urteilsfindung Einfluß zu nehmen. Dabei wird nicht verkannt, daß die Amtsaufklärungspflicht einen zweifellos hohen Standard für die Wahrheitserforschung bietet. Je zurückhaltender allerdings die Ermittlungen, auf deren Grundlage die Einschätzung des Sachverhalts durch die Staatsanwälte und Richter vorgenommen wird, in vermeintlich oder wirklich einfach gelagerten Fällen geführt werden, desto eher muß es dem Angeklagten gestattet sein, notfalls auch gegen die vom Gericht angenommenen Erfahrungssätze und Wahrscheinlichkeiten, einen Beweis erheben zu lassen.

Mit den übrigen Strafverfahren teilt das b.V. die grundsätzlich schwach ausgestaltete Rechtsposition des Angeklagten im Ermittlungsverfahren. Hinzu kommt in Fällen der kleineren und mittleren Kriminalität – dem Anwendungsbereich des b.V. – eine faktisch beschränkte Ermittlungstätigkeit der Strafverfolgungsbehörden. Für das b.V. werden die Befugnisse des Angeklagten nun ausgerechnet im unter Umständen kurzfristig stattfindenden Hauptverfahren, dem Abschnitt des Regelverfahrens, in dem seine Rechtsposition am stärksten ausgebildet ist, erheblich geschmälert. Es entfällt das formelle Zwischenverfahren und die Ausnahmen von der Einhaltung des Unmittelbarkeitsgrundsatzes erfahren eine Erweiterung, ohne daß das insoweit bestehende Zustimmungserfordernis eine hinreichende Kompensation böte. Die Beschränkung des Beweisantragsrechtes, die weder aus einer Parallele zum Privatklage- bzw. Bußgeldverfahren herzuleiten noch zur Aufrechterhaltung der Funktionstüchtigkeit der Rechtspflege erforderlich ist, erschwert zudem die revisionsrechtliche Kontrolle des verbliebenen Beweiserhebungsanspruchs. Berücksichtigt man daher die Ausgestaltung des Verfahrens nur bis zum Abschluß der ersten Instanz, so erscheint die einseitige Beschneidung der Rechte des Angeklagten in einem Strafprozeß, in dem eine der Schuld des Täters entsprechende Strafe verhängt werden soll, als nicht angemessen. Die beschriebene Verfahrensstruktur des b.V macht somit ein Beweisantragsrecht in den Grenzen von § 244 Abs. 3 ff in diesem Strafverfahren unverzichtbar. Mit dieser Feststellung ist allerdings noch keine Aussage darüber getroffen, in welchem Umfang bzw. in welchen Verfahrensabschnitten das formelle

Beweisantragsrecht Geltung erlangen muß und ob die gesetzlich getroffene Regelung in § 420 Abs. 4, die ausweislich des eindeutigen Wortlautes in der Berufungsinstanz keine Anwendung findet[465], verfassungsrechtlich zulässig ist oder nicht.

3. *Umfang der Geltung des uneingeschränkten Beweisantragsrechtes*

Zu dem Problemkreis, in welchem Umfang das uneingeschränkte Beweisantragsrecht für unverzichtbar erachtet wird, werden unterschiedliche Positionen vertreten. Daher soll zunächst ein Überblick über den Meinungsstand vermittelt werden, bevor der eigene Standpunkt im einzelnen dargelegt wird.

a. *Meinungsstand*

Es wird die Ansicht vertreten, eine Begrenzung des Beweiserhebungsanspruches im b.V. auf den von der Amtsaufklärungspflicht gezogenen Rahmen sei generell unzulässig. Es bedürfe vielmehr auch im b.V. vor dem Strafrichter des formellen Beweisantragsrechtes. Begründet wird das zum Teil mit der Sorge vor einem sog. „Dammbruch"-Effekt. Man befürchtet, die Beschränkung des Beweisantragsrechtes im b.V. – und über den Verweis in § 411 Abs. 2 S. 2 auch im Strafbefehlsverfahren – könnte nur der Auftakt für die Ausdehnung der Regelung auch auf andere Arten des Strafverfahrens sein, dem es entgegenzuwirken gelte[466]. Vor allem aber wird auf die Gefahren, die von der Regelung des § 420 Abs. 4 für die Rechtstaatlichkeit des Verfahrens ausgingen, hingewiesen. Die Zulässigkeit der vorweggenommenen Beweiswürdigung liefe dem Ziel des Strafprozesses, die Wahrheit zu ermitteln, entgegen und entwerte den Beweisantrag als das wichtigste Verteidigungsmittel des Beschuldigten[467].

Nach Meyer-Goßner ist eine Beschränkung des Beweisantragsrechtes vor dem Amtsgericht grundsätzlich hinnehmbar, wenn eine Berufungsverhandlung ohne jede Vorbedingung und allen rechtsstaatlichen Garantien folgt[468]. Im b.V. sei die Regelung des § 420 Abs. 4 daher in jenen Fällen bedenklich und unzureichend, in denen die Durchführung der Berufung in Bagatellverfahren – Verurteilung zu einer Geldstrafe von bis zu 15 Tagessätzen – gemäß § 313 Abs. 1 von einer Annahme durch das Berufungsgericht abhängig gemacht werde.

---

465 § 420 Abs. 4 findet im übrigen auch in erstinstanzlichen Verfahren vor dem Schöffengericht keine Anwendung.

466 Scheffler NJW 1994,2191,2193 f; Wächtler StV 1994,159,160; Schatz S.164

467 Neumann StV 1994,273,276; Dahs NJW 1995,553,556 f; Wächtler StV 1994,159,160; Bürgle S.147

468 Kl/M-G vor § 417 Rnr.6

Das OLG Frankfurt ist der Auffassung, daß eine Einschränkung des Beweisantragsrechtes vor dem Strafrichter hinzunehmen sei, selbst wenn eine nachfolgende Berufung der Annahme gemäß § 313 Abs. 1 bedürfe[469]. Zur Begründung wird auf den vergleichsweise hohen Standard der im b.V. gemäß § 244 Abs. 2 geltenden Amtsaufklärungspflicht und die geringe Bedeutung der von der Annahmeberufung betroffenen Strafsachen verwiesen. Zudem setze ein effektiver Rechtsschutz nicht zwingend zwei gerichtliche Instanzen voraus.

Von Perron wird die Ansicht vertreten, durch die Normierung der Eignungskriterien in § 417 und die ergänzende Vorschrift des § 419 Abs. 2 und Abs. 3, nach der eine Entscheidung im b.V. bei nachträglich festgestellter Nichteignung bis zur Verkündung des Urteils noch abgelehnt werden kann, würden Fälle mit nur ansatzweise kritischer Beweislage dem b.V. nicht zugeführt werden. Die Abschaffung des formellen Beweisantragsrechtes beschränke die Beschuldigtenrechte daher in zulässiger Weise, zumal die Regelung des § 420 Abs. 4 in der Berufungsinstanz nicht gelte[470].

b. *Würdigung*

Bei der Beurteilung der Frage, ob die im b.V. geregelte Einschränkung des Beweisaufnahmerechtes zulässig ist, ist auf das gesamte Strafverfahren als solches abzustellen und nicht nur auf eine bestimmte Teilregelung, die möglicherweise nur einen ganz konkreten Verfahrensabschnitt betrifft. Der Gesetzgeber hat nämlich bei der Ausgestaltung des Rechtsweges und der Verfahrensrechte einen gewissen Spielraum[471]. Er kann die konkrete Verfahrensstruktur durchaus in den Dienst bestimmter, von ihm verfolgter Ziele, z.B. der Verfahrensökonomie und der Funktionstüchtigkeit der Rechtspflege, stellen, solange nur insgesamt der Strafprozeß als fair und rechtsstaatlich bezeichnet werden kann. Das gilt auch für das b.V., das mit Ausnahme der Verfahren vor dem Schöffengericht erstinstanzlich nur einen Beweiserhebungsanspruch im Rahmen des § 244 Abs. 2 vorsieht. Dahinter steht die Absicht, aufgrund verminderter Verfahrensrechte zügig zu einem ersten Urteil zu gelangen und dabei möglichst viele unproblematische Fälle abzuschöpfen. Für die wenigen – so die Hoffnung des Gesetzgebers – problematischen Fälle gilt im Berufungsverfahren dann der unmißverständlichen Regelung des § 420 Abs. 4 zufolge das Beweisantragsrecht des Normalverfahrens in vollem Umfang, d.h. das Gericht ist dort an die strengen Ablehnungsgründe des

---

469 OLG Frankfurt NStZ-RR 1997,273
470 Perron S.275
471 Pieroth/Schlink Rnr.1077

§ 244 Abs. 3, 4 gebunden[472]. Darüber hinaus ist nach der hier vertretenen Auffassung auch eine Anwendung der übrigen speziellen Verfahrensvereinfachungen des b.V., namentlich die der § 420 Abs. 1 - 3, in der Berufungsinstanz ausgeschlossen, da das b.V. mit der Verkündung des Urteils erster Instanz endet und mit der Einlegung von Rechtsmitteln insgesamt in das Normalverfahren übergeht[473], d.h. es findet eine Berufungsverhandlung statt, die den Regelungen des Normalverfahrens mit all seinen rechtsstaatlichen Garantien verpflichtet ist. Dem Angeklagten steht also grundsätzlich über das Rechtsmittel der Berufung die Möglichkeit offen, eine Verfahrensposition zu erlangen, die seiner Subjektstellung auch in diesem besonderen Strafverfahren gerecht wird und ihm eine entscheidende Einflußnahme auf die Urteilsfindung gestattet. Insofern kann der Ansicht, die sich pauschal gegen eine Beschränkung des Beweisrechtes wendet[474], nicht beigepflichtet werden.

Eine wichtige Einschränkung erfahren die vorstehenden Ausführungen allerdings, sofern die Durchführung der Berufungsverhandlung gemäß §§ 313, 322a von einer Annahme durch das Berufungsgericht abhängig ist, weil im erstinstanzlichen b.V. eine Geldstrafe von nicht mehr als fünfzehn Tagessätzen verhängt wurde. Im Falle eines ablehnenden Beschlusses seitens des Berufungsgerichtes verbliebe es dann bei dem bereits ausführlich dargelegtem Befund, daß im b.V. die Mitwirkungsbefugnisse des Angeklagten auf unannehmbare Weise verkürzt werden, wenn nicht wenigstens einmal im Verlauf des gesamten Strafverfahrens das uneingeschränkte Beweisantragsrecht des Normalverfahrens Gültigkeit hat[475].

Die Beschränkung des Beweisantragsrechtes läßt sich allein mit dem Hinweis auf den von § 244 Abs. 2 vermittelten Standard für die Wahrheitserforschung nicht rechtfertigen. Daß die Amtsaufklärungspflicht alleine – entgegen der Ansicht des OLG Frankfurt – dem Angeklagten im Hinblick auf den gesamten Verlauf des b.V. keine Rechtsposition einräumt, von der aus er sich gegen die erhobenen Vorwürfe hinreichend zur Wehr setzen kann, wurde bereits ausführlich dargelegt. Daran ändert auch die scheinbar geringe Bedeutung der in erster In-

---

472 Ein beschleunigter rechtskräftiger Abschluß des Verfahrens kann mit diesem Modell nur erzielt werden, wenn der Beschuldigte keine Rechtsmittel einlegt – das ist angesichts der Beschneidung seiner Rechtsposition fraglich – oder einlegen kann – das ist nach der in erster Instanz erfolgten Verkürzung der Verfahrensrechte nicht hinnehmbar; vgl. zum vorzugswürdigen Gegenmodell AK/StPO-Loos vor § 417 Rnr.7: vollgültige erstinstanzliche Hauptverhandlung unter Abschaffung der Berufung

473 Vgl. dazu 9.Kap B

474 Vgl. Bürgle S.144 ff; Neumann StV 1994,273,276; Wächtler StV 1994,159,160 f; Dahs NJW 1995,553,556 f; Scheffler NJW 1994,2191,2193 f

475 Vgl. Kl/M-G vor § 417 Rnr.6; SK/StPO-Paeffgen § 420 Rnr.3 und vor § 417 Rnr.8; im Ergebnis ebenso Frister StV 1997,150,156 Fn.64; vgl. auch Bürgle S.145 f

stanz verhängten Strafe nichts. Die Entformalisierung des Strafprozesses, die das neue b.V. im Gegensatz zum früheren b.V. und zum Normalverfahren prägt, geht, anders als beispielsweise bei der Schaffung des § 77 OWiG a.F., nicht mit einer Entkriminalisierung einher[476]. Das Gericht spricht im b.V. auch dann eine Kriminalstrafe und verbunden damit ein sozialethisches Unwerturteil aus, wenn es eine Geldstrafe von nicht mehr als 15 Tagessätzen verhängt. Der Schuldnachweis ist daher in diesen Fällen unerläßlich und darf allgemein gültige Grundsätze und Standards nicht unterschreiten. Die Notwendigkeit, der Argumentation mit der geringen Bedeutung der betroffenen Strafsachen ganz prinzipiell entgegenzutreten, läßt sich nicht zuletzt an der Diskussion über neue Gesetzesvorhaben aufzeigen, die eine Ausweitung der Annahmeberufung auf Verurteilungen zu Geldstrafen von nicht mehr als neunzig Tagessätzen vorsehen[477]. Eine zweite Instanz ist somit keinesfalls aus grundsätzlichen Erwägungen heraus erforderlich[478], sondern weil die konkrete Ausgestaltung der ersten Instanz im b.V. den Anforderungen an die Gewährung effektiven Rechtsschutzes nicht gerecht wird.

Der Argumentation Perrons ist zunächst zuzugeben, daß die Eignungskriterien im allgemeinen und das der „klaren Beweislage" im besonderen ein wesentliches Sicherungsinstrument des b.V. darstellen. Allerdings reicht diese Sicherung allein nicht aus, die Verkürzung des Beweisantragsrechts zu rechtfertigen, da eine Einschätzung der Beweislage durch die Staatsanwaltschaft bzw. das Gericht ihre Grundlage in den bisherigen Ermittlungen bzw. dem Ergebnis der bisherigen Beweisaufnahme hat. Eine nachhaltige Einflußnahme auf die Ermittlungen bzw. die Beweisaufnahme ist dem Angeklagten – wie geschildert – infolge der Ausgestaltung des b.V. aber gerade nicht möglich, auch nicht auf jene Verfahren, die von der Regelung über die Annahmeberufung erfaßt werden, so daß sich die Beweislage als unproblematischer darstellen mag, als sie es in Wirklichkeit ist. Eine gute Auswahl an Eignungskriterien ist nach alledem unerläßlich für die Durchführung eines beschleunigten Strafverfahrens, kann einen Mindestbestand aktiver Verfahrensrechte des Angeklagten aber nicht ersetzen, sondern ihn nur ergänzen.

Um den angesprochenen rechtsstaatlichen Bedenken, die aus dem Zusammenspiel der speziellen Verfahrensnorm des § 420 Abs. 4 und der allgemeinen Vorschrift des § 313 resultieren, zu begegnen, ist daher eine restriktive Auslegung des gesetzlichen Merkmals „offensichtlich unbegründet" in § 313 Abs. 2 geboten[479]. Eine Nichtannahme der Berufung als „offensichtlich unbegründet" muß danach ausscheiden, wenn auch nur die entfernte Möglichkeit eines anderen

476 Vgl. Scheffler NJW 1994,2191,2193

477 Vgl. BT/Ds 13/4541 S.23 f

478 Insoweit zutreffend OLG Frankfurt, vgl OLG Frankfurt NStZ-RR 1997,273

479 Vgl. dazu im einzelnen auch 9.Kap A II 2

Verfahrensergebnisses besteht. Dabei ist das Gericht gehalten, das eingelegte Rechtsmittel der Berufung wohlwollend zu prüfen und im Zweifelsfall eine Kontrolle des Urteils zu ermöglichen. Allein ein derartig strikter Umgang mit der Annahmeberufung eröffnet dem Beschuldigten die Gelegenheit, die Verteidigung aktiv zu gestalten, notfalls das Gericht im Berufungsverfahren zu zwingen, einen aus seiner Sicht erforderlichen Entlastungsbeweis zu erheben. Mit der vorgeschlagenen Auslegung des § 313 werden die rechtlichen Unebenheiten, die sich aus der Beschleunigung des Verfahrens einerseits und der darauf nicht abgestimmten Beschränkung der Rechtsmittel andererseits ergeben, abgemildert und die Bedenken gegen die Einschränkung des Beweisantragsrechtes weitgehend entschärft.

c. Zusammenfassung

Die Beschränkung des Beweisantragsrechtes gemäß § 420 Abs. 4 in erstinstanzlichen Verfahren vor dem Strafrichter auf das von der Aufklärungspflicht gebotene Maß ist unproblematisch zulässig, sofern der Beschuldigte die Möglichkeit hat, bedingungslos eine Berufungsverhandlung herbeizuführen, in der das Gericht an die strengen Ablehnungsgründe des § 244 Abs. 3, 4 gebunden ist. Ist die Durchführung der Berufungsverhandlung gemäß § 313 Abs. 1 von der Annahme durch das Berufungsgericht abhängig, so ist daher eine restriktive Auslegung des gesetzlichen Merkmals der offensichtlichen Unbegründetheit geboten, die eine Überprüfung des Urteils erlaubt, wenn auch nur die entfernte Möglichkeit eines anderen Verfahrensergebnisses besteht.

Da nach der hier vertretenen Ansicht das b.V. mit der Verkündung des Urteils erster Instanz endet und danach mit der Einlegung eines Rechtsmittels ins Normalverfahren übergeht[480], läßt sich abschließend die Feststellung formulieren: Das formelle Beweisantragsrecht ist im b.V. – unter der in Hinblick auf § 313 Abs. 2 dargelegten Prämisse – verzichtbar.

IV. Umfang der Beweisantizipation im beschleunigten Verfahren

Im b.V. vor dem Strafrichter richtet sich der Umfang der Beweisaufnahme allein nach der Amtsaufklärungspflicht des § 244 Abs. 2. Danach ist die Vorwegnahme der Beweiswürdigung in einem begrenzten Maße zulässig[481].

480 Vgl. dazu 9.Kap B I 2
481 Vgl. dazu 4.Kap A I 3

1. Im allgemeinen

Gemäß § 244 Abs. 2 ist eine weitere Beweiserhebung geboten, wenn dem Strafrichter Umstände oder Möglichkeiten bekannt sind, die bei verständiger Würdigung der Sachlage begründete Zweifel an der Richtigkeit der erlangten Überzeugung wecken müssen. Generell[482] oder nur für den Fall der Beschränkung des formellen Beweisantragsrechtes zu verlangen, daß der Richter bei einer ablehnenden Entscheidung selbst die nur entfernte Möglichkeit, der beantragte Beweis könnte seine Sachverhaltsvorstellung ändern, ausschließen muß, bedeutete praktisch die Unterbindung einer jeglichen Beweisantizipation. Eine derartige Formel wäre nicht nur allgemein verfahrensunökonomisch[483], sondern liefe speziell für das b.V. der gesetzgeberischen Intention, dem Gericht einen „größeren Ermessensraum“[484] zu eröffnen, entgegen. Die Einfügung des § 420 Abs. 4 ist nämlich offensichtlich von der Einsicht getragen, daß das Beweisantragsrecht im Regelfall eine weitergehende Beweiserhebungspflicht auslöst als die Aufklärungspflicht (Differenzierungslehre)[485]. § 420 Abs. 4 soll den Umfang der Beweisaufnahme im Vergleich zum Regelverfahren auf das Maß der Aufklärungspflicht zurückführen und für Beweisanträge das Verbot der Beweisantizipation aufheben.

Die „verständige Würdigung der Sachlage“ vollzieht sich praktisch folgendermaßen[486]: Zunächst würdigt der Richter die bisher erhobenen Beweismittel. Voraussetzung ist somit, daß eine Beweisaufnahme überhaupt bis zu diesem Zeitpunkt stattgefunden hat. Als Ergebnis muß für den Richter feststehen, daß der Sachverhalt bereits eindeutig geklärt ist. Dann stellt er prospektive Überlegungen zum Wert und der Bedeutung des zu erhebenden Beweismittels an. Zuletzt wägt er das Gewicht der bisherigen Beweiserhebung gegen das des in Frage stehenden Beweismittels ab. Zu berücksichtigen ist dabei die gesamte Beweislage im konkreten Einzelfall, z.B. die Glaubwürdigkeit der Zeugen, ihr Beobachtungs- und Erinnerungsvermögen, der Verläßlichkeitsgrad der bisherigen Beweisaufnahme[487]. Drängt sich nach der Abwägung die Erhebung des Beweises nicht auf, weil das Beweismittel zur Erforschung der Wahrheit nach der Überzeugung des Gerichtes nicht erforderlich ist und keinerlei vernünftiger Zweifel an der Aussichtslosigkeit besteht, die bisherige Auffassung des Gerichtes zu erschüttern, so

482 Vgl. dazu 4.Kap A I 3
483 Vgl. 4.Kap A I 2 c
484 BT/Ds 12/6853 S.36
485 Vgl. KMR-Fezer § 420 Rnr.8 und 4.Kap A I 2b
486 Vgl. dazu OLG Karlsruhe VerkMitt 1978,7; KG VRS 65 (1980),212; Holz S.57 f; Alsberg/Nüse/Meyer S.843; BT/Ds 10/2652 S.21
487 KG VRS 65 (1980),212

wird das Gericht weder von Amts wegen noch auf ein Beweisverlangen seitens der Beteiligten hin den Beweis erheben[488].

Teilweise wurde für das Bußgeldverfahren der Versuch unternommen, konkrete, häufig wiederkehrende Konstellationen zu beschreiben, in denen die Zulässigkeit einer Beweisantizipation unterstellt werden kann[489]. Solchen Versuchen ist aber zumindest für das beschleunigte Strafverfahren eine Absage zu erteilen. So sind zwar beispielsweise die Zahl der bereits vernommenen Zeugen, die Zugehörigkeit zu einem Erlebniskreis, das Interesse am Ausgang eines Verfahrens Kriterien, die zu beachten sind. Sie machen aber nur einen Teil der Abwägung aus, die sich auf die Beweislage als Ganzes zu beziehen hat. Nur für den Einzelfall lassen sich bestimmte Feinheiten herausarbeiten, die eine Vorwegnahme der Beweiswürdigung rechtfertigen mögen.

Die Beschränkung der Beweisantizipation auf den jeweiligen Einzelfall erweist sich auch aus einer anderen Sicht als Notwendigkeit. Die Lockerung des Antizipationsverbotes soll das Verfahren vereinfachen, indem dem Gericht die Befugnis zugestanden wird, von voraussichtlich nutzlosen Beweiserhebungen abzusehen. Auf den ersten Blick aussichtslose Beweiserhebungen haben in der Praxis nicht selten zur Ermittlung entscheidungsrelevanter Tatsachen geführt[490]. Wenn also die Vorwegnahme der Beweiswürdigung potentiell zu Lasten der Wahrheitserforschung gehen kann, kann sie nur unter engen Voraussetzungen zulässig sein. In einem Strafverfahren, in dem eine Strafe nur verhängt werden darf, wenn die Schuld des Angeklagten feststeht, kann eine Beweisantizipation daher nur ausnahmsweise in Betracht kommen. Ein Beweisantrag, der dem Gericht konkrete Aufklärungsmöglichkeiten aufzeigt, muß immer, zumal im Hinblick auf die Tatsache, daß der Beschuldigte das Gericht zur Erhebung eines Beweises nicht zwingen kann, besonders sorgfältig geprüft werden[491].

2. *Nach der Aussage eines Belastungszeugen*

Eine Voraussetzung für die Zulässigkeit einer Beweisantizipation ist die Tatsache, daß bis zu diesem Zeitpunkt überhaupt eine Beweisaufnahme stattgefunden hat. Nahezu zwangsläufig stellt sich in einem auf Beschleunigung angelegtem Verfahren die Frage, ob der Richter bereits nach der Einvernahme eines Bela-

---

488 Ist es dagegen „nur“ unwahrscheinlich, daß die Überzeugung des Gerichtes erschüttert wird, muß der Beweis erhoben werden, vgl. OLG Hamm VRS 43,54,55; Alsberg/Nüse/Meyer S.843 beide zu § 77 OWiG a.F.

489 Vgl. Holz S.62 ff

490 Göhler DAR 1981,333,339; Ulsenheimer AnwBl 1983,373,377 mit weiteren Nachweisen

491 In diesem Sinne auch AK/StPO-Loos § 420 Rnr.21

stungszeugen so von einer bestimmten Sachverhaltsversion überzeugt sein kann, daß ein Beweisantrag unter Hinweis auf die bereits gefundene Wahrheit abgelehnt werden darf.

a. *Im Bußgeldverfahren gemäß § 77 OWiG a.F.*

Entsprechend einer grundsätzlich restriktiven Haltung zur Zulässigkeit von Beweisantizipationen im Bereich der Aufklärungspflicht vertraten die Obergerichte im Bußgeldverfahren zunächst die Auffassung, daß die Ablehnung eines Beweisantrages unter Vorwegnahme der Beweiswürdigung nach der Vernehmung nur eines einzigen Belastungszeugen kategorisch ausgeschlossen sei[492]. Es bestehe immer die Möglichkeit, daß die aus der Aussage des Belastungszeugen gewonnene Überzeugung des Gerichtes durch die Vernehmung des benannten Entlastungszeugen erschüttert werde[493]. Eine fallbezogene Einzelabwägung, die beispielsweise die Glaubwürdigkeit der Aussage oder den Verwandtschaftsgrad des Entlastungszeugen zum Angeklagten berücksichtigt hätte, wurde nicht vorgenommen.

Mit der Übernahme des Abwägungsprinzips lockerten die Obergerichte ihre Haltung zur Beweisantizipation insgesamt und zu der in Frage stehenden Konstellation im besonderen[494]. Dabei schickten sie jeder Entscheidung die allgemeine Feststellung voraus, daß die Aufklärungspflicht regelmäßig die Vernehmung eines weiteren, zur Entlastung benannten Zeugen gebiete, wenn sich das Beweisergebnis bisher nur auf einen Zeugen stütze[495]. Lediglich ausnahmsweise könne eine Beweisantizipation in Betracht kommen. Voraussetzung dafür sei die Vornahme einer umfassenden, sorgfältigen Abwägung, in der alle Umstände des Einzelfalls (die persönliche und sachliche Zuverlässigkeit des vernommenen und des angebotenen Zeugen, Fassung des Beweisantrags usw.) zu gewichten seien[496]. Dränge sich danach die Beweiserhebung nicht auf, könne der Beweisantrag abgelehnt werden.

Den Ausführungen kann man entnehmen, daß auch im Anschluß an die veränderte Spruchpraxis die Vorwegnahme der Beweiswürdigung nach der Aussage eines Belastungszeugen die Ausnahme bilden sollte und keinesfalls generell für

---

492 KG VRS 39 (1970),434,436; OLG Hamm 41 (1971),56,57

493 OLG Hamm VRS 41 (1971),56,57; OLG Düsseldorf NJW 1970,625; BayOblG VRS 41 (1971),450,452

494 Das Abwägungsprinzip wurde für jede Form der vorweggenommenen Beweiswürdigung, auch nach Vernehmung nur eines Belastungszeugen, herangezogen, vgl. Holz S.55; OLG Karlsruhe GA 1980,70,71

495 OLG KG 65 (1983),212 m.w.Nachweisen

496 Vgl. nur OLG Hamm NStZ 1984,462

zulässig erachtet wurde. In der Praxis wurden diese Vorgaben so umgesetzt, daß nahezu ausschließlich den Aussagen glaubwürdiger Polizisten, die gezielt eingesetzt einfache Verkehrsverstöße beobachtet haben, ein Gewicht beigemessen wurde, das die Vernehmung von Entlastungszeugen dagegen aussichtslos erscheinen ließ[497].

b. *Im beschleunigten Verfahren*

Auf der Grundlage des mehrfach beschriebenen Abwägungsprinzips ist auch im b.V. die Entscheidung über die Zulässigkeit der Beweisantizipation zu treffen. Der Klärung bedürftig erscheint allerdings die Frage, ob im b.V. die Vorwegnahme der Beweiswürdigung bereits nach der Aussage eines Belastungszeugen überhaupt denkbar ist.

Trotz der zuvor beschriebenen, geänderten Spruchpraxis der Obergerichte blieb die Zulässigkeit einer antizipierten Beweiswürdigung nach einer Zeugenaussage im Bußgeldverfahren die Ausnahme und wurde fast ausschließlich auf die immer wiederkehrende, typische Situation, daß ein Polizist direkt zur Überwachung von Verkehrsvorgängen eingesetzt wurde, beschränkt[498].

Im b.V. ist eine vergleichbare Konstellation kaum vorstellbar, selbst wenn man einmal die Zulässigkeit der Beweisantizipation nach nur einer Aussage unterstellen wollte. Die Sachverhalte werden in der Regel komplizierter liegen, als das bei einfachen Verkehrsverstößen (z.B. Überfahren eines Rotlichtes) der Fall ist. Es werden zudem selten Polizisten als Zeugen auftreten, die gezielt eingesetzt wurden, um die Vornahme einer strafbaren Handlung zu beobachten.

Es stellt sich aber die für das b.V. viel grundlegendere Frage, ob eine Zeugenaussage wirklich ein hinreichend tragfähiges Fundament für eine Beweisantizipation im Strafverfahren, an das ob des Unwerturteils strengere Maßstäbe als im Bußgeldverfahren anzulegen sind, bilden kann. Es macht nämlich einen entscheidenden Unterschied, ob man die gewonnene Überzeugung, der Sachverhalt sei hinreichend geklärt, auf die Aussagen mehrerer Zeugen stützt oder ob man allein auf die Aussage eines Zeugen abstellt und damit bereits in einem sehr frühen Stadium des Beweisverfahrens weitere Beweiserhebungen ablehnt. Die mit jeder Beweisantizipation einhergehenden Risiken für die Wahrheitsermittlung vergrößern sich zwangsläufig, wenn die Überzeugungsbildung zu früh einsetzt und nicht von einer ausreichenden Kenntnis des Beweismaterials getragen ist,

497 Vgl. Holz S.60; OLG Köln VRS 46 (1974),202,203; OLG Karlsruhe VRS 51 (1976),61,63; VRS 58 (1980),50; KG VRS 65 (1983),212,213; OLG Hamm NStZ 1984,462

498 Holz S.60 und S.71 Fn.127

weil sie allein auf den Bekundungen eines Zeugen aufbaut. Angesichts der Schwere des erhobenen Vorwurfs und der Art und Höhe der Strafe – Straftat, die bis zu ein Jahr Freiheitsstrafe nach sich ziehen kann – sollte ein Gegenzeuge in der Hauptverhandlung immer vernommen werden[499]. Im Konflikt zwischen der Wahrheitsfindung und der Beschleunigung gebührt der Erforschung der Wahrheit der Vorrang. Ist die Vernehmung des Gegenzeugen in der Hauptverhandlung nicht möglich, muß das Gericht, sofern eine Aussetzung der Hauptverhandlung nicht in Frage kommt[500], die Entscheidung im b.V. ablehnen, da sich der Fall (nachträglich) als ungeeignet erwiesen hat.

V. Umfang der Ablehnungsbegründung

Der Fassung des § 420 Abs. 4 enthält zwar nur einen Verweis auf § 244 Abs. 2. Gleichwohl ist es unbestritten, daß die Ablehnung eines nicht nur hilfsweise gestellten Beweisantrages im b.V. einen begründeten Beschluß voraussetzt (§§ 244 Abs. 6, 34), weil das Recht des Beweisantrages grundsätzlich Anwendung findet[501]. Die Ablehnungstatbestände der § 244 Abs. 3 ff haben dabei auch im b.V. Geltung, da das Gericht durch die Beschränkung des Umfangs der Beweisaufnahme auf das von der Amtsaufklärungspflicht gebotene Maß nur „freier gestellt“ werden sollte[502], d.h. Beweisanträge sollten über die ohnehin schon möglichen Fälle hinaus abgelehnt werden können. Macht das Gericht von der Möglichkeit, einen Beweisantrag aus einem der in § 244 Abs. 3 ff angegebenen Gründe abzulehnen, Gebrauch, so muß die Begründung den insoweit für das Normalverfahren geltenden Anforderungen entsprechen[503].

Unterschiedlich wird jedoch die Frage beantwortet, wie umfangreich die Begründung auszugestalten ist, wenn der Richter gemäß §§ 420 Abs. 4, 244 Abs. 2 einem Beweisantrag unter Vorwegnahme der Beweiswürdigung nicht stattgibt.

Teilweise hält man es für ausreichend, daß im Ablehnungsbeschluß ausgeführt wird, das Gericht halte den Sachverhalt für genügend geklärt oder das Ge-

---

499 Im Ergebnis ebenso SK/StPO-Paeffgen § 420 Rnr.10; Kl/M-G § 420 Rnr.10; Schröer S.181; auch KMR-Fezer § 420 Rnr.8 : Eine „entfernte Möglichkeit“, daß der Gegenzeuge die Sachverhaltsvorstellung des Richters ändern könnte, wird kaum auszuschließen sein.

500 Vgl. zu der Frage, wann eine Aussetzung des Verfahrens im b.V. möglich ist , die Ausführungen im 7.Kap A II

501 AK/StPO-Loos § 420 Rnr.22

502 deutlich BT/Ds 10/2652 S.21 : Gericht ist an die Ablehnungsgründe der § 244 Abs. 3 - 5 nicht gebunden

503 SK/StPO-Paeffgen § 420 Rnr.28; Kl/M-G § 420 Rnr.11; Alsberg/Nüse/Meyer S.836

genteil der Beweistatsache bereits für erwiesen[504]. Inhaltlich daran anknüpfend will sich Meyer-Goßner mit der der Regelung des § 77 Abs. 3 OWiG entnommenen Begründung, die Beweiserhebung sei zur Erforschung der Wahrheit nicht erforderlich, zufrieden geben[505]. In beiden Fällen erschöpfte sich der Inhalt der Begründung jedenfalls in der reinen Wiedergabe der Voraussetzung der Beweisantizipation.

Überwiegend wird dagegen zu Recht eine genauere Begründung des Beschlusses verlangt. Der Richter müsse ausführen, warum er den Sachverhalt für eindeutig geklärt halte[506]. Um diesen Anforderungen zu genügen, sei es erforderlich, daß dargelegt werde, welche Beweismittel warum (Glaubwürdigkeit, Zugehörigkeit zu einem Interessenkreis) zur Überzeugungsbildung geführt haben und weshalb das andere Beweismittel diese Überzeugung nicht erschüttern könne[507].

Die von Meyer-Goßner gezogene Parallele zu § 77 Abs. 3 OWiG geht fehl. Zum einen stimmt die heutige Fassung des § 77 Abs. 1 OWiG, der den Umfang der Beweisaufnahme für das Bußgeldverfahren bestimmt, schon seit der Gesetzesänderung im Jahre 1987 – dabei wurde auch § 77 Abs. 3 OWiG eingeführt – nicht mehr mit dem Wortlaut des § 420 Abs. 4 überein, so daß ein Vergleich nur bedingt möglich ist. Zum anderen hat man sich bei der Neufassung des b.V. bewußt an den Regelungen des OWiG orientiert (vgl. §§ 77 Abs. 1 a.F.; 77a Abs. 1, 2, 4)[508] und dabei eine dem § 77 Abs. 3 OWiG entsprechende Vorschrift absichtlich nicht übernommen[509]. Der Gesetzgeber unterstreicht diesen Gedanken, wenn er in den Gesetzesmaterialien darauf hinweist, daß der Beschluß mit einer gegebenenfalls kurzen Begründung zu versehen sei[510]. Er geht also davon aus, daß die Begründung – auch vom Umfang – dem jeweiligen Einzelfall entsprechen muß und sich keinesfalls in der Wiederholung einer stereotypen Formel erschöpfen darf.

Die Darlegung der Gründe im einzelnen bietet darüber hinaus dem Gericht die Möglichkeit zur Selbstkontrolle[511]. Der Richter ist aufgefordert, seine subjektive Sicht der Dinge nach außen hin zu verdeutlichen. Er wird eine Beweiswürdigung also nur dann vorwegnehmen, wenn es ihm gelingt, die gefundene

---

504 Alsberg/Nüse/Meyer S.836, vgl. auch S.847

505 Kl/M-G § 420 Rnr.11; wohl auch HK/StPO-Krehl § 420 Rnr.5

506 KMR-Fezer § 420 Rnr.9; Schröer S.183 f; Holz S.177 ff; ebenso BayObLG VRS 1959,211,213 allerdings mit unzutreffender Beschränkung auf die Fälle, in denen die Gründe nicht offen zutage liegen.

507 AK/StPO-Loos § 420 Rnr.25; Woesner NJW 1959,704,707; auch SK/StPO-Paeffgen § 420 Rnr.20 der die Eröffnung einer „argumentativen Metaebene" fordert.

508 BT/Ds 12/6853 S.37; König/Seitz NStZ 1995,1,5

509 SK/StPO-Paeffgen § 420 Rnr.28; AK/StPO-Loos § 420 Rnr.25; Schröer S.184

510 BT/Ds 12/6853 S.36

511 AK/StPO-Loos § 420 Rnr.25; Holz S.181; Woesner NJW 1959,704,707

Überzeugung auf eine argumentativ ansprechende Weise transparent zu machen. Umgekehrt kann sich der Angeklagte durch die genaueren Ausführungen des Gerichtes – quasi als teilweise Kompensation der Beschneidung des Beweisantragsrechtes – ein Bild von dessen Überzeugung machen und sachgerecht darauf reagieren[512]. Er weiß, worauf das Gericht die eindeutige Klärung des Sachverhaltes zurückführt, kann sich auf die Verfahrenslage einstellen und insbesondere versuchen, mittels weiterer Beweisanträge Zweifel an der gerichtlichen Deutung der Beweislage zu wecken und so ein ihm günstigeres Verfahrensergebnis herbeizuführen. Gleichzeitig würde ein zu protokollierender (§ 273 Abs. 1), ausführlicher Beschluß die Begründung der Verfahrensrüge, der Beweisantrag sei unzulänglich beschieden worden, erleichtern, was sich wiederum positiv auf die Selbstkontrolle des Gerichtes auswirken würde. Die genaue Begründung des Ablehnungsbeschlusses verhindert zudem, daß der (verteidigte) Angeklagte, nur um in Erfahrung zu bringen, warum das Gericht die Beweiserhebung zur Erforschung der Wahrheit für nicht erforderlich hält, eine Reihe von Beweisanträgen stellt, die das Gericht einzeln in Rahmen des § 244 Abs. 2 potentiell zeitaufwendig und damit verfahrensverzögernd zu prüfen hätte[513].

Schließlich läßt sich noch ein weiterer Grund für eine eingehendere Begründungspflicht des Gerichtes anführen. Bei der Berufung auf die § 244 Abs. 3 ff im Beschluß reicht es nicht aus, nur den Ablehnungsgrund zu nennen, sondern es müssen auch die dafür erforderlichen Tatsachen genau bezeichnet werden[514]. Stützt sich das Gericht nun auf den gesetzlich nicht geregelten Grund der Beweisantizipation, der für den Angeklagten ungleich größere Gefahren beinhaltet, ist es erst recht verpflichtet, dem Beschluß eine genaue Begründung beizufügen[515].

B. Beweiserhebungsumfang bei präsenten Beweismitteln

Von einem präsenten Beweismittel spricht man, wenn es zur sofortigen Beweiserhebung im Gerichtssaal zur Verfügung steht. Nachfolgend soll nunmehr geklärt werden, inwieweit sich die Einfügung der Vorschrift des § 420 Abs. 4 mit dem in ihr enthaltenen Verweis auf § 244 Abs. 2 auf die Beweisaufnahme bezüglich verfügbarer Beweismittel auswirkt.

---

512 Loos/Radtke NStZ 1996,7,12; Schatz S.160; a.A. OLG Hamm VRS 45 (1973), 311,313; Alsberg/Nüse/Meyer S.847 Fn.52

513 Schulz GA 1981,301,308; AK/StPO-Loos § 420 Rnr.25

514 Fezer 12/Rnr.92; Schmehl/Vollmer S.124

515 Holz S.181

I. Regelung des Normalverfahrens

Die gesetzliche Regelung für das Normalverfahren zum Umfang der Beweiserhebung bei präsenten Beweismitteln findet sich in § 245[516]. Danach muß hinsichtlich der Frage, inwiefern die Beweisaufnahme auf die verfügbaren Beweismittel zu erstrecken ist, zwischen den vom Gericht geladenen Zeugen und Sachverständigen und den von Gericht und Staatsanwaltschaft herbeigeschafften sachlichen Beweismitteln einerseits (§ 245 Abs. 1) und den vom Angeklagten oder der Staatsanwaltschaft geladenen Zeugen und Sachverständigen sowie sonstigen herbeigeschafften Beweismitteln andererseits (§ 245 Abs. 2) unterschieden werden.

Gemäß § 245 Abs. 1 sind gerichtlich geladene und auch erschienene Zeugen und Sachverständige im Rahmen der Beweisaufnahme zu vernehmen, ohne daß es eines (weiteren) Beweisbegehrens eines der Prozeßbeteiligten bedürfte[517]. Die insoweit als strikt zu bezeichnende Beweiserhebungspflicht ist dem Vertrauensschutz geschuldet, da die übrigen Prozeßbeteiligten in Kenntnis der gerichtlichen Ladung die Stellung eines Beweisantrages gemäß § 219 bzw. die Ladung einer Beweisperson gemäß § 220 unterlassen haben könnten[518]. Sie entfällt nur, wenn die beabsichtigte Beweiserhebung unzulässig ist oder wenn die Beteiligten – im Gesetz explizit genannt sind Staatsanwaltschaft, Verteidiger und Angeklagter – auf das ihnen zustehende Recht auf Nutzung der Beweismittel verzichten. Die Verpflichtung zur Beweiserhebung gilt in gleichem Umfang auch für die von Gericht und Staatsanwaltschaft herbeigeschafften sachlichen Beweismittel (Augenscheinsobjekte, Urkunden), soweit das Gericht einen konkreten Benutzungswillen zu erkennen gegeben hat[519].

Angesichts der strengen, dem Gericht nach § 245 Abs. 1 obliegenden Beweiserhebungspflicht ist es aus Sicht des Angeklagten geboten, möglichst frühzeitig, beispielsweise durch die Stellung eines Beweisantrages gemäß § 219, auf eine Ladung der Beweisperson durch das Gericht hinzuwirken. Wird einem entsprechenden Ansinnen nicht stattgegeben bzw. ein Beweisantrag aus einem der Gründe des § 244 Abs. 3 ff abgelehnt, verbleibt ihm die Befugnis, selber für das Vorhandensein der Beweismittel in der Hauptverhandlung Sorge zu tragen. Gemäß § 220 Abs. 1 kann er Zeugen und Sachverständige durch Beauftragung eines Gerichtsvollziehers, der die Ladung zustellt (§ 38), unmittelbar zur Hauptverhandlung laden lassen[520]. Die Staatsanwaltschaft kann Beweispersonen sogar

516 Grundlegend zu § 245 Köhler S.1 ff
517 Eisenberg Rnr.270; L/R-Gollwitzer § 245 Rnr.11
518 Kl/M-G § 245 Rnr.3
519 BGHSt 37,168,171 f; L/R-Gollwitzer § 245 Rnr.25; Eisenberg Rnr.275
520 Kühne Rnr.455.1

formlos (telephonisch, mündlich) laden[521]. Die Beweisaufnahme ist dann von Seiten des Gerichtes auf die erschienene Beweisperson zu erstrecken, wenn ein dahingehender Beweisantrag gestellt wird und keiner der in § 245 Abs. 2 S. 2, 3 aufgeführten Ablehnungsgründe vorliegt. Sachliche Beweismittel, wie Urkunden und Augenscheinsgegenstände, können der Angeklagte und die Staatsanwaltschaft, soweit sie sie zum ersten Mal in der Hauptverhandlung darbieten, formlos herbeischaffen und in der Hauptverhandlung vorlegen[522]. Die Erhebung dieser Beweismittel ist aber ebenso von der Stellung eines Beweisantrages abhängig, über den im Rahmen von § 245 Abs. 2 S. 2, 3 entschieden wird. Dagegen fällt das Gericht eine Entscheidung über einen Beweisantrag, der auf die Vernehmung sogenannter gestellter Zeugen – Zeugen, die ohne Ladung auf Wunsch eines Prozeßbeteiligten (mit Ausnahme der Staatsanwaltschaft) vor Gericht erscheinen – gerichtet ist, auf der Grundlage der Gründe des § 244 Abs. 3 ff[523].

Der bereits angedeutete unterschiedliche Ablehnungsrahmen bei der Behandlung von Beweisanträgen ist deswegen von Bedeutung, weil § 245 Abs. 2 S. 2, 3 sich in einigen Punkten von § 244 Abs. 3 ff unterscheidet und dem Gericht für präsente Beweismittel nur einen deutlich engeren Ablehnungskatalog zur Verfügung stellt[524]. Der Ablehnungsgrund der Unerreichbarkeit fällt angesichts der Präsenz des Beweismittels zwangsläufig weg. Ein Beweisantrag kann weiterhin weder wegen eigener Sachkunde des Gerichtes noch mittels Wahrunterstellung abgelehnt werden. Ferner ist der Ablehnungsgrund der Bedeutungslosigkeit (§ 244 Abs. 3 S. 2 Var. 2) in § 245 (fehlender Sachzusammenhang) sehr viel enger gefaßt, da ein entsprechender Antrag nur abgelehnt werden kann, wenn jegliche Sachbezogenheit zwischen Beweistatsache und Gegenstand der Urteilsfindung fehlt und nicht schon dann, wenn sie nur nicht geeignet ist, die Entscheidung des Gerichtes zu beeinflussen[525].

II. Regelung des beschleunigten Verfahrens

Im Gegensatz zu b.V. vor dem Schöffengericht, die den vorstehend geschilderten Regelungen des Normalverfahrens unterworfen sind, bestimmt in b.V. vor dem

521 Eisenberg Rnr.287; Alsberg/Nüse/Meyer S.814 f
522 Eisenberg Rnr.289
523 Fezer 12/Rnr.89; Roxin § 43 Rnr.11
524 AK/StPO-Schöch § 245 Rnr.26; Kl/M-G § 245 Rnr.22; Fezer 12/Rnr.88; vgl. auch Köhler S.51 f
525 Kl/M-G § 244 Rnr.54 und § 245 Rnr.25; Alsberg/Nüse/Meyer S.579, 825 f; vgl. zum Unterschied zwischen § 244 und § 245 insgesamt Kl/M-G § 245 Rnr.22; Marx NJW 1981,1415,1417

Strafrichter dieser ausweislich des § 420 Abs. 4 den Umfang der Beweisaufnahme unbeschadet des § 244 Abs. 2 selbst. Eine Beschränkung des Anwendungsbereichs dieser Vorschrift auf nicht präsente Beweismittel ist nicht erkennbar. Das entspräche auch nicht der Intention des Gesetzgebers, der dem Strafrichter insgesamt einen „größeren Ermessensspielraum" bei der Bestimmung des Umfangs der Beweisaufnahme zur Verfügung stellen wollte[526].

Da der Sinn der Vorschrift darin besteht, das Verbot der antizipierten Beweiswürdigung, das bei den Ablehnungsgründen des § 245 Abs. 2 – wie bereits erwähnt – noch konsequenter als in § 244 Abs. 3, 4 verwirklicht ist[527], bei Beweisanträgen von Staatsanwaltschaft und Verteidigung aufzuheben[528], ist der Richter anders als im Normalverfahren an die in § 245 Abs. 2 S. 2, 3 genannten Ablehnungsgründe nicht gebunden[529]. Die Ablehnung eines Beweisantrages kann zwar im b.V. auf einen der in § 245 Abs. 2 normierten Gründe gestützt werden. Darüber hinaus ist eine Ablehnung aber nunmehr auch möglich, wenn das Gericht die Erhebung des angebotenen Beweises zur Erforschung der Wahrheit nicht für erforderlich hält. Maßstab für die Beantwortung der Frage, ob die Erhebung eines Beweises erforderlich ist oder nicht, ist allein die Amtsaufklärungspflicht gemäß § 244 Abs. 2.

Die Auswirkungen der Einfügung des neuartigen § 420 Abs. 4 sind aber nicht auf § 245 Abs. 2 begrenzt, sondern erfassen auch den Anwendungsbereich des § 245 Abs. 1[530]. Das läßt sich dem eindeutigen Wortlaut des § 420 Abs. 4 entnehmen, dem zufolge der Strafrichter im Rahmen der Amtsaufklärungspflicht ohne jede Einschränkung den gesamten Umfang der Beweisaufnahme bestimmt[531]. Für den Strafrichter bedeutet das, daß er nicht mehr an die im Normalverfahren geltende strenge Beweiserhebungspflicht des § 245 Abs. 1 gebunden ist. Das Ergebnis der gerichtlichen Prüfung, ob die Beweisaufnahme auf alle vom Gericht vorgeladenen und erschienenen Zeugen und Sachverständigen sowie auf die von Gericht und Staatsanwaltschaft herbeigeschafften Beweismittel zu erstrecken ist, richtet sich somit ausschließlich danach, inwiefern sich eine Benutzung dieser Beweismittel aufdrängt.

Gegen die Zulässigkeit der Beweisantizipation im Grundsatz bei der Ablehnung präsenter Beweismittel hat sich für das Bußgeldverfahren Holz ausgespro-

---

526 BT/Ds 12/6853 S.36

527 BT/Ds 8/976 S.52f

528 AK/StPO-Loos § 420 Rnr.19

529 KMR-Fezer § 420 Rnr.8; Schröer S.181; vgl. zur gleichlautenden Vorschrift im Bußgeldverfahren Alsberg/Nüse/Meyer S.841; R/R/H OWiG § 77 Rnr.8

530 AK/StPO-Loos § 420 Rnr.19

531 Vgl. zur gleichlautenden Vorschrift im Privatklageverfahren Woesner NJW 1959, 704,707; Alsberg/Nüse/Meyer S.835

chen, wobei er bei seinen Ausführungen auf den mit § 420 Abs. 4 nahezu wortgleichen § 77 OWiG a.F. rekurriert[532]. Eine entsprechende Einschränkung des § 77 OWiG a.F. ergibt sich nach Holz aus der Bedeutung des Art. 19 Abs. 4 und Art. 20 Abs. 3 GG. Die Beweisantizipation diene der Verfahrensbeschleunigung, d.h. sie sei nur dann akzeptabel, wenn eine Abwägung zwischen dem Prinzip der materiellen Wahrheit einerseits und dem Interesse an einer beschleunigten Durchführung des Verfahrens andererseits – beide Kriterien seien im Rechtsstaatsprinzip verankert – ergebe, daß das Ziel der Verfahrensbeschleunigung in einem gewissen Umfang eine Beschränkung der Wahrheitserforschungsmaxime ermögliche und rechtfertige[533]. In dem Maße, in dem aber der Wahrheitserforschung mittels Erhebung präsenter und damit praktisch sofort zur Verfügung stehender Beweismittel Genüge geleistet werden könne, trete das Interesse an einer zügigen Durchführung des Prozesses zurück[534]. Zudem spreche die im Rechtsstaatsprinzip verankerte prozessuale Fürsorgepflicht gegen die Vorwegnahme der Beweiswürdigung[535]. Weder erfolge nämlich die Sachverhaltsaufklärung durch die Verwaltungsbehörde besonders objektiv noch bleibe der Verteidigung genügend Zeit, bereits im Verwaltungsverfahren entlastende Beweise herbeizuschaffen. Die Zurückweisung eines Beweisantrages käme folglich nur aus den in § 245 Abs. 2 S. 2 kodifizierten Ablehnungsgründen in Betracht. Eine Ausnahme von der generellen Unzulässigkeit der Beweisantizipation will Holz lediglich für den Fall zulassen, daß sich das Gericht mit einer Vielzahl präsenter Beweismittel konfrontiert sähe, deren Einführung in die Hauptverhandlung einen ähnlichen Zeitaufwand erfordere wie die Verwendung eines nicht präsenten Beweismittels[536].

Der Ansicht von Holz ist zumindest in bezug auf das b.V. entgegenzutreten. Es entspricht – wie oben dargestellt – nicht nur dem Willen des Gesetzgebers, sondern ebenso dem Wortlaut des § 420 Abs. 4, das Verbot der Beweisantizipation gerade auch im Hinblick auf § 245 aufzulockern. Eine Vorwegnahme der Beweiswürdigung in erster Instanz kann im b.V. keinesfalls als verfassungswidrig bezeichnet werden, sofern dem Angeklagten noch eine weitere Tatsacheninstanz verbleibt, in der das Beweisantragsrecht des Normalverfahrens uneingeschränkt gilt[537]. Die Ablehnung eines präsenten Beweismittels unter Vorwegnahme der Beweiswürdigung ist daher jedenfalls im b.V. grundsätzlich zulässig.

532 Holz S.160ff
533 Holz S.160
534 Holz S.160
535 Holz S.160f
536 Holz S.163 f
537 Im Bereich der Annahmeberufung bedingt das, wie zu § 244 ausgeführt, eine restriktive Auslegung des § 313 Abs. 2.

Ebenfalls entgegenzutreten ist der Ansicht, eine Beweisantizipation bei präsenten Beweismitteln setze eine besonders eingehende Begründung voraus[538], also wohl eine ausführlichere als bei nicht präsenten Beweismitteln. Es war bereits festgehalten worden, daß ein Beweisantrag auf Erhebung eines nicht präsenten Beweismittels einer ausführlichen Begründung bedarf, die es den Prozeßbeteiligten ermöglicht, die Gerichtsentscheidung nachzuvollziehen. Insbesondere die Ablehnung eines Beweisantrags unter Vorwegnahme der Beweiswürdigung ist nur statthaft, wenn das Gericht im einzelnen darlegt, worauf es seine bereits sichere Überzeugung stützt und aus welchen Gründen es den dagegen vorgebrachten Beweismitteln keinen weiteren Aufklärungswert mehr beimißt. Kommt das Gericht diesen Anforderungen nach, so ist der Antragsteller der Ratio der Begründungspflicht entsprechend hinreichend darüber unterrichtet, wie das Gericht seinen Antrag beurteilt und kann seine Verteidigung darauf einstellen. Es ist daher nicht erkennbar, worin der Sinn bestehen sollte, eine noch umfangreichere und detailliertere Begründung zu verlangen.

Im Ergebnis bleibt festzuhalten, daß mit der Einfügung des § 420 Abs. 4 und der einhergehenden Aufhebung des Beweisantizipationsverbotes im b.V. vor dem Strafrichter eine Abschwächung des Beweiserhebungsanspruches auch in bezug auf präsente Beweismittel zu konstatieren ist.

III. Umfang der Beweisantizipation im beschleunigten Verfahren

Grundsätzlich unterscheiden sich die Voraussetzungen für eine Beweisantizipation bei präsenten und nicht präsenten Beweismitteln nicht. Sie ist statthaft, wenn der Sachverhalt nach der Auffassung des Gerichtes bereits so eindeutig geklärt ist, daß die beantragte Beweiserhebung an der Überzeugung des Gerichtes nicht ändern würde. Dem Gericht dürfen also keine Umstände und Möglichkeiten bekannt sein, die bei verständiger Würdigung der Sachlage begründete Zweifel an der Richtigkeit der erlangten Überzeugung wecken. Zu prüfen bleibt jedoch, ob in die insoweit erforderliche Abwägungsentscheidung[539], in der das Gewicht der bisherigen Beweiserhebung gegen das des in Frage stehenden Beweismittels in Verhältnis zu setzen ist, möglicherweise andere Faktoren einzubestellen sind, als das bei nicht präsenten Beweismitteln der Fall wäre.

Ausgangspunkt der nachfolgenden Überlegungen ist die Verschiedenartigkeit der Ablehnungsgründe in § 244 Abs. 3 ff einerseits und in § 245 Abs. 2 andererseits. So enthält § 245 Abs. 2 für präsente Beweismittel eine deutlich engere Be-

538 OLG Stuttgart JR 1975,383

539 Vgl. zu den vorstehenden Ausführungen zur Beweisantizipation 4.Kap A I 3 + IV 1

grenzung der zulässigen Ablehnungsgründe[540]. Es sollten nur jene Ablehnungsgründe des § 244 übernommen werden, bei denen auch eine nur „entfernte Beweisantizipation bzw. auch die nur ganz fernliegende Möglichkeit, daß das Beweiserbieten zu einer dem Antragsteller günstigen Folgerung führen könnte, ausgeschlossen werden kann“[541]. Die Rechtfertigung für diese weiterreichende Beweiserhebungspflicht im Rahmen des § 245 liegt zum einen darin, die in den Ablehnungsgründen des § 244 enthaltenen – und darum zulässigen – Beweisantizipationen abzumildern und auszugleichen[542]. Zum anderen – und darauf kommt es im vorliegenden Zusammenhang an – ist sie in der Tatsache begründet, daß die Verwendung eines präsenten Beweismittels einen geringeren zeitlichen Aufwand mit sich bringt[543]. Diese zeitliche Komponente bleibt nicht ohne Auswirkung auf das Beweisantizipationsverbot, dessen Sinn in einer Trennung zwischen den Phasen der Beweisgewinnung und der -würdigung besteht[544]. Die Beweiswürdigung soll erst mit dem Ende der Beweisaufnahme einsetzen. Da die Gefahr besteht, daß der Prozeß der Beweiswürdigung beim Richter bereits früher einsetzt, soll ein Beweisantrag in der Regel nicht mit der verfahrensökonomischen Begründung zurückgewiesen werden können, das Gegenteil der behaupteten Tatsache sei schon erwiesen[545]. Insoweit dient das Verbot der vorweggenommenen Beweiswürdigung dazu, einer vorzeitigen Begrenzung des Umfangs der Beweisaufnahme nach dem Gutdünken des Richters entgegenzuwirken[546]. Die vom Gesetzgeber in der Neuregelung des b.V. für zulässig erachtete Beweisantizipation soll hingegen das Moment der Verfahrensökonomie stärker in den Vordergrund rücken und eine zeitliche Verkürzung des Verfahrens bewirken. Erfährt allerdings der zeitliche Umfang, den eine Hauptverhandlung in Anspruch nimmt, durch die Stellung eines Beweisantrages keine gravierende Ausdehnung, weil das Beweismittel präsent ist und nicht erst noch herbeigeschafft werden muß, so ist dieses für die Zulässigkeit der Beweisantizipation nicht ohne Bedeutung. In eine „verständige Würdigung der Sachlage“ muß dann auch der Zeitrahmen einbestellt werden, in dem eine Beweiserhebung möglich ist. Bei der Anwendung des § 244 Abs. 2 auf präsente Beweismittel ist daher im Rahmen der vor einer Beweisantizipation vorzunehmenden Abwägung immer zu bedenken, daß die Ablehnung der Beweiserhebung aufgrund der Verfügbarkeit des Beweismittels im Regelfall nur zu einem geringen Zeitgewinn führen wird, der in keinem Verhältnis zu den von

540 BT/Ds 8/976 S.52; Pfeiffer § 245 Rnr.5; Perron S.271
541 BT/Ds 8/976 S.51
542 Perron S.274; BT/Ds 8/976 S.51
543 Vgl. Schroeder Rnr.257 und in ROW 1969,193,194
544 ter Veen S.57
545 Kl/M-G § 244 Rnr.46; BGH StV 1986,418
546 Julius NStZ 1986,61,63; ter Veen S.55

einer vorweggenommenen Beweiswürdigung ausgehenden Gefahren für die Wahrheitsfindung steht. Erst wenn sich das Gericht mehreren oder gar einer Flut von Anträgen gegenübersieht, gewinnt der Gedanke der Verkürzung der Verhandlung im Rahmen der vorzunehmenden Abwägung wieder an Bedeutung. Die Ablehnung eines Antrages wegen einer Vorwegnahme der Beweiswürdigung wird deswegen nur selten – und viel seltener als bei nicht präsenten Beweismitteln – zu bejahen sein. Nur auf diese Weise behält § 245 die ihm vom Gesetzgeber zugedachte Funktion, die rechtsstaatlichen Defizite des § 244 Abs. 3 ff auszugleichen, ansatzweise bei. Um Mißverständnissen vorzubeugen, sei darauf hingewiesen, daß der angesprochene Zeitfaktor natürlich nur von Bedeutung ist, wenn eine Beweisantizipation in Frage kommt und das Beweismittel verfügbar ist. Sind dem Tatrichter Umstände oder Möglichkeiten bekannt, die bei verständiger Würdigung der Sachlage begründete Zweifel an der Richtigkeit der bisherigen Überzeugung wecken müssen, so ist die Erhebung des angebotenen Beweises zwingend geboten, unabhängig davon, welcher Zeitverlust damit verbunden ist.

Daß ein Unterschied zwischen § 244 und § 245 in der Praxis gesehen und auch gemacht wird, spiegelt sich wieder in der geringen Anzahl höchstrichterlicher Entscheidungen zu § 245[547] und in dem anwaltlichen Ratschlag, im Bußgeldverfahren Zeugen mittels Selbstladung zu präsentieren, weil der Richter erfahrungsgemäß wegen § 244 Abs. 2 bereit sei, den anwesenden Zeugen zu vernehmen[548].

Allerdings darf nicht verkannt werden, daß die Selbstladung von Zeugen eine vertiefte Kenntnis der Strafprozeßordnung voraussetzt. Im b.V. ist ergänzend zu berücksichtigen, daß dieses Institut in dem Maße an Bedeutung verlieren wird, in dem es gelingt, die Frist bis zur Durchführung der Hauptverhandlung zu verringern.

C. Zusammenfassung

Als Ergebnis läßt sich festhalten, daß das formelle Beweisantragsrecht im b.V. aufgrund seiner verfahrensrechtlichen Ausgestaltung als Mitwirkungsrecht des Angeklagten unverzichtbar ist. Eine Beschränkung dieses Rechtes auf den von der Amtsaufklärungspflicht vorgegebenen Rahmen ist erstinstanzlich aber hinnehmbar, da der Angeklagte wenigstens bei einfach gelagerten Fällen mit klarer

---

547 Vgl. Holz S.157; OLG Stuttgart JR 1975,383; OLG Hamm VRS 57,35

548 Dahs Rnr.1016; dieser Ratschlag läßt sich auf das b.V. aufgrund der Ähnlichkeit zwischen § 77 Abs. 1 OWiG und § 420 Abs. 4 StPO übertragen; vgl auch Köhler S.10 f

Beweislage keinen Anspruch auf zwei Tatsacheninstanzen mit allen rechtsstaatlichen Garantien hat. Als Konsequenz aus der Entscheidung des Gesetzgebers, die Beweisaufnahme und damit die Verteidigungsrechte des Angeklagten einseitig zugunsten eines schnellen Verfahrensabschlusses zu verkürzen, ist eine Berufung des Angeklagten, der die Entscheidung im Schnellverfahren nicht akzeptieren will und dessen Berufung von einer Entscheidung des Berufungsgerichtes über die Annahme abhängig ist, im Rahmen des § 313 Abs. 2 zuzulassen, sofern auch nur die entfernte Möglichkeit eines anderen Verfahrensergebnisses besteht. Allein ein solch strikter Maßstab für die Zulässigkeit der Annahmeberufung, der nur geringe Anforderungen an eine Überprüfung des amtsgerichtlichen Urteils stellt, rechtfertigt die Verfahrensvereinfachung in erster Instanz. Ob die Einfügung des § 420 Abs. 4 in der Praxis – neben einer verstärkten Unübersichtlichkeit[549] – allerdings die vom Gesetzgeber bezweckte reale Entlastung des Strafrichters bewirkt, darf angesichts der geringen Anzahl von Beweisanträgen im b.V. bezweifelt werden.

Die Ausgestaltung der Verfahrensstruktur des b.V. durch den Gesetzgeber orientiert sich an einem Modell, das von der Idee getragen ist, möglichst viele Fälle, die sich aus Sicht der Staatsanwaltschaft und des Gerichtes als unproblematisch darstellen, in einem ersten, zeitsparenden Durchgang abzuschöpfen und einem rechtskräftigem Abschluß zuzuführen. In den verbleibenden – nach Einschätzung des Gesetzgebers – wenigen Berufungsverfahren stehen dann den Angeklagten, die das erstinstanzliche Urteil nicht akzeptieren, alle Verfahrensrechte des Normalverfahrens zur Verfügung. Sie erhalten dadurch die Gelegenheit, die Verteidigungsdefizite aus der ersten Instanz auszugleichen, indem sie beispielsweise nunmehr eine von ihnen für notwendig erachtete Beweiserhebung durchsetzen können[550]. Rechtspolitisch sinnvoller – vor allem mit Blick auf die Gesetzesvorschläge zur Ausweitung der Annahmeberufung[551] – erscheint das von Loos in diesem Zusammenhang vorgeschlagene Gegenmodell, das eine Abschaffung der Berufung bei gleichzeitiger Wiedereinführung einer vollgültigen erstinstanzlichen Hauptverhandlung vorsieht[552]. Eine solche Regelung trüge nicht nur den allgemein gegen das Rechtsmittel der Berufung erhobenen Bedenken Rechnung, sondern förderte zugleich die Rechtssicherheit und Rechtsklarheit.

549 § 420 Abs. 4 gilt im erstinstanzlichen b.V. vor dem Strafrichter, nicht aber vor dem Schöffengericht, über die Verweisung in § 411 Abs. 2 S. 2 auch im Strafbefehlsverfahren, nicht aber im Normalverfahren; vgl. nur SK/StPO-Paeffgen § 420 Rnr.3; auch Meyer-Goßner DRiZ 1996,180,182; Rieß 1994,409,412

550 Vgl. Meyer-Goßner DRiZ 1996,180,182, der sich in diesem Beitrag allerdings gegen besondere Strafverfahren ausspricht; ähnlich Rieß JR 1975,224,227 f

551 Vgl. dazu 9.Kap A I 3

552 AK/StPO-Loos vor § 417 Rnr.7

5. Kapitel. Kombination der besonderen Verfahrensvorschriften des beschleunigten Verfahrens mit den durch das Verbrechensbekämpfungsgesetz eingeführten Vereinfachungen des Regelverfahrens (§§ 257a, 249 Abs. 2 StPO)

A. Regelung des § 257a StPO

I. Inhalt

Zusammen mit der Neufassung des b.V. in den §§ 417 ff ist durch das Verbrechensbekämpfungsgesetz die Vorschrift des § 257a in die Strafprozeßordnung eingeführt worden. Ziel dieser Vorschrift ist es, die Durchführung der Hauptverhandlung zu beschleunigen. Der Gesetzgeber erachtete die mündliche Begründung von Anregungen und Anträgen, wie Beweisanträgen, Einstellungsanträgen und Vertagungsanträgen, in Großstrafverfahren als zu zeitaufwendig[553]. In geeigneten Fällen soll der Richter nunmehr nach pflichtgemäßen Ermessen die Möglichkeit haben, die Beteiligten bei der Stellung ebensolcher Anregungen und Anträgen auf die Schriftform zu verweisen. Die nunmehr zur Einführung in die Hauptverhandlung erforderliche Verlesung des schriftlich verfaßten Antrags nach § 249 Abs. 1 S. 1, der gemäß § 257a S. 3 Anwendung findet, trüge allerdings kaum zu einer Straffung der Hauptverhandlung bei[554]. Der eigentliche Hintergrund der Regelung ist daher im Zusammenspiel mit § 249 Abs. 2 zu sehen, der eine zeitsparende Kenntnisnahme der Anträge im Wege des Selbstleseverfahrens ausreichen läßt[555].

Der vom Gesetzgeber beabsichtigte eingeschränkte Anwendungsbereich der Norm auf Großstrafverfahren hat im Wortlaut des § 257a allerdings keinen Niederschlag gefunden. Um den Sinn der Vorschrift gleichwohl zur Geltung zu bringen und nicht gegen rechtsstaatliche Anforderungen zu verstoßen, ist sie nach allgemeiner Ansicht teleologisch zu reduzieren, d.h. nur bei besonders vielen oder besonders umfangreichen Anträgen bzw. Anregungen, die mündlich vorgetragen unweigerlich eine ins Gewicht fallende Verzögerung von Stunden oder Tagen zur Folge haben würden, soll eine Anordnung nach § 257a in Betracht kommen[556].

553 BT/Ds 12/6853 S.34

554 Scheffler NJW 1994,2191,2194

555 Kl/M-G § 257a Rnr.10; König/Seitz NStZ 1995,1,5; Scheffler NJW 1994,2191,2194

556 Kl/M-G § 257a Rnr. 2

II. Anwendbarkeit im beschleunigten Verfahren

Systematisch spräche nichts gegen eine Anwendbarkeit der Vorschrift des § 257a im b.V.. Orientiert man sich jedoch strikt an dem ihr beigemessenen Zweck, so gelangt man zu dem Ergebnis, daß ein Gebrauch dieser Vorschrift im b.V. abzulehnen ist[557].

Wenn man das Kriterium der Eignung in § 417 ernst nimmt und nicht etwa mißbräuchlich umgeht, wird es weder zur Verhandlung von Großstrafverfahren im b.V. kommen noch wird es eine Antragsflut oder extrem umfangreiche Anträge geben, die das Verfahren erheblich verzögern. Einem Großstrafverfahren liegt niemals ein einfacher, überschaubarer Sachverhalt zugrunde. Ob darüber hinaus eine klare Beweislage für sich allein zur Beantragung eines b.V. überhaupt ausreicht, ist umstritten[558]. Jedenfalls scheidet ein b.V. wegen einer klaren Beweislage aus, wenn von Anfang an erkennbar ist, daß eine Vielzahl von Anträgen gestellt werden wird, insbesondere weil eine Beweisaufnahme mit vielen Beweisanträgen zu erwarten ist[559]. Grundsätzlich läßt sich daher festhalten, daß umfangreiche Anträge, die außerhalb der Hauptverhandlung vorbereitet und ausgearbeitet werden und dann das Verfahren über Stunden und Tage hinauszögern können, im b.V. gar nicht vorstellbar sind, weil das Gericht in derartigen Fällen weder das Kriterium eines einfachen Sachverhalts noch das der klaren Beweislage bejahen würde. Es kommt hinzu, daß bei Berücksichtigung des Personenkreises, gegen den im b.V. in der Regel verhandelt wird (Ausländer, Minderbemittelte, Drogenabhängige), jedenfalls wenn sie unverteidigt sind, mit einer die Anordnung nach § 257a rechtfertigenden Antragsflut ohnehin nicht zu rechnen ist, von den Problemen, die ihnen die Erstellung einer Antragsschrift bereiten würde, einmal ganz abgesehen[560].

In dem von Scheffler erdachten Fall ist eine Anordnung der schriftlichen Antragstellung unter der Berücksichtigung der erwähnten und hier befürworteten teleologischen Reduktion des § 257a nicht möglich[561]. Darüber hinaus verdeutlicht jener Fall auf eindrucksvolle Weise, daß es unter zeitlichen Gesichtspunkten sogar kontraproduktiv wäre, den Angeklagten, der einen kurzen (spontanen) Be-

---

557 Vgl. Schröer S.189 ff; kritisch auch Ranft Rnr.2337; Scheffler NJW 1994,2191, 2194

558 KMR-Fezer § 417 Rnr.11; Kl/M-G § 417 Rnr.16

559 SK/StPO-Paeffgen § 417 Rnr.14

560 Dahs NJW 1995,353,356

561 Vgl. Scheffler NJW 1994,2191: den im b.V. angeklagten Fußballfan wird aufgegeben, einen Beweisantrag schriftlich zu stellen, obwohl der Verhandlung nur ein beschränkter Sachverhalt zugrunde liegt, was man an der Kürze der Beweisaufnahme (Verlesung einer Zeugenaussage) erkennen kann.

weisantrag stellen will, auf den Schriftweg zu verweisen. Der mündliche Antrag wird insbesondere hinsichtlich des vom b.V. betroffenen Personenkreises allemal schneller eingebracht werden können[562]. Die Zeitersparnis, die man sich von der Anwendung der Norm verspricht, läßt sich in b.V. nicht erreichen.

B. Regelung des § 249 Abs. 2 StPO

I. Inhalt

§ 249 Abs. 2 gestattet auf Anordnung des Vorsitzenden die Kenntnisnahme von Urkunden und anderen als Beweismittel dienenden Schriftstücken im Selbstleseverfahren, sofern sie prinzipiell oder nur ausnahmsweise verlesbar sind und nicht explizit von diesem Verfahren ausgenommen sind. Die Norm soll somit einen Beitrag dazu leisten, die Hauptverhandlung zu vereinfachen und zu beschleunigen. Durch das Verbrechensbekämpfungsgesetz wurde der Anwendungsbereich des § 249 Abs. 2 insofern erweitert als nunmehr die Verlesungstatbetände des § 251 und § 256 nicht mehr vom Selbstleseverfahren ausgeschlossen sind[563]. Bereits erwähnt wurde zudem die Neueinfügung des § 257a, der infolge seines Verweises auf § 249 dem Vorsitzenden die Möglichkeit eröffnet, schriftliche Anträge und Anregungen ebenfalls den Beteiligten zur Selbstlesung zu überantworten. Insgesamt wurde die Bedeutung des § 249 Abs. 2 durch die Änderungen also nicht unerheblich aufgewertet.

II. Anwendbarkeit im beschleunigten Verfahren

Zunächst einmal gilt es festzuhalten, daß die Gesetzessytematik alleine einer Anwendbarkeit des § 249 Abs. 2 im b.V. nicht im Wege steht. Für das b.V. bedeutete dieses zweierlei. Über den bisherigen Umfang hinaus dürften Urkunden und Schriftstücke, die nur ausnahmsweise nach § 251 und § 256 verlesbar sind, nunmehr, sofern für eine Anwendung dieser Vorschriften neben dem § 420 noch Platz ist[564], im Selbstleseverfahren in die Hauptverhandlung eingeführt werden. Zusätzlich sind in den § 420 Abs. 1 - 3 neue Verlesungstatbestände festgeschrieben, die eine Ausnahme vom Unmittelbarkeitsprinzip enthalten. Da § 249 Abs. 2 die Ausnahmen vom Selbstleseverfahren abschließend aufzählt und § 420 dort

562 Dahs NJW 1995,353,356
563 König/Seitz NStZ 1995,1,5; Scheffler NJW 1994,2191,2194
564 Vgl. insoweit 3.Kap A II 2 und B II 3

keine Erwähnung findet, könnten die nach § 420 verlesbaren Urkunden und Schriftstücke den Beteiligten prinzipiell ebenfalls dem Selbststudium überlassen werden[565]. Zu fragen ist gleichwohl, ob es nicht angezeigt ist, auf das Selbstleseverfahren im b.V. zu verzichten.

Am Anfang der Überlegung sollte die Besinnung auf die Intention des Gesetzgebers bei der Einführung des Selbstleseverfahrens im Jahre 1978 stehen. Die in § 249 Abs. 1 vorgesehene Verlesung von Urkunden erschien dem Gesetzgeber in jenen Fällen, in denen es umfangreiche Urkunden zu verlesen galt – mithin vor allem in Großverfahren – als zu schwerfällig und zeitaufwendig[566]. Aus diesem Anlaß wurde in Absatz 2 die Kenntnisnahme im Wege des Selbstlesens der Urkunde normiert. Eigener Einschätzung zufolge sollte diese Verfahrensvereinfachung für Verfahren vor dem Amtsgericht wegen der geringen Anzahl und der Kürze der Urkunden kaum eine Rolle spielen[567]. Unter dieser Prämisse dürfte eine Anwendung des § 249 Abs. 2 im b.V. ausgeschlossen sein. Die Eignungskriterien des § 417 schließen nämlich die Durchführung eines Großverfahrens im b.V. aus. Beansprucht zudem allein die Verlesung von Urkunden einen nennenswerten Zeitaufwand, eventuell von ganzen Verhandlungstagen[568], ist ein Verhandeln im b.V. ohnehin nicht zulässig.

Der Einwand, den Beteiligten, namentlich dem Angeklagten, sei es freigestellt, ihre Zustimmung zur Verlesung zu erteilen, liegt nahe. Ihm sind aber die Bedenken, die gegen das Zustimmungserfordernis in § 420 Abs. 3 insgesamt – v.a. im Hinblick auf den unverteidigten Angeklagten – erhoben wurden, entgegenzuhalten. Zudem glaubt der Angeklagte auf der Grundlage der Belehrung, sein Einverständnis nur zur Verlesung zu erteilen, während er in Wahrheit dem Gericht die Möglichkeit an die Hand gibt, statt der Verlesung sogar die Selbstlesung anzuordnen[569]. Man schösse über das Ziel hinaus, wollte man neben der weiterreichenden Durchbrechung des Unmittelbarkeitsprinzips nun noch zusätzlich den Mündlichkeitsgrundsatz und die Öffentlichkeitsmaxime beschränken[570]. Die Verkürzung der einzelnen Garantien läßt einen Mangel an Transparenz zu Tage treten, der nicht nur abträglich ist für die Rechtsstaatlichkeit des Strafverfahrens insgesamt, sondern auch für die Akzeptanz des Urteils beim Angeklagten[571]. Wenn beim Angeklagten der Eindruck aufkommt, er sei überrumpelt oder

565 Ranft Rnr.2337; Eisenberg Rnr.2034; Scheffler NJW 1994,2191,2194
566 BT/Ds 12/6853 S.33
567 BT/Ds 12/6853 S.33
568 Alsberg/Nüse/Meyer S.316
569 Über einen möglichen Widerspruch des Angeklagten kann sich das Gericht nach § 249 Abs. 2 S. 2 hinwegsetzen.
570 Lesch JA 1995,691; Schröer S.186 ff
571 Dahs NJW 1995,553,555

unfair behandelt worden, besteht die Gefahr, daß die Beschleunigung der ersten Instanz von einer erhöhten Rechtsmittelquote aufgefressen wird[572]. Die zum Normalverfahren geäußerte Empfehlung, zurückhaltend vom Selbstleseverfahren Gebrauch zu machen[573], sollte für das b.V. angesichts der ohnehin verkürzten Hauptverhandlung dahingehend abgewandelt werden, auf die Anwendung des § 249 Abs. 2 ganz zu verzichten.

In Erinnerung rufen sollte man sich ferner, daß der Beantragung des b.V. häufig genug eine bewußte Entscheidung gegen das Strafbefehlsverfahren vorausging[574]. Nicht selten wird dabei das Argument, sich von der Person des Angeklagten ein Bild machen und auf ihn einwirken zu können, den Ausschlag gegeben haben[575]. Dem Angeklagten soll durch sein persönliches Erscheinen vor Gericht der Ernst der Lage vermittelt werden. Dazu ist es erforderlich, daß die Beteiligten in einen Dialog treten. Den Vorteil, den das b.V. gegenüber dem Strafbefehlsverfahren bietet, würde man mit der Anwendung des § 249 Abs. 2 wieder zunichtemachen, da es zu einer Art „Hauptverhandlung nach Aktenlage“ käme[576]. Auf der anderen Seite bliebe es unter Umständen unbemerkt, wenn der unverteidigte, unbeholfene Angeklagte die von ihm selbst zu lesende Urkunde nicht versteht und ein weiterführendes Gespräch über den Inhalt der Aussage nicht stattfände[577].

Das zuständige Gericht ist also gehalten, im b.V. von einer Anordnung gemäß §§ 257a, 249 Abs. 2 überhaupt abzusehen[578].

572 In diesem Sinne AK/StPO-Loos vor § 417 Rnr.9; Loos/Radtke NStZ 1996,7,12; Bandisch StV 1994,153,157

573 KK/StPO-Mayr § 249 Rnr.33 (3.Auflage); Bandisch StV 1994,153,158

574 Vgl. zum Konkurrenzverhältnis nur Loos/Radtke NStZ 1995,569f

575 AK/StPO-Loos § 212 a.F. Rnr.4

576 Lesch JA 1995,691

577 Peters S.323

578 Wie hier Schröer S.185 ff; Für die Berufungsverhandlung gilt nichts anderes, unabhängig davon, ob man – wie hier vertreten – der Ansicht ist, das b.V. ende mit dem Urteil erster Instanz, da der zugrundeliegende Verhandlungsstoff durch die Einlegung von Rechtsmitteln nicht den Umfang von Großverfahren erreicht; a.A. insgesamt Ranft Rnr.2337 und 2339

6. Kapitel. Nichterscheinen des Beschuldigten

Die Hauptverhandlung des b.V. findet grundsätzlich in Gegenwart des Angeklagten statt (§ 230 Abs. 1). Im Regelverfahren wird das Erscheinen des Angeklagten durch eine Ladung gemäß § 216 Abs. 1 bewirkt, die ihm die nötige Kenntnis vom Termin der Hauptverhandlung vermittelt und ihn zugleich auf die Folgen seines Ausbleibens hinweist. Die Ladungsfrist beträgt dabei gemäß § 217 Abs. 1 mindestens eine Woche. Allein die in § 418 Abs. 1 eingeräumte Möglichkeit einer sofortigen Hauptverhandlung macht deutlich, daß eine Ladung im b.V. nicht in jedem Falle erforderlich sein kann[579]. § 418 Abs. 2 präzisiert das dahingehend, daß sie entbehrlich ist, wenn der Beschuldigte zur Durchführung des Verfahrens bereitsteht, entweder weil er sich freiwillig zur Hauptverhandlung stellt oder weil er dem Gericht vorgeführt wird.

Ist es erforderlich, den Beschuldigten in die Hauptverhandlung zu laden, so gelten im b.V die §§ 214, 216 - 218, sofern sie nicht durch die §§ 417 ff modifiziert werden. Abweichend vom Normalverfahren wird dem Beschuldigten wegen des entfallenden Zwischenverfahrens der Inhalt der Klageschrift nicht gemäß § 201 Abs. 1 S. 1 bekannt gemacht. Aus diesem Grund gilt es zu beachten, daß die Ladung eine Mitteilung des Tatvorwurfes enthält, entweder indem die Anklageschrift oder ein den Erfordernissen des § 200 Abs. 1 S. 1 entsprechendes Schriftstück beigelegt wird (§ 418 Abs. 2 S. 2)[580]. Die Ladungsfrist muß dabei gemäß § 418 Abs. 2 S. 3 in Abweichung von § 217 nur 24 Stunden betragen. Da durch die Neuregelung in den §§ 417 ff die Zeitspanne, in der das b.V. durchgeführt werden kann, verlängert wurde – statt in „kürzester" (§ 212a Abs. 1 a.F.) ist eine Verhandlung nun auch noch in „kurzer Frist" (§ 418 Abs. 1) möglich[581] – könnte die Bedeutung der nach einer Ladung des Angeklagten erfolgten b.V. zunehmen.

579 Umgekehrt gilt aber auch, daß nicht in jedem Fall bei einer „in kurzer Frist" erfolgender Hauptverhandlung der Beschuldigte geladen werden müßte (vgl. Zimmermann S.151; Kl/M-G § 418 Rnr.6)

580 L/R-Rieß § 212a Rnr.25; Zimmermann S.151

581 Vgl. BT/Ds 12/6853 S.35 mit dem Hinweis auf Forderungen aus der Praxis

A. Anwendung von Zwangsmitteln

Die rechtzeitige Ladung des Beschuldigten bildet zwar die Voraussetzung dafür, daß sich dieser pünktlich zum Termin der Hauptverhandlung bei Gericht einfindet, stellt seine Anwesenheit aber keinesfalls sicher. Viel diskutiert wird deswegen die Frage, ob das Gericht bei Ausbleiben des Beschuldigten befugt ist, Zwangsmittel anzuwenden und gegebenenfalls welche, und weitergehend, ob es bereits im Vorfeld der Verhandlung einen Haftbefehl erlassen darf, der eine Durchführung der Hauptverhandlung mittels freiwilliger Gestellung bzw. Vorführung gewährleistet.

I. Anwendung der Zwangsmittel des § 230 Abs. 2 StPO

Der Angeklagte hat nicht nur ein Anwesenheitsrecht in der Hauptverhandlung, sondern ihm obliegt auch eine mit diesem Recht korrespondierende Pflicht zur Anwesenheit (§ 230 Abs. 1). Im Falle seines unentschuldigten Ausbleibens gibt die Vorschrift des § 230 Abs. 2 dem Gericht im Regelverfahren die Zwangsmittel des Vorführungs- und des Haftbefehls an die Hand. Unbestritten ist, daß § 230 Abs. 2 prinzipiell als allgemeine Verfahrensvorschrift auch im b.V. Gültigkeit hat. Rechtliche Probleme werden erst in dem Moment sichtbar, in dem man versucht, das Ziel, das mit der Anwendung eines Zwangsmittels verfolgt wird, in Einklang mit den Besonderheiten des b.V. zu bringen.

Es war allgemeine Ansicht zur alten Rechtslage in den §§ 212 ff, daß die Vorführungsanordnung gegen einen nicht erschienenen Beschuldigten zulässig sei und im Einzelfall durchaus sinnvoll sein könne[582]. War beispielsweise der Aufenthaltsort des Beschuldigten bekannt, so konnte man ihn mittels einer sofort vollstreckbaren Anordnung herbeischaffen und das Verfahren gegen ihn unter Umständen noch am selben Tag durchführen. Der Einsatz des Zwangsmittels sicherte somit die Anwesenheit des Beschuldigten in der Hauptverhandlung zu einem Zeitpunkt, in dem die Voraussetzungen des b.V. noch vorlagen.

Anderes sollte für den Erlaß eines Haftbefehls gelten[583]. Wegen des Grundsatzes der Verhältnismäßigkeit habe die Vorführungsanordnung als weniger einschneidende Maßnahme den Vorrang vor dem Haftbefehl[584]. Wenn sie als Zwangsmittel nicht ausreiche, weil z.B. der Aufenthaltsort des Beschuldigten

582 AK/StPO-Loos § 212a Rnr.7; KMR-Paulus § 212a Rnr.18
583 Strikt gegen den Erlaß eines Haftbefehls im b.V. (§ 230 Abs. 2) KMR-Paulus § 212a Rnr.16+18
584 Kl/M-G § 230 Rnr.19; Roxin § 31 Rnr.26; Schellenberg S.67

nicht bekannt sei, komme auch, so wurde argumentiert, der Erlaß eines Haftbefehls praktisch nicht in Betracht, da sich regelmäßig nicht prognostizieren lasse, wann ein Weiterverhandeln möglich sein werde und ob dann noch die zeitlichen Voraussetzungen des b.V.[585] gegeben sein würden[586]. Das Gericht müsse deswegen in dieser Situation fast immer die Verhandlung im b.V. gemäß § 212b Abs. 1 S. 1 a.F. ablehnen. Infolge der Ablehnung gewönne die Staatsanwaltschaft die volle Entschließungsfreiheit zurück[587], so daß nunmehr der Haftbefehl auch nicht mehr zur Sicherung einer eventuell nachfolgenden Hauptverhandlung erlassen werden dürfe[588]. Vereinzelt wurde darüber hinaus bezweifelt, daß das Gericht ob der Kürze der Ladungsfrist überhaupt imstande sei, mit hinreichender Sicherheit das für die Anwendung eines Zwangsmittels in § 230 Abs. 2 vorausgesetzte, unentschuldigte Fernbleiben des Beschuldigten festzustellen[589].

Allerdings gab es schon zur alten Regelung in den §§ 212 ff a.F. Stimmen, die den Erlaß eines Haftbefehls für das b.V. nicht völlig ausschließen wollten[590]. Sie haben durch die Neufassung des b.V. in §§ 417 ff neuen Auftrieb erhalten. Die Änderungen entziehen vornehmlich den bisher bestehenden praktischen Bedenken den Boden.

Die Hauptverhandlung findet künftig gemäß § 418 Abs. 1 sofort oder in kurzer, nicht mehr in „kürzester", Frist statt. Die Zeitspanne soll dabei nach den Vorstellungen des Gesetzgebers ein bis zwei Wochen betragen können[591]. Vermehrt sind somit Verhandlungen denkbar, zu denen der Beschuldigte mehr als 24 Stunden vorher geladen wird und bei denen sich demnach mit der gebotenen Sicherheit feststellen läßt, daß er unentschuldigt nicht erschienen ist. Darüber hinaus kommt es für die Frage, ob bei Ausbleiben des Angeklagten ein Haftbefehl gemäß § 230 Abs. 2 ergehen darf, entscheidend darauf an, daß die Eignung für eine sofortige Verhandlung nicht tangiert ist. Da nunmehr der Zeitraum zwischen der Beantragung des b.V. und dem Hauptverhandlungstermin durch die Neufassung des § 418 Abs. 1 erweitert wurde, wird häufiger als früher der Erlaß eines Haftbefehls in Betracht zu ziehen sein, sofern gleichzeitig von Seiten der Ge-

585 Vgl. § 418 Abs. 1: Durchführung der Hauptverhandlung sofort oder in kurzer Frist

586 OLG Hamburg NStZ 1983,40,41 m. zust. Anm. Deumeland; L/R-Rieß § 212a Rnr.26

587 das Verfahren befindet sich nun wieder im Stadium des Ermittlungsverfahrens, vgl. AK/StPO-Loos § 212b Rnr.5; KK/StPO-Treier (3. Auflage) § 212b Rnr.4

588 OLG Hamburg NStZ 1983,40,41

589 L/R-Rieß § 212a Rnr.26; ähnlich jetzt KMR-Fezer § 418 Rnr.9

590 AK/StPO-Loos § 212a Rnr.7; Zimmermann S.151; Dünnebier GA 1959,272,276 Fn.21

591 BT/Ds 12/6853 S.35f; OLG Stuttgart NJW 1999,511: Frist darf nicht „wesentlich mehr als zwei Wochen betragen"; zu den Folgen eines Verstoßes gegen Frist: OLG Stuttgart NJW 1999,511ff; BayObLG StV 2000,302

richte die organisatorischen Vorkehrungen für die Möglichkeit einer raschen Neuterminierung getroffen werden. Wenn also beispielsweise damit zu rechnen ist, daß der Angeklagte mit einiger Gewißheit innerhalb der nächsten Tage verhaftet werden kann und ein erneuter Hauptverhandlungstermin entsprechend kurzfristig verfügbar ist, kann ein Haftbefehl die Durchführung des b.V. sichern.

Die Gesetzesänderung sorgt damit gleichzeitig – aus der Sicht des Reformgesetzgebers, der sich trotz entsprechender Vorschläge[592] gegen ein Zustimmungsrecht des Beschuldigten zum b.V. entschieden hat, konsequent – dafür, daß sich der Beschuldigte jedenfalls seltener als im Rahmen der §§ 212 ff a.F. durch sein Ausbleiben ein extralegales Widerspruchsrecht gegen das b.V. verschaffen kann[593].

Schließlich verdient in diesem Zusammenhang die neuartige, aus Zwecken der Verfahrensökonomie eingefügte Überleitungsvorschrift des § 419 Abs. 3 Hs. 1 Beachtung, die an die Stelle des § 212b Abs. 1 S. 1 a.F. getreten ist[594]. Sie ermöglicht einen Übergang vom b.V. in das Regelverfahren. Voraussetzung dafür ist, daß das Gericht zwar die Eignung der Sache zur Verhandlung im b.V. verneint, gleichzeitig jedoch den Beschuldigten weiterhin für hinreichend tatverdächtig hält[595]. Es erläßt dann im Anschluß an den Ablehnungsbeschluß einen Eröffnungsbeschluß nach § 207 mit der Folge, daß die Sache im gewöhnlichen Verfahren fortgesetzt wird[596]. Sollte das Gericht also zu dem Ergebnis gelangen, daß der zugrundeliegende Sachverhalt nach dem Ausbleiben des Angeklagten nicht länger für das b.V. geeignet ist, weil beispielsweise die Eignung zur sofortigen Verhandlung entfallen ist, muß ihm die Befugnis zustehen, wenigstens die Durchführung einer nachfolgenden Hauptverhandlung im Regelverfahren mittels eines Haftbefehls zu sichern.

Zusammenfassend kann festgestellt werden, daß das Gericht von den in § 230 Abs. 2 genannten Zwangsmitteln Gebrauch machen kann, wenn der Angeklagte zum anberaumten Termin nicht erscheint und zuvor eine ordnungsgemäße Ladung und Warnung erfolgt ist[597].

---

592 Dähn FS-Baumann 349,356; Fezer ZStW 106 (1994),1,8; auch Loos/Radtke NStZ 1996,7,10

593 Vgl. Schulz DAR 1957,93,95; auch OLG Karlsruhe NJW 1999,3061,3062

594 AK/StPO-Loos § 419 Rnr.9

595 Ranft Rnr.2334; AK/StPO-Loos § 419 Rnr.9

596 SK/StPO-Paeffgen § 419 Rnr.10; KMR-Fezer § 419 Rnr.10

597 Im Ergebnis AK/StPO-Loos § 418 Rnr.11; Schellenberg S.66; a.A. KMR-Fezer § 418 Rnr.9; SK/StPO-Paeffgen § 418 Rnr.11+17; Kl/M-G § 418 Rnr.9

II. Festnahme und Haft gemäß § 127b StPO

Bereits der ursprüngliche Entwurf des sogenannten „Verbrechensbekämpfungsgesetzes“ sah neben der kompletten Neufassung des b.V. in seiner nunmehr gültigen Form ergänzend die Einfügung einer mit dem heutigen § 127b wortgleichen Vorschrift vor, die eine nur für das b.V. geltende Spezialregelung der vorläufigen Festnahme und der Inhaftierung beinhaltet. Insbesondere die in § 127b Abs. 2 normierte Hauptverhandlungshaft war indes so umstritten[598], daß die Regelung zunächst nicht in geltendes Recht umgesetzt wurde. Erst im Zuge einer späteren Gesetzesiniative[599] fand der erneut eingebrachte unveränderte Entwurf des § 127b trotz anhaltender Kritik[600] Eingang in die Strafprozeßordnung[601].

1. Festnahmerecht gemäß § 127b Abs. 1 StPO

§ 127b Abs. 1 enthält eine neue Befugnis zur vorläufigen Festnahme für die Staatsanwaltschaft und die Beamten des Polizeidienstes, wenn der Täter auf frischer Tat betroffen ist, die unverzügliche Entscheidung im b.V. wahrscheinlich ist und die aufgrund bestimmter Tatsachen begründete Befürchtung besteht, der Beschuldigte werde der Hauptverhandlung fernbleiben. Die Norm geht also einerseits über § 127 Abs. 2 hinaus, wenn die Voraussetzungen eines Haftbefehls gemäß §§ 112 ff für eine Festnahme nicht mehr erfüllt sein müssen. Sie bleibt andererseits aber auch insoweit hinter § 127 Abs. 2 zurück, als der Beschuldigte auf frischer Tat betroffen und eine unverzügliche Entscheidung im b.V. wahrscheinlich sein muß[602]. Da § 127b Abs. 1 die Festnahmerechte nach dem Willen des Reformgesetzgebers nur ergänzen sollte[603], bleibt § 127 Abs. 2 daneben auch in Zukunft anwendbar. Entsprechendes gilt für § 127 Abs. 1, der ein Festnahmerecht sowohl für Privatpersonen als auch für Strafverfolgungsorgane vorsieht. § 127 Abs. 1 behält einen von § 127b Abs. 1 nicht tangierten Anwendungsbereich, sofern eine Identitätsfeststellung erforderlich sein sollte oder Fluchtver-

598 Vgl. Scheffler NJW 1994,2191,2192; Wächtler StV 1994,159,160; Neumann StV 1994,273,276

599 Gesetz zur Änderung der Strafprozeßordnung vom 17.06.1997, BGBl I, 1822

600 Vgl. Asbrock StV 1997,43 ff; Herzog StV 1997,215 ff; Stintzing/Hecker NStZ 1997,569 ff; Hartenbach ZRP 1997,227 ff

601 zur Gesetzgebungsgeschichte vgl. HK/StPO-Lemke § 127b Rnr.1 f; Hellmann NJW 1997,2145,2146; Grasberger GA 1998,530

602 § 127b Abs. 1 setzt ebenso wie § 127 Abs. 2 das Merkmal “Gefahr im Verzug” voraus, vgl. Hellmann NJW 1997,2145,2149

603 Vgl. BT/Ds 13/2576 S.3

dacht bei frischer Tat besteht, gleichzeitig aber nicht klar ist, ob die Voraussetzungen des § 127b Abs. 1 Nr. 1 gegeben sind.

Für die §§ 127 - 127b insgesamt gilt, daß bereits mittels Festnahme des Beschuldigten die Durchführung eines b.V. – entweder auf der Basis freiwilliger Gestellung oder mittels zwangsweiser Vorführung – gesichert werden kann, sofern innerhalb der Frist des § 128 Abs. 1 ein rechtskräftiges Urteil ergeht. Einer Klärung der weitergehenden Haftfrage bedarf es dann insoweit nicht.

2. *Haftbefehl gemäß § 127b Abs. 2 StPO*

Die Voraussetzungen der in § 127b Abs. 2 geregelten sogenannten Hauptverhandlungshaft sind grundsätzlich dieselben wie bei einer Inhaftierung aufgrund anderer Haftregelungen. Es bedarf eines dringenden Tatverdachtes, des Vorliegens des Haftgrundes und der Verhältnismäßigkeit der Inhaftierung. Während hinsichtlich des dringenden Tatverdachtes keine Besonderheiten zu verzeichnen sind, so gilt anderes für den Haftgrund. Er setzt sich aus zwei Elementen zusammen, die sich aus § 127b Abs. 1 Nr. 1 und Nr. 2, auf die in Absatz 2 Bezug genommen ist, ergeben. Es muß zum einen eine unverzügliche, d.h. binnen einer Woche ergehende Entscheidung im b.V. wahrscheinlich sein. Zum anderen muß aufgrund bestimmter Tatsachen zu befürchten sein, daß der Beschuldigte der Hauptverhandlung fernbleiben wird. Ein Befürchten in diesem Sinne liegt vor, wenn das Ausbleiben des Beschuldigten ernsthaft in Betracht kommt, d.h. wenn bestimmte Tatsachen auf sein Nichterscheinen hinweisen[604]. Gegenüber dem anerkannten, inhaltlich nahestehenden Haftgrund der Fluchtgefahr, die erst besteht, wenn die Würdigung der Umstände es wahrscheinlicher macht, daß sich der Beschuldigte dem Strafverfahren entziehen, als daß er sich ihm zur Verfügung halten werde, bedeutet das Abstellen auf das Merkmal der Befürchtung eine Herabsetzung des Grades der Wahrscheinlichkeit für die Nichtteilnahme des Beschuldigten am Strafverfahren[605]. Darüber hinaus fällt hinsichtlich der prognostischen Einschätzung des Beschuldigtenverhaltens ein weiterer Unterschied zwischen beiden Haftgründen ins Auge. Während die Erwartung bei der Fluchtgefahr dahin geht, daß der Fortgang des Strafverfahrens durch ein aktives Tun des Beschuldigten dauernd oder wenigstens vorübergehend verhindert wird, so genügt zur Bejahung des Haftgrundes des § 127b Abs. 2 i.V.m. Abs. 1 die Annahme, er werde zur Hauptverhandlung im b.V. nicht erscheinen, also lediglich untätig

604 Kl/M-G § 127b Rnr.10; Hellmann NJW 1997,2145,2147

605 Hellmann NJW 1997,2145,2147; a.A: wohl L/R-Hilger § 127b Rnr.13 (25. Auflage), der keinen Unterschied zwischen den Begriffen "Befürchten" und "Gefahr" sieht.

bleiben[606]. Da somit insgesamt die Anforderungen an die Freiheitsentziehung hinsichtlich der Hauptverhandlungshaft gemäß den vorstehenden Ausführungen nicht unerheblich herabgesetzt wurden, ist es erforderlich, die Vorschrift des § 127b Abs. 2 restriktiv auszulegen und nur zur Anwendung zu bringen, wenn eine Inhaftierung auch unter dem Gesichtspunkt der Verhältnismäßigkeit vertretbar erscheint.

In diesem Zusammenhang ist der unterschiedlichen rechtlichen Ausgestaltung von § 127b Abs. 2 einerseits und § 230 Abs. 2 andererseits, der alternativ zur Inhaftierung die Vorführung des Angeklagten vorsieht, besondere Aufmerksamkeit zuteil geworden.

Die gesetzliche Ausgangslage im Regelverfahren ist zunächst dadurch gekennzeichnet, daß der Beschuldigte im Normalfall bis zur Hauptverhandlung auf freiem Fuß verbleibt. Eine Inhaftierung ist generell nur zulässig, wenn einer der Haftgründe der §§ 112 f gegeben ist. Die Erwartung, der Beschuldigte werde einer gerichtlichen Vorladung zur Hauptverhandlung nicht Folge leisten und Ungehorsam üben durch bloßes Nichtstun, wird von keinem der Haftgründe erfaßt, auch nicht von dem der Fluchtgefahr, der – wie bereits erläutert – ein aktives Sich-Entziehen erfordert[607]. Es kann nur abgewartet werden, ob der Beschuldigte nicht (doch) zur Hauptverhandlung erscheint oder der Prognose entsprechend unentschuldigt ausbleibt. Letzterenfalls müßte dann nach Feststellung seines vorwerfbaren Ausbleibens gemäß § 230 Abs. 2 eine Entscheidung über den Erlaß eines Vorführungs- bzw. Haftbefehls getroffen werden. Dabei hat der Vorführungsbefehl, sofern er für ausreichend erachtet wird, als weniger einschneidende Maßnahme den Vorrang vor dem Haftbefehl[608].

Eine Inhaftierung des Beschuldigten gemäß § 127b Abs. 2, der einen bereits im Vorfeld des § 230 Abs. 2 greifenden besonderen Haftgrund beinhaltet, kann aber auch im b.V. nur ultima ratio sein. Zwar sieht die gesetzliche Neuregelung des § 127b Abs. 2 den Erlaß eines Vorführungsbefehls nicht explizit vor. Der Verhältnismäßigkeitsgrundsatz muß aber auch im Hinblick auf den Einsatz von Zwangsmitteln Beachtung finden. Das Unterlassen des Gesetzgebers, dem zuständigen Richter eine Alternative zum Haftbefehl an die Hand zu geben, darf nicht zu Lasten des Beschuldigten gehen[609]. Die Anordnung der Hauptverhandlungshaft scheidet daher auch dann aus, wenn die im Gesetz genannten Voraussetzungen für eine entsprechende Inhaftnahme eigentlich gegeben wären, sich die

606 Hellmann NJW 1997,2145,2147

607 Vgl. Kl/M-G § 112 Rnr.18

608 BVerfGE 32,87,93; OLG Düsseldorf NStZ 1990,295,296; KK/StPO-Treier (3.Auflage) § 230 Rnr.11

609 Hellmann NJW 1997,2145,2148 f; a.A. L/R-Hilger § 127b Rnr.4 unter Berufung auf den Wortlaut, der eine Vorführung nicht vorsieht.

Anwesenheit des Beschuldigten in der Hauptverhandlung jedoch mit dem milderen Mittel der sofortigen Vorführung sicherstellen läßt. Eine Inhaftierung mit ihren weitreichenden Auswirkungen auf die Lebensumstände des Beschuldigten ist in diesen Fällen nicht erforderlich und somit als unverhältnismäßig abzulehnen.

Dieses Ergebnis wird durch eine weitere Überlegung gestützt. Die Anwendung eines der in § 230 Abs. 2 normierten Zwangsmittel setzt voraus, daß der Beschuldigte in der Hauptverhandlung unentschuldigt ausgeblieben ist, während im Rahmen des § 127b Abs. 2 lediglich verlangt ist, daß ein Nichterscheinen des Beschuldigten ernsthaft in Betracht kommt. Eröffnet das Gesetz aber gerade ausdrücklich für den Fall, daß der Beschuldigte bereits Ungehorsam gegenüber einer gerichtlichen Vorladung geübt hat und somit durch sein eigenes Verhalten den Grundstein für die Annahme gelegt hat, er werde auch in Zukunft nicht erscheinen, die Möglichkeit, statt der Inhaftierung die Vorführung anzuordnen, so muß das mildere Mittel der Vorführung erst recht zur Anwendung gelangen können, wenn nur der auf einem relativ geringen Grad der Wahrscheinlichkeit beruhende Verdacht besteht, der Beschuldigte werde zur Hauptverhandlung ausbleiben[610].

Da das entscheidende Kriterium für die Beantwortung der Frage, ob der Erlaß eines Vorführungsbefehls als ausreichend anzusehen ist, die kurzfristige Erreichbarkeit des Beschuldigten ist, wird im Ergebnis eine auf § 127b Abs. 2 beruhende Inhaftierung regelmäßig ausscheiden, wenn dieser über einen festen Wohnsitz verfügt. Stattdessen wäre dann die Vorführung des Beschuldigten anzuordnen.

Die hier vertretene, insgesamt als restriktiv zu bezeichnende Auslegung des § 127b Abs. 2 mildert durch die deutliche Verengung seines Anwendungsbereiches die mehrfach artikulierten verfassungsrechtlichen Bedenken[611] ab, die gegen die Vorschrift vorgebracht wurden. Jenseits der Diskussion über eine mögliche Verfassungswidrigkeit der Norm sind zwei Aspekte besonders herauszustellen, die in der kritischen Auseinandersetzung eine Rolle gespielt haben.

Ein Teil der gegen die Vorschrift des § 127b erhobenen Einwände zielte auf die Tatsache, daß der Gesetzgeber es versäumt hat, eine rechtstatsächlich fundierte Begründung für die Einfügung eines neuen Festnahme- und Haftgrundes zu geben[612]. In der Tat erscheint es angemessen, vor einer Ausweitung des Haftrechtes mittels empirischer Daten zu ermitteln, in welchem Umfang die zu einem Hauptverhandlungstermin geladenen Beschuldigten dort nicht erscheinen und dadurch eine Verfahrensverzögerung provozieren. Der Gesetzgeber beschränkt

---

610 Vgl. Hellmann NJW 1997,2145,2148

611 Vgl. Stintzing/Hecker NStZ 1997,569,571 ff; Asbrock StV 1997,43 ff; Herzog StV 1997,215 ff; Hartenbach ZRP 1997,227 f; HK/StPO-Lemke § 127b Rnr.4 ff; Grasberger GA 1998,530 ff

612 Vgl. Asbrock StV 1997,43,45; Stintzing/Hecker NStZ 1997,569 f; Hartenbach ZRP 1997,227

die von ihm gegebene Begründung indes allein auf den – theoretisch sicherlich richtigen – Hinweis, die Gerichte seien gehindert, „das b.V. innerhalb weniger Tage durchzuführen, wenn die Voraussetzungen eines Haftbefehles fehlten, der zunächst vorläufig festgenommene mutmaßliche Täter wieder freigelassen werden mußte und damit Gelegenheit erhielt, sich der späteren Hauptverhandlung zu entziehen“[613]. Genaue Untersuchungen und Zahlen darüber, wie häufig allerdings die Durchführung eines b.V. an dem geschilderten Ausbleiben des Beschuldigten scheitert oder ob es nicht andere Gründe für die geringe Anzahl der b.V. gibt, bleibt er schuldig. Um so auffälliger erscheint daher der Widerspruch zwischen der nur als unzureichend zu bezeichnenden Bemühung, die Notwendigkeit dieses Gesetzesvorhabens darzulegen, einerseits und dem Ausmaß der Ausweitung des Haftrechts andererseits, das mittels eines abstrakt gefaßten Haftgrundes[614] erhebliche Eingriffe in die Freiheitsrechte des einzelnen ermöglicht.

Aber nicht allein die Vorschrift des § 127b als solche, sondern vor allem der in den Vordergrund gerückte Gedanke der Konfrontation hat Kritik erfahren. Wichtiger für die Durchführbarkeit des b.V. als die Haftdrohung sei in der Regel ein frühzeitig zwischen den Strafverfolgungsbehörden, dem Beschuldigten und dem Gericht hergestelltes Einvernehmen darüber, daß ein Verfahren gemäß der §§ 417 ff stattfinden solle[615]. Eine grundsätzliche Übereinstimmung zwischen den Beteiligten stellt aber nicht nur, wie richtig hervorgehoben wird, die Anwesenheit des Beschuldigten im Hauptverhandlungstermin selbst sicher, sondern wird sich darüber hinaus positiv auf die Akzeptanz eines in diesem besonderen Strafverfahren ergehenden Urteils auswirken. Es läßt sich daher feststellen, daß das Streben nach einem konsensualen Vorgehen das Ziel des b.V., in kurzer Zeit zu einem rechtskräftigen Abschluß des Verfahrens zu gelangen, eher befördern wird als eine konfrontative Verfahrensausrichtung, die der vielfach propagierten Intention, Haftplätze abzubauen, entgegensteht[616], die Einlegung von Rechtsmitteln provoziert und ein endgültiges Verfahrensende hinauszieht[617]. Die Gerichte sind daher gut beraten, das b.V. entgegen seiner formalen Ausgestaltung weitestgehend im Konsens mit den Beteiligten, insbesondere dem Beschuldigten zu führen.

613 BT/Ds 13/2576 S.3

614 Vgl. Herzog StV 1997,215,216, der von einer Legalisierung "apokrypher Haftgründe" spricht; vgl. auch L/R-Hilger § 127b Rnr.7

615 HK/StPO-Lemke § 127b Rnr.7+15 unter Hinweis auf "Praxisumfragen" im Land Brandenburg; auch Lemke/Rothstein-Schubert ZRP 1997,488,492

616 Vgl. Asbrock StV 1997,43,44; Herzog StV 1997,215,216

617 Vgl. Loos/Radtke NStZ 1996,7,10; siehe auch 10.Kap B II

B. Durchführung der Hauptverhandlung in Abwesenheit des Angeklagten

Beim Ausbleiben des Beschuldigten in der Hauptverhandlung des b.V. soll das Gericht wie im Regelverfahren nicht nur die Anwendung von Zwangsmitteln gemäß § 230 Abs. 2 in Erwägung ziehen können. Es soll vielmehr zudem gemäß § 232 Abs. 1 die Möglichkeit haben, auch ohne den Angeklagten das b.V. durchzuführen[618]. Grundsätzlich vorausgesetzt wird für die Verhandlung im Ungehorsamsverfahren, daß der Angeklagte ordnungsgemäß geladen worden ist, er in der Ladung auf die Möglichkeit der Abwesenheitsverhandlung hingewiesen worden ist, die zu erwartende Rechtsfolge die in § 232 Abs. 1 S. 1 festgelegte Grenze nicht überschreitet und der Angeklagte schuldhaft stattfinden, muß darüber hinaus der Eignungsfrage – darauf weist Loos mit Recht hin[619] – besondere Aufmerksamkeit zuteil werden. Bedenken erweckt vor allem die Kombination einer verkürzten Beweisaufnahme mit der Ausnahme von der Anwesenheitspflicht. Mit der Durchführung der Verhandlung in der Abwesenheit des Angeklagten entfällt automatisch das Erfordernis seiner Zustimmungserklärung nach § 420 Abs. 3, d.h. die Einhaltung des Unmittelbarkeitsprinzips ist in den Grenzen des § 244 Abs. 2 beim unverteidigten Angeklagten regelmäßig in das Belieben des Staatsanwaltes gestellt. Da seine eigene Position, wenn überhaupt eine Einlassung von ihm vorliegt, nur unzureichend zur Sprache kommen wird, muß das Gericht, das auch im b.V. an die Aufklärungspflicht gemäß § 244 Abs. 2 gebunden ist, noch genauer, als das normalerweise schon der Fall ist, bis zum Ende der Verhandlung prüfen, ob der Sachverhalt tatsächlich einfach oder die Beweislage klar ist und ob die volle Sachverhaltsaufklärung wirklich gewährleistet ist. Wenn das Gericht dieser Prüfungspflicht genügt, spricht nichts gegen das Verhandeln im b.V. in Abwesenheit des Angeklagten. Davon geht wie selbstverständlich auch § 420 Abs. 3 aus, der die mittelbare Beweisaufnahme ohne das Einverständnis des nicht erschienenen Angeklagten für zulässig erklärt[620]. Vorausgesetzt ist allerdings, daß die Ladung mit dem Hinweis auf das Ungehorsamsverfahren versehen war (§ 232). Der eigenmächtig ausbleibende Angeklagte wird auf diese Weise über die Folgen seines Tuns informiert, zumal er nach der hier vertretenen Ansicht[621] gleichzeitig über die Befugnis, das Verfahren gegebenenfalls auf der Grundlage des § 420 Abs. 1 –3 zu vereinfachen, zu belehren ist. Es versteht sich von selbst, daß die Rechtsfolgenkompetenz, die bereits bei einer Abwesenheitsverhandlung im Normalverfahren auf sechs Monate beschränkt ist, in der vorliegenden Kon-

618 BT/Ds 12/6853 S.37; AK/StPO-Loos § 418 Rnr.11; L/R-Rieß § 212a Rnr.26
619 AK/StPO-Loos § 418 Rnr.11
620 So explizit BT/Ds 12/6853 S.37
621 Vgl. insoweit 3.Kap C II 2

stellation aus der Vorschrift des § 232 und nicht aus der des § 419 Abs. 1 S. 2 folgt.

Wenn die einzelnen Kriterien des § 232 und des b.V. sorgfältig beachtet werden, ist die Möglichkeit, ein Ungehorsamsverfahren durchzuführen, aus der Sicht des Gesetzgebers als folgerichtig zu bezeichnen. Die Neuregelung in den §§ 417 ff sieht nämlich ein Zustimmungsrecht des Angeklagten zum b.V. insgesamt nicht vor[622]. Daher ist es nur konsequent in Fällen, in denen das möglich ist, mit der Abwesenheitsverhandlung zu drohen und sie erforderlichenfalls auch in die Tat umzusetzen. Anderenfalls könnte der geladene Angeklagte durch sein Fortbleiben ein gesetzlich nicht vorgesehenes Widerspruchsrecht gegen das b.V. ausüben könnte.

Daß sich in der Praxis ein nennenswerter Anwendungsbereich eröffnet, steht jedoch zu bezweifeln, da der Beantragung und Einleitung des b.V. nicht selten die bewußte Entscheidung gegen ein Strafbefehlsverfahren vorausgehen dürfte und verbunden damit die Entscheidung, in einen Dialog mit dem Angeklagten zu treten, z.B. um ihm den Ernst der Lage vor Augen zu führen, oder Strafzumessungsgesichtspunkte stärker herauszuarbeiten.

Gleichwohl läßt sich zusammenfassend festhalten, daß es zulässig ist, die Hauptverhandlung in Abwesenheit des Angeklagten nach § 232 durchzuführen.

622 unzutreffend schon zur alten Rechtslage Deumeland in Anm. zu OLG Hamburg NStZ 1983,40,41

7. Kapitel. Ablehnung der Entscheidung im beschleunigten Verfahren

Es ist bereits einige Male angesprochen worden, daß nicht die Staatsanwaltschaft alleine über die Durchführung eines b.V. entscheidet. Ihr steht zwar das Antragsrecht – und mittlerweile bei Vorliegen der Voraussetzungen auch die Antragspflicht – zu. Das zuständige Gericht muß diese Einschätzung aber teilen, damit im b.V. verhandelt werden kann (§ 419 Abs. 1 S. 1). Da das b.V. im Vergleich zum Normalverfahren einige verfahrensrechtliche Vereinfachungen beinhaltet, ist es unabdingbar, genau zu prüfen, ob die allgemeinen und die besonderen Voraussetzungen dieses vereinfachten Verfahrens vorliegen. Gefahren für die Verteidigungsmöglichkeit des Angeklagten und die Wahrheitsfindung können dabei nur vermieden werden, wenn nicht nur vor, sondern vor allem auch während der Hauptverhandlung die Eignung des Falles für das b.V. kontrolliert wird. Wie das Gericht auf das Fehlen allgemeiner oder besonderer Prozeßvoraussetzungen reagiert, hängt im einzelnen von der Art der Voraussetzung ab sowie von dem Zeitpunkt, in dem sich das Verfahren befindet.

A. Besondere Eignungsvoraussetzungen des beschleunigten Verfahrens

Eine herausgehobene Bedeutung kommt zweifellos der Beachtung der speziellen Eignungsvoraussetzungen des b.V. zu. Das erklärt sich daraus, daß die mit dem b.V. verbundenen Abweichungen vom Regelverfahren nur in bestimmten, klar umgrenzten Fällen tolerierbar sind.

I. Im allgemeinen

Inhaltlich wird in § 417 für die Zulässigkeit einer Entscheidung im b.V. zunächst einmal die Eignung zur sofortigen Verhandlung aufgrund eines einfachen Sachverhalts oder einer klaren Beweislage vorausgesetzt. Ein einfacher Sachverhalt liegt vor, wenn er einerseits für alle Beteiligten im Tatsächlichen leicht zu überschauen ist und er andererseits materiell-rechtlich keine Zweifel hinsichtlich der Würdigung des Geschehens aufwirft[623]. Gerade die Eindeutigkeit der materiell-

623 AK/StPO-Loos § 417 Rnr.11; KMR-Fezer § 417 Rnr.11

rechtlichen Ausgangslage gilt es zu hervorzuheben, da eine Klärung komplizierterer rechtlicher Probleme im Rahmen eines b.V. eine umgehende Hauptverhandlung regelmäßig vereiteln würde und die Eignung entfallen ließe. Eine klare Beweislage erfordert ein Geständnis des Beschuldigten oder das Vorliegen und Vorhandensein eindeutiger Beweismittel, die ihn überführen[624]. Gerade weil der Sachverhalt nicht umfangreich ist und die Beweismittel schnell verfügbar sind, muß demnach die Möglichkeit gegeben sein, ohne lange Vorbereitungszeit inhaltlich zur Sache verhandeln. Darüber hinaus verlangt das Moment der Eignung zur sofortigen Verhandlung, daß sich das zuständige Gericht auch organisatorisch in der Lage sieht, eine Hauptverhandlung sofort oder in erheblich kürzerer Zeit als im Normalverfahren durchzuführen[625]. Nach dem Wortlaut des Gesetzes spielt der Zeitraum zwischen der Tatbegehung und der Hauptverhandlung keine Rolle. Ausschlaggebend für die Beurteilung der Eignung ist alleine die Einhaltung der maximal zweiwöchigen Frist zwischen Antragstellung durch die Staatsanwaltschaft und der Durchführung der Hauptverhandlung (vgl. § 418 Abs. 1). Ob ein b.V. allerdings noch viel Sinn macht, wenn die begangene Tat längere Zeit zurückliegt, kann bezweifelt werden[626].

Für den Reformgesetzgeber ist der Begriff der Eignung von zentraler Bedeutung. Er umfaßt alle Umstände, die der Durchführung des b.V. entgegenstehen könnten[627]. Diese Formulierung legt es bereits nahe, daß nicht alle Eignungskriterien in den §§ 417 ff im Zusammenhang mit dem Wort „Eignung" im Gesetzestext auftauchen. In diesem Sinne ist auch die begrenzte Rechtsfolgenkompetenz in § 419 Abs. 1 S. 2, 3 als Eignungsvoraussetzung zu begreifen. Staatsanwaltschaft und Gericht müssen sich also fragen, ob für die anzuklagende bzw. angeklagte Tat der Strafrahmen des b.V. ausreicht. Ist beispielsweise damit zu rechnen, daß eine Sanktion von mehr als einem Jahr Freiheitsstrafe zu verhängen ist[628], um das begangene Unrecht zu ahnden, so ist das b.V. als ungeeignet abzulehnen.

Es ist unbestritten und vom Gesetzgeber sogar noch einmal unterstrichen worden, daß der Angeklagte mit der Durchführung des b.V. nicht in seiner Verteidigung behindert (vgl. auch Nr. 146 Abs. 1 S. 2 RiStBV, Art. 6 Abs. 3 lit.b

624 HK/StPO-Krehl § 417 Rnr.3; Kl/M-G § 417 Rnr.16

625 Kl/M-G § 417 Rnr.17; Loos/Radtke NStZ 1995,569,573

626 Vgl. dazu OLG Stuttgart NJW 1998,3134 und NJW 1999,511; vgl. zudem Radtke JR 2001,133ff, der ausführlich zur Frage Stellung nimmt, welche verfahrensrechtlichen Konsequenzen mit einer Überschreitung der "kurzen Frist" in § 418 Abs. 1 verbunden sind.

627 BT/Ds 12/6853 S.35

628 zur umstrittenen Frage, ob die limitierte Sanktionskompetenz nur für eine Einzelstrafe oder auch für eine eventuell zu bildende Gesamtfreiheitsstrafe gilt, vgl. 8.Kap

MRK) und die Wahrheitsfindung insgesamt nicht beeinträchtigt werden darf[629]. Aus diesem Grund muß ein b.V. als ungeeignet abgelehnt werden, wenn z.B. die Ladungsfrist zur Vorbereitung der Verteidigung zu kurz bemessen worden sein sollte.

Alle dargelegten Voraussetzungen müssen bei der Staatsanwaltschaft und dem zuständigen Spruchkörper Berücksichtigung finden. Liegt nur eines der Eignungskriterien nicht vor, darf ein b.V. nicht stattfinden. Konkret bedeutet das: Die Staatsanwaltschaft darf in diesem Fall auf der Grundlage des Ermittlungsergebnisses keinen Antrag gemäß § 417 stellen. Ist das dennoch geschehen, muß das Gericht die Durchführung des b.V. in einem Beschluß, der zu begründen (§ 34) und bekannt zu machen (§ 35) ist, noch vor der Hauptverhandlung gemäß § 419 Abs. 1 S. 1 (e contrario) ablehnen[630]. Das Gericht entscheidet dabei unter Zugrundelegung der ihm von der Staatsanwaltschaft unterbreiteten Akten und hat damit grundsätzlich die gleiche Beurteilungsbasis wie sie. Nur eine übereinstimmende, positive Eignungsprüfung von Staatsanwaltschaft und Gericht hat anschließend die Durchführung eines b.V. zur Folge.

Das Gericht bleibt darüber hinaus zum Schutz des Angeklagten und der Wahrheitsfindung bis zur Urteilsverkündung verpflichtet, permanent die Eignungskriterien zu überprüfen[631]. Es muß also etwaige Änderungen und neue Aspekte, die zu Tage getreten sind, nachdem es dem Antrag auf Entscheidung im b.V. entsprochen hat, in seine Abwägung einstellen und gegebenenfalls das b.V. noch in der Hauptverhandlung ablehnen (§ 419 Abs. 2 S. 1). Es kann sich z.B. erst aus der Einlassung des Angeklagten oder eines Zeugen in der Beweisaufnahme ergeben, daß der Sachverhalt nicht, wie zunächst angenommen, einfach ist oder daß eine höhere Freiheitsstrafe als ein Jahr schuldangemessen sein wird. Auch dann scheidet ein b.V. als ungeeignet aus.

Mit der Ablehnung des b.V. muß das Gericht neuerdings auch noch entscheiden, ob es das Regelverfahren eröffnen will[632]. Der neu eingefügte § 419 Abs. 3 Hs. 1[633] ermöglicht nämlich einen erleichterten Übergang vom b.V. ins Regelver-

---

629 BT/Ds 12/6853 S.35; KMR-Fezer vor § 417 Rnr.4

630 Schröer S.111; SK/StPO-Paeffgen § 419 Rnr.7

631 KMR-Fezer § 419 Rnr.3; SK/StPO-Paeffgen § 419 Rnr.3; nicht aber die Staatsanwaltschaft, die mit dem Beginn der Vernehmung des Angeklagten zur Sache die Befugnis verliert, den Antrag gemäß § 417 zurückzunehmen. Selbstverständlich bleibt es ihr unbenommen, bei Gericht eine Ablehnung des b.V. anzuregen.

632 Vgl. OLG Düsseldorf NStZ 1997,613 mit Anm. Radtke in NStZ 1998,370f und OLG Düsseldorf StV 1999,202f sowie OLG Hamburg StV 2000,299ff zur Frage, welche Folgen ein fehlender Ablehnungs- und Eröffnungsbeschluß gemäß § 419 Abs. 3 hat.

633 § 419 Abs. 3 Hs. 1 stellt eine völlig neuartige Überleitungsvorschrift dar, die die Möglichkeit eröffnet, noch aus der Hauptverhandlung des besonderen Strafverfah-

fahren, wenn das Gericht zwar das Vorliegen eines der eben angeführten Eignungskriterien verneint, den hinreichenden Tatverdacht[634] aber bejaht. In dem Fall würde der Antrag der Staatsanwaltschaft auf Entscheidung im b.V. in einen Antrag auf Eröffnung des (Regel-)Hauptverfahrens umgedeutet werden[635]. Die für dieses beschleunigte Zwischenverfahren erforderliche Anklageschrift wird in der Regel vorliegen, da entweder eine Anklageschrift eingereicht wurde oder die mündliche Anklageerhebung in der Hauptverhandlung im Protokoll festgehalten wurde[636]. Zur Gewährung des rechtlichen Gehörs – Voraussetzung für die Eröffnung des Hauptverfahrens – ist dem Beschuldigten/Angeklagten in entsprechender Anwendung des § 201 eine Ausfertigung des Protokolls der Hauptverhandlung mit der mündlichen Anklageerhebung oder ein Exemplar der Antrags- bzw. Anklageschrift zu überlassen und eine Erklärungsfrist einzuräumen[637]. Sollte dagegen der Ablehnungsbeschluß vor der Hauptverhandlung ergehen und die Staatsanwaltschaft nur einen mündlichen oder einen schriftlichen Antrag gemäß § 417, der den Anforderungen des § 200 nicht gerecht wird, gestellt haben und ist ein zügiges Nachreichen einer Anklageschrift nicht möglich, kommt ein vereinfachtes Zwischenverfahren gemäß § 419 Abs. 3 nicht in Betracht. Das Gericht teilt in diesem Fall das Ergebnis der Eignungsprüfung durch die Staatsanwaltschaft nicht, sondern hält statt des b.V. ein Regelverfahren mit allen seinen verfahrensrechtlichen Garantien für erforderlich. Dazu ist es unerläßlich, daß der Sachverhalt mit der abzuurteilenden Tat präzise beschrieben und umgrenzt wird und vom Beschuldigten zur Kenntnis genommen werden kann.

Systematisch bewirkte der Ablehnungsbeschluß früher, daß eine im b.V. bereits eingetretene Rechtshängigkeit (einschließlich Anhängigkeit) wieder entfiel. Nunmehr bleibt das Verfahren aufgrund der neuen Konstruktion des § 419 Abs. 3 Hs. 1 im Regelverfahren anhängig[638]. Mit dem anschließenden Erlaß des Eröffnungsbeschlusses gemäß § 207 würde die Sache abermals rechtshängig werden

---

rens in das Hauptverfahren des Regelverfahrens überzuleiten. Im Vergleich dazu ermöglicht § 408a einen Übergang aus dem Hauptverfahren, sogar aus der Hauptverhandlung des Regelverfahrens in das besondere Strafverfahren.

634 Zur Frage, ob der hinreichende Tatverdacht Teil der Eignungsprüfung ist, vgl. 7.Kap B I 2

635 Loos/Radtke NStZ 1995,569,572

636 Zu der vom Verfasser im Ergebnis verneinten Frage, ob der den Formerfordernissen des § 200 Abs. 1 entsprechende schrfitliche Antrag auf Entscheidung im b.V. als Anklageschrift betrachtet werden kann, vgl. 2.Kap C

637 AK/StPO-Loos § 419 Rnr.11; SK/StPO-Paeffgen § 419 Rnr.10; Schröer S.128

638 Vgl. Loos/Radtke NStZ 1995,569,572; a.A. offensichtlich SK/StPO-Paeffgen § 418 Rnr.16, § 419 Rnr.10 : Das Verfahren bleibt durchgehend rechtshängig, wenn das Gericht gemäß § 419 Abs. 3 Hs. 1 die Eröffnung des (Regel-)Hauptverfahrens beschließt; unklar Kl/M-G § 419 Rnr.9

und zwar im Regelverfahren. Da gemäß § 212b a.F. der Ablehnungsbeschluß das Verfahren bereits automatisch in das Stadium des staatsanwaltschaftlichen Ermittlungsverfahrens zurückversetzte[639], hat die Neufassung des b.V. diesbezüglich eine stärkere Ausdifferenzierung mit sich gebracht.

Das vereinfachte Zwischenverfahren gemäß § 419 Abs. 3 Hs. 1 kommt indes nur in Betracht, wenn das Gericht nicht noch weitere Ermittlungen für erforderlich erachtet. Eine analoge Anwendung des § 202, die einzelne Beweiserhebungen ermöglichte und dem Zweck der vereinfachten und schnellen Überleitung ins b.V. entgegenstünde, scheidet demnach aus[640]. Die Eröffnung des Hauptverfahrens muß auf der Grundlage des Informationsstandes im Zeitpunkt des Ablehnungsbeschlusses erfolgen können. Loos/Radtke haben dafür den treffenden Begriff der „liquiden Eröffnungslage" geprägt[641].

Ist die Sache ungeeignet zur Verhandlung im b.V. und verneint das Gericht zudem den hinreichenden Tatverdacht, bleibt der Eröffnungsbeschluß aus und das Gericht gibt die Akten an die Staatsanwaltschaft zurück, die damit die – nahezu[642] – volle Entschließungsfreiheit zurückerlangt[643]. Die Staatsanwaltschaft kann die Klage zurücknehmen (vgl. § 156), das Verfahren gemäß §§ 170, 153 ff einstellen oder – nach der Durchführung weiterer Ermittlungen zur Fundierung des hinreichenden Tatverdachts – eine neue Anklage im Regelverfahren erheben. Die Fortsetzung des Verfahrens bedingt, falls die Anklage bisher nur mündlich erhoben war, die Einreichung einer schriftlichen Anklage bei Gericht (§ 419 Abs. 3 Hs. 2). War bereits eine Anklageschrift erstellt worden, so werden dem Gericht die Akten mit dem Antrag vorgelegt, das Hauptverfahren zu eröffnen (§ 199 Abs. 2)[644]. Das Gericht ist dann aufgerufen, über die Eröffnung des Hauptverfahrens zu beschließen (§ 203).

II. Unterbrechung bzw. Aussetzung der Hauptverhandlung

Die „Eignung zur sofortigen Verhandlung" gemäß § 417 hat nicht nur die bereits angesprochene inhaltliche und organisatorische Komponente, sondern setzt ferner die im Vorfeld des Verfahrens bestehende Erwartung voraus, daß die Hauptverhandlung im b.V. voraussichtlich in einem Termin durchführbar ist. Denn worin läge der Sinn einer Verfahrensbeschleunigung bis zur Hauptverhandlung,

639 L/R-Rieß § 212b Rnr.17
640 AK/StPO-Loos § § 419 Rnr.11; SK/StPO-Paeffgen § 419 Rnr.10; Schröer S.128 f
641 Loos/Radtke NStZ 1995,569,572
642 Kl/M-G § 419 Rnr.9 : die erneute Beantragung des b.V. ist ausgeschlossen
643 Mit der Rückgabe der Akten entfällt dann die Anhängigkeit im Regelverfahren.
644 KMR-Fezer § 419 Rnr.11; Kl/M-G § 419 Rnr.9

wenn sich diese über mehrere Termine zu erstrecken drohte, deren Festsetzung wiederum von Unwägbarkeiten, wie z.B. der Geschäftslage des Gerichtes, abhängig wäre? Die Ernstnahme der Eignungskriterien des „einfachen Sachverhalts“ und der „klaren Beweislage“ dürfte ohnehin ganz überwiegend ein Verhandeln im b.V., das sich von vornherein über mehr als einen Sitzungstag zu erstrecken droht, ausschließen. Ist demnach schon von Anfang an absehbar, daß die Notwendigkeit bestehen wird, die Hauptverhandlung zu unterbrechen oder gar auszusetzen, ist das b.V. als ungeeignet abzulehnen[645].

Fraglich ist, wie zu verfahren ist, wenn sich erst in der Hauptverhandlung selbst eine Situation ergibt, die eine Unterbrechung oder Aussetzung unumgänglich macht. Mit Fezer kann man für diesen Fall pauschal die Möglichkeit der sofortigen Aburteilung verneinen, das b.V. grundsätzlich ablehnen und so dem Ziel der Rechtssicherheit den Vorrang einräumen[646]. Diese Ansicht ist im Ergebnis allerdings ebenso zu verwerfen wie jene, die von einer Beseitigung der Eignung ausgeht, wenn die Hindernisse, die dem Abschluß der Hauptverhandlung entgegenstehen, durch die Eigenart des b.V. verursacht sind[647]. Es kommt vielmehr darauf an, ob die Eignungsvoraussetzungen des b.V. im Zeitpunkt einer neu anzuberaumenden Hauptverhandlung noch gegeben sein werden. Zweifel daran bestehen in der Regel wegen der mit einer Neuterminierung einhergehenden Verzögerung. Vereinzelt wird die Ansicht vertreten, die Eignung bestehe fort, sofern eine neue Hauptverhandlung früher möglich wäre, als wenn nunmehr das Normalverfahren durchgeführt werden müßte[648]. Mit diesem Argument könnte man jedoch die Hauptverhandlung theoretisch drei- oder viermal unterbrechen und könnte immer noch im b.V. verhandeln. Richtigerweise ist auf die „kurze Frist“ des § 418 Abs. 1 abzustellen. Es ist daher entscheidend, ob die neu anzuberaumende Hauptverhandlung sich noch in etwa im Rahmen der Zwei-Wochen-Frist seit Antragstellung durch die Staatsanwaltschaft hält und mit einer Beendigung des Verfahrens im nächsten Termin zu rechnen ist. Ist das der Fall, muß eine unvorhergesehene Unterbrechung oder Aussetzung nicht grundsätzlich die Eignung für das b.V. beseitigen[649], zumal es im Gegensatz zur alten Rechtslage wegen der

---

645 AK/StPO-Loos § 417 Rnr.12; SK/StPO-Paeffgen § 417 Rnr.18; KK/StPO-Treier (3. Auflage) § 212 Rnr.9

646 KMR-Fezer § 419 Rnr.2

647 Zimmermann S.41; L/R-Rieß § 212b Rnr.9; Kl/M-G § 419 Rnr.4; dafür auch Schröer S.83 f

648 L/R-Rieß § 212b Rnr.9; Kl/M-G § 419 Rnr.4

649 OLG Karlsruhe NJW 1999,3061,3062; OLG Hamburg NJW 1966,1278,1280 m. Anm. Jerusalem; Kl/M-G § 419 Rnr.4; nur für eine Unterbrechung, aber nicht für eine Aussetzung, allerdings zur alten Rechtslage, mit einer „in kürzester Frist“ durchzuführenden Hauptverhandlung ist Schulz DAR 1957,93,95; KMR-Paulus § 212 Rnr.12

Vereinfachung der Beweisaufnahme auch jetzt noch sinnvoll sein kann, die Hauptverhandlung nach den Regelungen des b.V. durchzuführen. Für diese Lösung spricht die Tatsache, daß sich der intendierte schnelle Abschluß des Verfahrens bei einer längeren Unterbrechung oder gar Aussetzung ohnehin nicht mehr erreichen ließe. Es bleibt daher abzuwarten, inwieweit die vom Gesetzgeber erwähnten „flankierenden organisatorischen Maßnahmen" tatsächlich getroffen werden und eine allgemein flexiblere Arbeitsweise in der Praxis ermöglicht wird[650].

Das Gericht ist in diesen Fällen jedoch aufgerufen, die Eignungsprüfung nicht allein unter dem zeitlichen Aspekt besonders sorgfältig vorzunehmen[651]. Das zeigt das nachfolgende Beispiel: Die verweigerte Zustimmung des Angeklagten zur Verlesung gemäß § 420 Abs. 1, 3 kann die Ladung eines Zeugen erforderlich machen, ohne daß die Frage der Eignung betroffen wäre, weil die Beweislage unverändert klar ist und zudem ein neuer Termin kurzfristig verfügbar ist. Andererseits kann die aufgrund der Einlassung des Angeklagten erforderliche Zuziehung neuer, nicht präsenter Beweismittel die klare Beweislage entfallen und damit das vereinfachte Verfahren insgesamt ungeeignet erscheinen lassen, obwohl eine kurzfrstige Neuterminierung möglich ist.

B. Hinreichender Tatverdacht / Fehlende Überzeugung von der Täterschaft

Besondere Aufmerksamkeit kommt dem Erfordernis des hinreichenden Tatverdachts zu. Es war bereits festgehalten worden, daß das Gericht bei einer Entscheidung über den Antrag der Staatsanwaltschaft gemäß § 417 auch zur Prüfung des hinreichenden Tatverdachtes verpflichtet ist[652]. Die Regelung des § 418 Abs. 1 schließt nämlich lediglich den Erlaß eines formellen Eröffnungsbeschlusses aus. Materiell hingegen können die Vorschriften der §§ 199 ff zur Anwendung gelangen, was sich schon dem in § 419 Abs. 3 Hs. 1 enthaltenen Hinweis

---

650 BT/Ds 12/6853 S.36; skeptisch OLG Hamburg NStZ 1983,40,41; SK/StPO-Paeffgen § 419 Rnr.3: Einrichtung eines neuen Termins im b.V. nicht schneller als der Übergang ins Regelverfahren (§ 419 Abs. 3 Hs. 1); vgl. zur bisherigen Dauer auch Loos/Radtke NStZ 1995,569,573 Fn.54 im Gegensatz zu Zimmermann S.150

651 So wohl auch Zimmermann S.41, der sich für einen Ablehnungsbeschluß einsetzt, wenn die Hindernisse die dem Abschluß der Hauptverhandlung entgegenstehen, durch die Eigenart des b.V. verursacht sind, z.B. die Ermittlungen reichen für ein Urteil nicht aus.

652 Vgl. 1.Kap A

auf § 203 entnehmen läßt[653]. Nach dem Beginn der Hauptverhandlung stellt sich die Frage, welche Entscheidung das Gericht zu treffen hat, wenn der Angeklagte mit den in der Hauptverhandlung verwendeten Beweismitteln nicht überführt werden kann.

I. Vor dem Beginn der Hauptverhandlung

1. Im Normalverfahren

Liegt im Zwischenverfahren nach der Auffassung des Gerichtes kein hinreichender Tatverdacht gegen den Angeschuldigten vor, so erläßt es einen Nichteröffnungsbeschluß gemäß § 204.

2. Im beschleunigten Verfahren

Es stellt sich somit die Frage, ob das Gericht bei fehlendem hinreichendem Tatverdacht vor dem Beginn der Hauptverhandlung einen Nichteröffnungsbeschluß analog § 204 erlassen darf – mit der möglichen Sperrwirkung des § 211 – oder ob in diesem Fall „nur" das b.V. gemäß § 419 Abs. 1 S. 1 abzulehnen ist.

Die Ansicht, die einen Ablehnungsbeschluß gemäß § 419 Abs. 1 S. 1 favorisiert, geht zwingend von der Annahme aus, die Beurteilung des Tatverdachts sei Bestandteil der Eignungsprüfung. Fehle es an einem entsprechenden Verdacht, sei das b.V. dementsprechend als ungeeignet abzulehnen. Die Neufassung des b.V. könnte dagegen auf den ersten Blick der entgegenstehenden Mindermeinung, die die Frage nach dem hinreichenden Tatverdacht als nicht von § 419 Abs. 1 S. 1 umfaßt sieht und sich für einen Beschluß gemäß § 204 analog einsetzt, neuen Auftrieb verleihen. In § 419 Abs. 3 scheint das Gesetz nämlich von einer getrennten Eignungs- und Tatverdachtsbeurteilung auszugehen, wenn es vom Gericht im Anschluß an die Ablehnung, im b.V. zu verhandeln, noch eine Entscheidung über die Eröffnung des Hauptverfahrens verlangt[654]. Indes läßt sich diese Regelung nur vor dem Hintergrund des vom Gesetzgeber intendierten vereinfachten Überganges ins Regelverfahren verstehen[655]. Die Differenzierung zwischen der Eignung für das b.V. und dem hinreichenden Tatverdacht in § 419 Abs. 3 läßt sich mit der Tatsache erklären, daß letzterer als Bindeglied zwischen

653 AK/StPO-Loos § 418 Rnr.3

654 Diese Frage wird von Loos/Radtke in NStZ 1996,7 aufgeworfen; im Ergebnis sehen sie aber den Tatverdacht als Teil der Eignungsprüfung und gelangen somit zur Anwendung des § 419 Abs. 1.

655 Loos/Radtke NStZ 1996,7

dem beschleunigten und dem Regelverfahren fungiert. Kann z.B. die Eignung zur sofortigen Verhandlung nicht bejaht werden, so ist immerhin noch die Durchführung eines Regelverfahrens denkbar. Mangelt es dagegen am hinreichenden Tatverdacht, kann weder das eine noch das andere Verfahren durchgeführt werden. Die neue, an der Verfahrensökonomie orientierte Vorschrift des § 419 Abs. 3 wollte nichts an dem herkömmlichen Verständnis vom Tatverdacht als Teil der Eignungsprüfung ändern. Diese Auffassung hat auch der Gesetzgeber noch einmal bestätigt, der den Eignungsbegriff als umfassenden Begriff verstanden wissen will, der alle Umstände, die gegebenenfalls der Durchführung des b.V. entgegenstehen, beinhaltet[656].

Dagegen ist der Einwand erhoben worden, daß bei fehlendem hinreichenden Tatverdacht nicht die Eignung des besonderen Strafverfahrens zu verneinen sei, sondern die Zulässigkeit jedes Strafverfahrens[657]. Deswegen ergehe in diesem Fall kein Ablehnungsbeschluß gemäß § 419 Abs. 1 S. 1, sondern ein Nichteröffnungsbeschluß entsprechend § 204. Wenn man nämlich für eine Prüfungspflicht des Gerichtes eintrete und dieses damit begründe, daß nur die förmliche Durchführung des Zwischenverfahrens ausgeschlossen sei, materiell die Vorschriften der §§ 199 ff aber zur Anwendung gelangen könnten, sei auch ein anfechtbarer Nichteröffnungsbeschluß entsprechend § 204 zulässig[658].

Diese Argumentation verkennt den Umfang der Verdachtsprüfung und ist daher letztlich nicht schlüssig. Richtig ist, daß durch den Wortlaut des § 418 Abs. 1 die Vorschriften der §§ 199 ff nicht generell für unanwendbar erklärt werden, sondern allein die formelle Entscheidung über die Eröffnung des Verfahrens ausgeschlossen wird. Allerdings können sie inhaltlich nur insoweit zur Anwendung gelangen, als es für die Durchführung eines Strafverfahrens unbedingt erforderlich ist und sich mit dem Zweck eines b.V. in Übereinstimmung bringen läßt. Es war bereits erörtert worden, warum das Gericht zur Prüfung des hinreichenden Tatverdachts verpflichtet ist. Die Prüfung selber hat dabei summarischen Charakter, erfolgt sie doch einzig auf der Grundlage des dem Gericht unterbreiteten Akteninhalts. So kommt eine Anwendung der §§ 201, 202 nicht in Frage, da anderenfalls die Prüfungspflicht doch wieder zur Durchführung des Zwischenverfahrens nötigen würde[659]. Angesichts dieser beschränkten, im Vergleich zum Normalverfahren oberflächlichen Verdachtsprüfung wäre es zu weitgehend, ei-

---

656 BT/Ds 12/6853 S.35

657 Zimmermann S.104; vgl. auch die überwiegend älteren Fundstellen, die Zimmermann auf S.91 Fn.6 anführt

658 Zimmermann S.103 f

659 Somit ist der Einwand Meyer-Goßners in L/R § 212a Rnr.1 (23. Auflage) unberechtigt.

nen Beschluß entsprechend § 204 mit der Sperrwirkung des § 211 zuzulassen[660]. § 204 kann insoweit keine Anwendung finden.

Ein Nichteröffnungsbeschluß würde weitergehend auch dem Sinn des § 419 Abs. 2 S. 2 nicht gerecht werden. Dort ist die Unanfechtbarkeit des Ablehnungsbeschlusses geregelt, da eine Überprüfung der gerichtlichen Entscheidung als zu arbeits- und zeitaufwendig gilt[661]. Der anfechtbare Beschluß gemäß § 204 wäre natürlich kein Ablehnungsbeschluß im Sinne des § 419 Abs. 2 S. 2 und würde folglich formal gesehen nicht gegen die Regelung verstoßen. Inhaltlich brächte er jedoch die Möglichkeit einer sofortigen Beschwerde gemäß § 210 Abs. 2 mit sich. Falls die Staatsanwaltschaft mit ihrer Beschwerde Erfolg hätte, könnte die folgende Hauptverhandlung im b.V. stattfinden. Im Ergebnis ließe sich in dieser Konstellation gerade der vom Gesetz her unerwünschte Zwischenstreit, der eine baldige Durchführung des Verfahrens verhinderte, nicht vermeiden[662]. Der eigentlich anvisierte Beschleunigungseffekt wäre somit durch einen Beschluß gemäß § 204 gleich in zweifacher Hinsicht in Frage gestellt. Einerseits würden die knappen rechtlichen Ressourcen mit einer Beschwerdeeinlegung zusätzlich in Anspruch genommen. Andererseits wäre die angestrebte, wirklich zügige Verhandlung nach einer Entscheidung des Beschwerdegerichtes in vielen Fällen kaum mehr erreichbar. Zudem käme es de facto zu einer Kontrolle des Gerichts bei der Nichtdurchführung des b.V., die gesetzlich so wenig vorgesehen ist wie die der Staatsanwaltschaft bei einer Nichteinleitung des b.V..

Schließlich widerspräche eine analoge Anwendung des § 204 und der damit verbundene Ausstieg aus dem Verfahren insgesamt dem gesetzlichen Verständnis vom Verhältnis zwischen dem Regelverfahren und dem b.V., wie es in § 419 Abs. 3 zum Ausdruck kommt. Zur Durchführung des b.V. müssen grundsätzlich die Voraussetzungen des Regelverfahrens (allgemeine Verfahrensvoraussetzungen, hinreichender Tatverdacht[663]), die wie erwähnt nur einer summarischen Beurteilung unterzogen werden, gegeben sein und dazu die besonderen Eignungsvoraussetzungen (Eignung zur sofortigen Verhandlung, Sanktionsrahmen). Fehlt es an einer besonderen Eignungsvoraussetzung, bietet sich aufgrund der ansonsten identischen Anforderungen zwischen beiden Verfahrenstypen nach dem Ablehnungsbeschluß ein beschleunigter Übergang ins Regelverfahren an (§ 419 Abs. 3 Hs. 1). Gelangt das Gericht dagegen im Unterschied zur Staatsanwaltschaft zu dem Ergebnis, daß der hinreichende Tatverdacht nicht bejaht werden

660 L/R-Rieß § 212a Rnr.17; AK/StPO-Loos § 418 Rnr.3 + § 419 Rnr.8; Loos/Radtke NStZ 1996,7

661 BT/Ds 12/6853 S.36

662 LG Hamburg MDR 1993,785; HK/StPO-Krehl § 419 Rnr.5; L/R-Rieß § 212a Rnr.17; a.A. LG Berlin DAR 1957,190

663 Im b.V. Teil der allgemeinen Eignungsprüfung, vgl. KMR-Fezer § 419 Rnr.1

kann, ist das b.V. abzulehnen. Da es aber nicht auszuschließen ist, daß die gerichtliche Beurteilung vom Fehlen des hinreichenden Tatverdachts auf den begrenzten Entscheidungshorizont (keine Anwendbarkeit der §§ 201, 202) und die dem b.V. immanente Geschwindigkeit zurückzuführen ist, sollte einem Beschluß, der die Durchführung eines b.V. verneint, keine Rechtskraftwirkung zukommen. Dementsprechend sieht das Gesetz bei einer Ablehnungsentscheidung nur die gerichtliche Befugnis vor – wenn die Voraussetzungen vorliegen – ein (Haupt-) Regelverfahren zu eröffnen. Die Befugnis, einen Nichteröffnungsbeschluß zu erlassen, ist ihm dagegen ausdrücklich nicht eingeräumt worden[664]. Die Staatsanwaltschaft, die von einem hinreichenden Tatverdacht ausgegangen ist, soll durch die Zurückversetzung der Sache ins Stadium des Ermittlungsverfahrens Gelegenheit erhalten, ihre Erkenntnisse noch einmal zu überprüfen, eventuell weitere Ermittlungen anzustellen und dem Gericht anschließend ein Mehr an Informationen, aus denen sich der erforderliche Tatverdacht ableiten läßt, zu bieten oder das Verfahren einzustellen (§ 419 Abs. 3).

II. Nach dem Beginn der Hauptverhandlung

1. Im Normalverfahren

Kann der Angeklagte mit den in der Hauptverhandlung verwendeten Beweismitteln nicht überführt werden und und ist eine weitere Aufklärung des Sachverhalts nicht möglich, ist der Angeklagte freizusprechen. Sollten die Voraussetzungen der §§ 153 ff erfüllt sein oder ein allgemeines Verfahrenshindernis vorliegen, wird die Einstellung des Verfahrens beschlossen bzw. im Urteil ausgesprochen. Ergibt sich dagegen nach dem Beginn der Hauptverhandlung die Notwendigkeit weiterer Ermittlungen (§ 244 Abs. 2), beispielsweise aufgrund der Aussage eines Zeugen, kann das Gericht das Verfahren unterbrechen oder aussetzen.

2. Im beschleunigten Verfahren

Ist das Gericht der ihm obliegenden Aufklärungspflicht in dem gebotenen Umfang nachgekommen und konnte der Angeklagte nicht überführt werden, so hat er einen Anspruch auf ein freisprechendes Urteil durch das Gericht[665]. Daran kann kein Zweifel bestehen, da der Sachverhalt vollständig mit dem Ergebnis aufgeklärt wurde, daß die Schuld des Angeklagten nicht mit der hinreichenden Sicher-

---

664 AK/StPO-Loos § 419 Rnr.3; Loos/Radtke NStZ 1996,7; Schröer S.125
665 L/R-Rieß § 212b Rnr.11

heit feststellbar war. Eine Ablehnung des b.V. gemäß § 419 Abs. 2 S. 1 kommt in dieser Konstellation folglich nicht in Betracht. Gleiches gilt selbstverständlich, wenn die Voraussetzungen der §§ 153 ff gegeben sind. Das Verfahren gegen den Angeklagten ist in diesem Fall einzustellen[666].

Scheitert eine Überführung des Angeklagten dagegen aufgrund eines nicht hinreichend aufgeklärten Sachverhaltes, etwa weil das insgesamt beschleunigt geführte Verfahren[667] entgegen einer ersten Einschätzung noch Aufklärungslücken aufweist (§ 244 Abs. 2), die erst durch eine Zeugenaussage in der Hauptverhandlung offenbar werden, ist das b.V., wenn nicht eine Aussetzung oder Unterbrechung der Hauptverhandlung in Frage kommt, gemäß § 419 Abs. 2 S. 1 abzulehnen[668]. Der insoweit zu Tage tretende Unterschied zum Regelverfahren läßt sich mit der Tatsache erklären, daß eine denkbare Aussetzung oder Unterbrechung nicht selten die Eignung der Sache zur sofortigen Verhandlung im b.V beseitigen wird[669]. Nach erfolgtem Ablehnungsbeschluß wird das Gericht regelmäßig auch von der beschleunigten Eröffnung des Normalverfahrens absehen, da sich die Erkenntnisdefizite nicht gemäß § 202, der im vereinfachten Zwischenverfahren keine Anwendung findet, beheben lassen. Statt dessen werden die Akten an die Staatsanwaltschaft zurückgegeben werden, die nunmehr die unterbliebenen Ermittlungen nachholen kann. Ein Ablehnungsbeschluß gemäß § 419 Abs. 1 S. 1 ist demnach erforderlich, weil bei einer Beachtung des von den Eignungskriterien gesetzten Rahmens die volle Sachaufklärung nicht gewährleistet ist.

C. Allgemeine Verfahrensvoraussetzungen

I. Im Normalverfahren

1. Im allgemeinen

Liegt im Zeitpunkt des Zwischenverfahrens ein Verfahrenshindernis vor, so lehnt der Richter die Eröffnung des Hauptverfahrens gemäß § 204 Abs. 1 ab. Stellt sich erst später heraus, daß eine Verfahrensvoraussetzung nicht vorliegt, wird das

---

666 SK/StPO-Paeffgen § 419 Rnr.9; KMR-Fezer § 419 Rnr.6; AK/StPO-Loos § 419 Rnr.14

667 Loos/Radtke NStZ 1996,7,11: nicht nur die Zeitspanne bis zur Durchführung der Hauptverhandlung und die Hauptverhandlung selber sind verkürzt, sondern auch das Ermittlungsverfahren wird de facto beschleunigt durchgeführt.

668 L/R-Rieß § 212b Rnr.11

669 Vgl. 7.Kap A II

Verfahren entweder durch einen Beschluß (§ 206a) oder durch ein Urteil eingestellt (§ 260 Abs. 3).

2. *Örtliche Zuständigkeit*

Die örtliche Zuständigkeit stellt auch eine allgemeine Verfahrensvoraussetzung dar. Sie erfährt allerdings in § 16 eine spezielle Regelung. Danach prüft das Gericht die örtliche Zuständigkeit im Normalverfahren bis zur Eröffnung des Hauptverfahrens von Amts wegen, anschließend nur noch auf einen vom Angeklagten stammenden und bis zu seiner Vernehmung zur Sache in der Hauptverhandlung geltend gemachten Einwand. Es handelt sich also um eine zeitlich begrenzte Prozeßvoraussetzung[670]. Vor der Eröffnung des Hauptverfahrens erläßt das Gericht bei Unzuständigkeit nicht einen Nichteröffnungsbeschluß gemäß § 204, sondern erklärt sich durch Beschluß für unzuständig. Nach der Eröffnung des Hauptverfahrens wird das Verfahren gemäß § 206a bzw. § 260 Abs. 3 eingestellt.

3. *Sachliche Zuständigkeit*

Die sachliche Zuständigkeit ist eine Prozeßvoraussetzung. Das Gericht muß sie gemäß § 6 in jeder Lage des Verfahrens von Amts wegen prüfen. Im Eröffnungsverfahren eröffnet das angegangene unzuständige Gericht das Hauptverfahren vor dem zuständigen niederen Gericht (§ 209 Abs. 1) oder legt die Sache dem zuständigen höheren Gericht zur Entscheidung vor (§ 209 Abs. 2). Nach dem Beginn der Hauptverhandlung kommt nur noch eine Verweisung an ein Gericht höherer Ordnung gemäß § 270 in Betracht.

II. *Im beschleunigten Verfahren*

1. *Im allgemeinen*

Das b.V. als Strafverfahren kann ebenso wie das Normalverfahren nur stattfinden, wenn die allgemeinen Verfahrensvoraussetzungen gegeben sind. Obwohl ein Eröffnungsbeschluß nicht ergeht, ist es vollkommen unbestritten, daß das Gericht die Prozeßvoraussetzungen von Amts wegen prüft[671]. Die Prüfungspflicht dauert

---

670 Vgl. Ranft Rnr.147; Kl/M-G § 16 Rnr.1

671 Kl/M-G § 418 Rnr.2; SK/StPO-Paeffgen § 418 Rnr.3

dabei bis zur Urteilsverkündung an[672]. Nach der hier vertretenen Auffassung fallen auch die allgemeinen Voraussetzungen unter den umfassenden Eignungsbegriff des b.V.. Im einzelnen bedeutet das, daß bei der Konstatierung eines Verfahrenshindernisses vor dem Beginn der Hauptverhandlung das Verfahren nicht eingestellt wird, sondern die Entscheidung im b.V. gemäß § 419 Abs. 1 S. 1 abgelehnt wird[673]. Diese Ansicht ist nicht unumstritten. Einige Autoren wollen die allgemeinen Prozeßvoraussetzungen insgesamt[674] – oder jedenfalls ganz bestimmte[675] – als nicht vom Eignungsbegriff umfaßt ansehen. Sie sind der Ansicht, daß vor der Hauptverhandlung das b.V. insoweit nicht gemäß § 419 Abs. 1 S. 1 abzulehnen ist, sondern ein Nichteröffnungsbeschluß gemäß § 204 zu ergehen hat. Im wesentlichen handelt es sich hier um die bereits zum Merkmal des „hinreichenden Tatverdachts" dargestellte Diskussion, so daß auf die dort angeführten Gründe, die gegen eine Anwendung des § 204 sprechen, zu verweisen ist[676].

Nach dem Beginn der Hauptverhandlung erläßt das Gericht bei Vorliegen eines Prozeßhindernisses ein einstellendes Urteil gemäß § 260 Abs. 3, wenn eine weitere Sachaufklärung nicht möglich erscheint[677]. Insoweit überwiegt das Interesse des Angeklagten an einer gerichtlichen Entscheidung.

2. *Örtliche Zuständigkeit*

Dem Gericht obliegt im Normalverfahren die Pflicht, seine örtliche Zuständigkeit bis zur Eröffnung des Hauptverfahrens von Amts wegen zu prüfen. Der Angeklagte kann die Unzuständigkeit darüber hinaus bis zum Beginn seiner Vernehmung zur Sache in der Hauptverhandlung rügen. Im b.V. endet die Prüfungspflicht des Gerichtes dagegen erst mit der Vernehmung des Angeklagten zur Sache, also mit dem die Rechtshängigkeit auslösenden Ereignis (vgl. § 16)[678]. Im

672 L/R-Rieß § 212a Rnr.11; zur Ausnahme die örtliche Zuständigkeit betreffend vgl. 7.Kap C 2

673 AK/StPO-Loos § 418 Rnr.4; Kl/M-G § 418 Rnr.2, § 419 Rnr.3; zur Ausnahme bei Differenzen über die sachliche Zuständigkeit innerhalb des Amtsgerichtes vgl. 7.Kap C 3

674 Vgl. die Zusammenstellung der überwiegend älteren Literatur in L/R-Rieß § 212b Fn.16

675 L/R-Meyer-Goßner § 212a Rnr.2,27 (23.Auflage) : für die örtliche Unzuständigkeit

676 Vgl. dazu 7.Kap B I 2; vgl. im übrigen Schröer S.120 f

677 SK/StPO-Paeffgen § 419 Rnr.9; AK/StPO-Loos § 419 Rnr.14; KMR-Fezer § 419 Rnr.6

678 SK/StPO-Paeffgen § 418 Rnr.6; Kl/M-G § 418 Rnr.2; Ranft Rnr.147; vgl. zur Rechtshängigkeit 7.Kap A I; diejenigen, die ein dem Eröffnungsbeschluß gleichkommendes Ereignis im b.V. vermissen, gelangen konsequenterweise zu einer Prüfungspflicht bis zur Urteilsverkündung, z.B. L/R-Wendisch § 16 Rnr.5

gleichen Moment verliert der Angeklagte auch sein Rügerecht, dem im b.V. somit keine eigenständige Bedeutung zukommt. Stellt das Gericht seine Unzuständigkeit fest, so ergeht im b.V. in jedem Fall ein Ablehnungsbeschluß gemäß § 419 Abs. 1 S. 1, da das Fehlen der Prozeßvoraussetzung die Eignung zur sofortigen Verhandlung entfallen lassen wird.

3. *Sachliche Zuständigkeit*

Bei der sachlichen Zuständigkeit ist zu differenzieren. Hält der angegangene Strafrichter oder Vorsitzende des Schöffengerichtes einen Spruchkörper des Landgerichtes oder gar des Oberlandesgerichtes für sachlich zuständig, ist das b.V. gemäß § 419 Abs. 1 S. 1 abzulehnen[679]. Eine Anwendung des § 209 Abs. 2 analog kommt nicht in Betracht, da eine Durchführung des erstinstanzlichen b.V. vor einem höherrangigen Gericht ausgeschlossen ist (vgl. § 419 Abs. 1 S. 1) und andauernde Zuständigkeitsstreitigkeiten jedenfalls die Eignung zur sofortigen Verhandlung entfallen lassen[680].

Zu dem gleichen Ergebnis gelangt eine überwiegend vertretene Ansicht bei Auseinandersetzungen über die Zuständigkeit innerhalb des Amtsgerichtes, also wenn der Strafrichter das Schöffengericht für zuständig erachtet und umgekehrt[681].

Diese Ansicht ist allerdings nicht ohne Widerspruch geblieben. Mit beachtlichen Argumenten macht sich eine Gegenauffassung für eine analoge Anwendung der §§ 209, 408 Abs. 1 S. 2, 3 anstelle eines Ablehnungsbeschlusses stark[682]. Ist danach der Vorsitzende des Schöffengerichts der Ansicht, daß sowohl die besonderen Eignungskriterien des b.V. als auch der hinreichende Tatverdacht gegeben sind, die eigene sachliche Zuständigkeit aber zu verneinen ist, leitet er die Sache an den Strafrichter, der nur hinsichtlich der Zuständigkeitsbewertung gebunden ist, zur Entscheidung über den Antrag gemäß § 417 weiter. Fehlt es neben der sachlichen Zuständigkeit an der Eignung für das b.V., liegt jedoch der hinreichende Tatverdacht vor, erläßt der Vorsitzende des Schöffengerichtes einen Ablehnungsbeschluß und eröffnet das Regelverfahren vor dem Strafrichter (§ 419 Abs. 3 i.V.m. § 209 Abs. 1 analog). Die zulässige sofortige Beschwerde der Staatsanwaltschaft gemäß § 210 Abs. 2 analog kann sich dann nur gegen die Eröffnung vor einem rangniederen Gericht richten, da § 419 Abs. 2 S. 2 insoweit zu

679 L/R-Rieß § 212a Rnr.14;

680 AK/StPO-Loos § 418 Rnr.8

681 HK/StPO-Krehl § 418 Rnr.1; Kl/M-G § 418 Rnr.2; KK/StPO-Treier (3. Auflage) § 212a Rnr.1

682 Zur alten Rechtslage vor allem L/R-Rieß § 212a Rnr.15; ausführlich zur Neufassung AK/StPO-Loos § 418 Rnr.5 ff; vgl. auch Schröer S.115 ff

beachten ist. Daß dabei ein sachlich unzuständiges Gericht über die Frage der Eignung entscheidet, ist unter Berücksichtigung des Rechtsgedankens von §§ 209 Abs. 1, 269 und der insgesamt lückenhaften Regelung hinnehmbar[683].

Geht umgekehrt der Strafrichter bei dem ihm vorgelegten Antrag gemäß § 417 von seiner sachlichen Unzuständigkeit aus, legt er die Sache entsprechend § 209 Abs. 2 dem Vorsitzenden des Schöffengerichts vor, dem sämtliche Entscheidungsmöglichkeiten des § 419 offenstehen. Es kann also im b.V. verhandeln oder das Regelverfahren vor dem Schöffengericht eröffnen. Hält er das Schöffengericht für sachlich unzuständig, so lehnt er das b.V. ab – eine Rückgabe des b.V. an den Strafrichter entsprechend § 209 Abs. 1 kommt wegen der bis dahin meist eingetretenen Zeitverzögerung wohl nicht mehr in Betracht – und eröffnet das (Regel-) Hauptverfahren vor dem Strafrichter[684].

Die dargestellte Auffassung zeigt einen Weg auf, Konflikte über die sachliche Zuständigkeit am Amtsgericht auf eine Weise einer Lösung zuzuführen, die entweder eine Durchführung des b.V. oder wenigstens einen beschleunigten Übergang ins Regelverfahren ermöglicht[685]. Sie wird damit der Intention des Gesetzgebers, schnell zu einer abschließenden Entscheidung zu gelangen, am ehesten gerecht. Es gilt allerdings bei der Abgabe der Sache an den Strafrichter oder der Vorlage beim Vorsitzenden des Schöffengerichts, das Kriterium der Eignung zur sofortigen Verhandlung genau zu prüfen, da die zusätzliche Zwischenentscheidung einen Zeitverlust bedeutet, der in Abhängigkeit von den bestehenden organisatorischen Strukturen die Eignung der Sache für das b.V. entfallen lassen kann[686].

Insgesamt wird die praktische Relevanz dieser Ansicht im Hinblick auf die Ausweitung der Alleinzuständigkeit des Strafrichters in § 25 GVG durch das Rechtspflegeentlastungsgesetz nicht unerheblich davon abhängen, ob die beschränkte Rechtsfolgenkompetenz des § 419 Abs. 1 S. 2 nur für die jeweils im b.V. verhängte Einzelstrafe gilt – und damit für die Zuständigkeit des Schöffengerichtes überhaupt in nennenswertem Umfang Raum verbleibt – oder allgemein für eine zu bildende Gesamtstrafe[687].

Nach dem Beginn der Hauptverhandlung kommt bei fehlender sachlicher Zuständigkeit einzig die Ablehnung des b.V. gemäß § 419 Abs. 2 S. 1 in Betracht.

---

683 Vgl. dazu insgesamt AK/StPO-Loos § 418 Rnr.6

684 Vgl. dazu AK/StPO-Loos § 418 Rnr.7

685 Im Ergebnis zustimmend SK/StPO-Paeffgen § 418 Rnr.7

686 Vgl. L/R-Rieß § 212a Rnr.15; es erginge dann ein Ablehnungsbeschluß gemäß § 419 I S.1

687 Zu diesem Streit vgl. 8.Kap; zur Abgrenzung der Zuständigkeit von Strafrichter und Schöffengericht generell 2.Kap A und Loos/Radtke NStZ 1996,7,8

8. Kapitel. Umfang der Geltung des Sanktionsrahmens in § 419 Abs. 1 S. 2 StPO

Im Regelverfahren können die am Amtsgericht eingerichteten Spruchkörper – Straf(Einzel)richter und Schöffengericht – innerhalb des vom abzuurteilenden Delikt vorgegebenen Strafrahmens und der eigenen, aus der sachlichen Gesamtzuständigkeit des Amtsgerichts ausgegliederten Zuständigkeit[688] jede ihnen tat- und schuldangemessen erscheinende Strafe verhängen.
Das b.V. sieht hingegen eine Reihe von verfahrensrechtlichen Vereinfachungen und Verkürzungen gegenüber den Regelungen des Normalverfahrens vor. Den Defiziten für die Wahrheitsfindung und den Beschuldigtenschutz, die aus der Beschränkung der Garantien des Normalverfahrens resultieren können, ist durch den Einbau struktureller Sicherungen Rechnung getragen worden[689]. Eine dieser Sicherungen besteht in der Begrenzung der Rechtsfolgenkompetenz in § 419 Abs. 1 S. 2, 3. So darf das Gericht im b.V. keine Freiheitsstrafe von mehr als einem Jahr verhängen.

A. Meinungsstand

Diese auf den ersten Blick eindeutige Regelung ist hinsichtlich ihres tatsächlichen Umfanges jedoch höchst umstritten. Einigkeit besteht zunächst insoweit, als ein Angeklagter, der wegen einer einzelnen Straftat i.S.d. § 52 StGB, die im b.V. verhandelt wird, vor Gericht steht, zu nicht mehr als einem Jahr Freiheitsstrafe verurteilt werden darf. Für den Bereich der Gesamtstrafenbildung gilt nach übereinstimmender Ansicht, daß die limitierte Rechtsfolgenkompetenz beachtet werden muß, wenn für zwei oder mehrere selbständige Taten, die in einem b.V. verhandelt werden, gemäß § 53 StGB eine Gesamtstrafe zu bilden ist oder wenn mehrere b.V. zur gemeinsamen Verhandlung miteinander verbunden werden[690]. Eine insoweit denkbare Beschränkung des § 419 Abs. 1 S. 2 auf die zu bildenden Einzelstrafen – mit der Möglichkeit, anschließend eine Gesamtstrafe von mehr

688 Vgl. § 24 f GVG und 2.Kap A
689 Fezer ZStW 106 (1994),1,8f; KMR-Fezer vor § 417 Rnr.6
690 Schweckendieck NStZ 1989,486; Kl/M-G § 419 Rnr.1

als einem Jahr zu verhängen – wird unter Hinweis auf die im Vergleich zum Regelverfahren bestehenden Verfahrensvereinfachungen abgelehnt[691].

Umstritten ist jedoch die Geltung des § 419 Abs. 1 S. 2, wenn ein oder mehrere b.V. mit einem oder mehreren Normalverfahren verbunden werden, für die die Begrenzung der Rechtsfolgenkompetenz nicht gilt.

Der BGH hatte sich mit diesem Problemkreis direkt noch nicht zu befassen. Dennoch hat er anläßlich eines ihm vorgelegten Falles in einem obiter dictum in wenigen Sätzen Stellung bezogen[692]. Er gelangt zu dem Ergebnis, daß gewichtige Gründe für die Annahme sprächen, die Vorschrift des § 212b Abs. 1 S. 2 a.F. beziehe sich „in solchen Fällen der Verfahrensverbindung nicht auf die Gesamtstrafe, sondern nur auf die Einzelstrafen für diejenigen Taten [...], wegen derer das b.V. eingeleitet worden war." Durch die Verbindung eines b.V. mit einem Regelverfahren würden die speziellen Vorschriften des b.V. nicht auf das gesamte Verfahren ausgedehnt werden. Die begrenzte Rechtsfolgenkompetenz des b.V. gelte schließlich auch nicht, wenn die in einem b.V. verhängte Strafe in einem Regelverfahren nachträglich gemäß § 55 StGB in eine Gesamtstrafe einbezogen werde[693].

Köckerbauer, der die zuvor dargestellte Ansicht teilt[694], beruft sich in seinen Ausführungen auf ein weiteres Urteil des BGH, das er als Stütze für seine Argumentation in Anspruch nehmen will. Der Entscheidung des BGH lag folgender Sachverhalt zugrunde[695]: Ein Richter hatte in erster Instanz eine nachträgliche Gesamtstrafenbildung gemäß § 55 StGB unterlassen, weil ihm die einzubeziehende Strafe unbekannt geblieben war. Die Frage, ob das Berufungsgericht durch das Verschlechterungsverbot des § 331 Abs. 1 daran gehindert ist, aus der dem zu entscheidenden Fall entspringenden Strafe und der zunächst unbekannt gebliebenen Strafe eine Gesamtstrafe zu bilden, ist vom BGH verneint worden. Zur Begründung beruft sich der BGH u.a. auf den Zusammenhang mit § 460. § 460 diene der Sicherung des Gesamtstrafenprinzips. Eigentlich sei die Gesamtstrafe bei Vorliegen der Voraussetzungen (§§ 53 ff StGB) bereits im Erkenntnisverfahren zu bilden. Sei das aus irgendeinem Grunde unterblieben, solle die Entscheidung im Nachtragsverfahren nach § 460 getroffen werden. Der Verurteilte dürfe durch die vom Tatrichter unterlassene Gesamtstrafenbildung weder besser noch

691 KMR-Fezer § 419 Rnr.4
692 BGHSt 35,251,254
693 Ebenso Schröer S.86 f; OLG Oldenburg NdsRPfl 1989,13; Terhorst JR 1989,121, der keinen unmittelbaren Zusammenhang zwischen dem Wegfall des Zwischenverfahrens mit einem Eröffnungsbeschluß und dem Vorgang der Bemessung der Gesamtstrafe sieht (noch zur alten Rechtslage).
694 Vgl. die Ausführungen in NJW 1990,170f
695 BGHSt 35,208 = NJW 1989,45

schlechter gestellt werden. Wenn der Beschlußrichter nun – wie im vorliegenden Fall – die Strafe gemäß § 460 nachträglich ohne Rücksicht auf das insoweit zweifellos nicht geltende Verschlechterungsgebot bilden dürfe und müsse, dann könne dieses dem Tatrichter nicht gemäß § 331 verwehrt sein[696].

Köckerbauer zieht aus diesen Äußerungen übertragen auf den hier diskutierten Problemkreis folgenden Schluß[697]: Müßte ein Beschlußrichter aus zwei in einem verbundenen Verfahren (Regel- und b.V.) ergangenen Einzelstrafen gemäß § 460 eine Gesamtstrafe bilden, wäre er durch § 212b Abs. 1 S. 2 a.F. (§ 419 Abs. 1 S. 2) nicht daran gehindert, mehr als ein Jahr Freiheitsstrafe zu verhängen. Dem Tatrichter bliebe dieses jedoch wegen § 212b Abs. 1 S. 2 a.F. verwehrt, so daß der Beschlußrichter es gemäß § 460 nachholen müßte. Was dem Beschlußrichter aber erlaubt sei, müsse auch dem Tatrichter möglich sein. Deswegen gelte § 212b Abs. 1 S. 2 für die Gesamtstrafenbildung nicht, sondern nur für die Höhe der im b.V. zu verhängenden Einzelstrafe. Der Tatrichter könne somit auf prozeßökonomische Weise gleich eine adäquate Gesamtstrafe verhängen.

Die von Köckerbauer gezogene Parallele gibt das Urteil des BGH jedoch nicht her. Im von ihm zitierten BGH-Fall war eine Gesamtstrafe erstinstanzlich überhaupt nicht gebildet worden, so daß zu entscheiden war, ob das Verschlechterungsgebot der Nachholung dieses Vorgangs entgegenstehen konnte. Im b.V. verhindert § 419 Abs. 1 S. 2 eine Gesamtstrafenbildung dagegen unter keinem Gesichtspunkt, sondern limitiert nur ihre Höhe. Der Tatrichter hat eine Gesamtstrafe also auch dann gebildet, wenn er sich an die Begrenzung der Strafrahmenkompetenz von maximal einem Jahr Freiheitsstrafe hält. Einer Korrektur dieses Ergebnisses auf der Grundlage des § 460 bedarf es nicht nur nicht, ein solches Nachtragsverfahren ist vielmehr nicht einmal zulässig, wenn eine Gesamtstrafe bereits in einem Urteil verhängt wurde. Daran ändert auch die Tatsache nichts, daß die Regelung des § 419 Abs. 1 S. 2 auf eine ausnahmsweise erforderliche Gesamtstrafenbildung gemäß § 460 nicht anwendbar ist. Denn um eine Vergleichbarkeit mit der vom BGH entschiedenen Konstellation bejahen zu können, müßte die unterlassene Gesamtstrafenbildung im Erkenntnisverfahren auf der Beschränkung der Strafrahmenkompetenz beruhen, was wie soeben ausgeführt nicht der Fall ist.

Der überwiegenden Ansicht zufolge ist die Strafbanngrenze des § 419 Abs. 1 S. 2 in verbundenen Verfahren (Regelverfahren mit b.V.) bei der Gesamtstrafenbildung zu beachten[698]. Das Gericht verhandele jedenfalls auch im b.V., so daß

---

696 BGH NJW 1989,45,46

697 Köckerbauer NJW 1990,170f

698 OLG Hamm JMBlNW 1979,59f; OLG Celle NStZ 1983,233; OLG Schleswig SchlHA 1984,103; Schweckendieck NStZ 1989,486; SK/StPO-Paeffgen § 419 Rnr.4; HK/StPO-Krehl § 419 Rnr.2; Ranft Rnr.2342

§ 419 Abs. 1 S. 2 Geltung erlange[699]. Zudem vollziehe sich die Gesamtstrafenbildung vom Ausgangspunkt der höchsten Einzelstrafe, indem das Gericht die Taten und die Person des Täters nunmehr zusammenfassend würdige. Da es sich also nicht um eine reine Rechenaufgabe handele, bestehe die Gefahr, daß die Vereinfachungen des b.V. und die damit verbundenen, möglichen Erkenntnisdefizite auf das Ergebnis der Gesamtstrafenbildung durchschlagen könnten[700]. Dabei geht man zugleich überwiegend davon aus, daß die in einem Normalverfahren gemäß § 55 StGB zu bildende Gesamtstrafe, bei der es eine Einzelstrafe aus einem b.V. miteinzubeziehen gilt, die Grenze von einem Jahr Freiheitsstrafe übersteigen darf[701].

B. Würdigung

Eine erste Annäherung an das vorliegende Problem könnte sich über den Wortlaut des § 419 Abs. 1 S. 2 ergeben. Eine höhere Freiheitsstrafe als ein Jahr darf „in diesem Verfahren" nicht verhängt werden. Zutreffend ist, daß in einem verbundenen Verfahren jedenfalls auch in diesem Verfahren, nämlich im b.V. verhandelt wird. Ebenso läßt sich aber nicht in Abrede stellen, daß beide Verfahren ihre rechtliche Selbständigkeit behalten. Die Regelung des § 420 ist zum Beispiel trotz einer Verbindung mit einem Regelverfahren im Regelverfahren selbst nicht anwendbar. Insoweit erschiene eine zwingende Anwendung des § 419 Abs. 1 S. 2 wiederum fraglich. Der Wortlaut gibt also keinen Aufschluß für die Beantwortung der Frage[702].

Die Befürworter einer Begrenzung der Strafgewalt im Sinne des § 419 Abs. 1 S. 2 für die Gesamtstrafenbildung weisen häufig auf die Gefahren hin, die das b.V. in Form der verfahrensrechtlichen Verkürzungen mit sich bringt und die sich via zu bildender Gesamtstrafe auf das gesamte Verfahren ausdehnen können[703]. Zweifellos ist es richtig, daß sich ein (unerkannt) fehler- oder lückenhaft aufgeklärter Sachverhalt nicht nur bei der Bemessung der Einzelstrafe auswirken kann, sondern auch bei der Ermittlung der Gesamtstrafe, da die einzelnen Strafen zu diesem Zweck nicht bloß addiert werden. Vor dem Hintergrund der Neuregelung in den §§ 417 ff können sich nunmehr die Vereinfachungen des b.V. mehr denn je auf die Gesamtstrafenbildung auswirken. Je großzügiger die Gerichte die Eig-

699 OLG Hamm JMBlNW 1979,59; OLG Schleswig SchlHA 1984,103
700 Ranft Rnr.2342
701 Schweckendieck NStZ 1989,486; KMR-Fezer § 419 Rnr.4; OLG Oldenburg NStZ 1988,323
702 Vgl. Schweckendieck NStZ 1989,486
703 Ranft Rnr.2342; KMR-Fezer § 419 Rnr.4

nungskriterien für das b.V. handhaben und je häufiger sie die Vereinfachungsinstrumente des b.V. kumulativ zum Einsatz bringen, desto größer sind die Gefahren zu veranschlagen, die von diesem Verfahren für die Angemessenheit einer zu bildenden Gesamtstrafe ausgehen. Umgekehrt läßt sich indes nicht ausschließen, daß sich mit den im Regelverfahren gewonnenen Informationen bestimmte Defizite des b.V. kompensieren lassen, weil man beispielsweise über die bei der Festsetzung der Einzelstrafen zu berücksichtigende Persönlichkeit des Täters (vgl. §§ 56, 47 StGB) aufgrund der Verbindung mit dem Regelverfahren mehr Erkenntnisse erlangt, als das bei der Durchführung eines einzelnen b.V. möglich gewesen wäre. Darüber hinaus lassen sich Fälle denken, bei denen der Sachverhalt sehr einfach ist, der Angeklagte geständig ist und die Beschleunigungsinstrumente des § 420 nicht zur Anwendung gelangen, kurzum also Fälle, bei denen sich die verminderten Garantien des b.V. nicht negativ auswirken.

Ein ambivalentes Bild vermittelt auch der Blick auf die in einem verbundenen Verfahren denkbaren Konstellationen hinsichtlich der Verhängung von Einzelstrafen. So kann die im Normalverfahren verhängte Einzelstrafe z.B. „nur“ vier Monate betragen, während die im b.V. festgesetzte Strafe am oberen Ende der limitierten Strafgewalt von zwölf Monaten angesiedelt ist (z.B. 11 Monate) und somit als Einsatzstrafe fungiert. Diese Konstellation verlangt eine ganz andere Beurteilung als die, über die das OLG Oldenburg zu entscheiden hatte[704]. Dort war im Regelverfahren eine Strafe von zehn, im b.V. eine Strafe von einem Monat verhängt worden. Die Einzelstrafe des b.V. wäre schon so für die Bildung einer Gesamtstrafe kaum ins Gewicht gefallen. Die Jahresgrenze hätte jedenfalls unter keinen Umständen überschritten werden können, wenn nicht noch zwei Strafen von zwei und vier Monaten gemäß § 55 StGB hätten miteinbezogen werden müssen. Eine Beschränkung der Rechtsfolgenkompetenz in letzterem Fall ist genauso unverständlich wie sie bei dem zuvor geschilderten Fall hinsichtlich der im b.V. verhängten, hohen Einsatzstrafe unerläßlich ist.

Die vor dem OLG Oldenburg verhandelte Sache ist auch aus einem anderen Grund von besonderem Interesse. Wer der Ansicht ist, daß die Regelung des § 419 Abs. 1 S. 2 für die Gesamtstrafenbildung im verbundenen Verfahren gilt, muß, um zu einheitlichen Ergebnissen zu gelangen, deren Geltung entweder – ohne jede gesetzliche Grundlage – pauschal für jede Form der nachträglichen Gesamtstrafenbildung gemäß § 55 StGB (oder § 460) fordern oder muß mit dem Widerspruch leben, daß § 419 Abs. 1 S. 2 zwar Anwendung findet, wenn im b.V. eine zuvor im Normalverfahren verhängte Strafe einzubeziehen ist, nicht aber im umgekehrten Fall. Dann würde nämlich ausschließlich im Normalverfahren ver-

704 OLG Oldenburg NdsRPfl 1989,13

handelt werden, für das die Limitierung in § 419 sicherlich nicht gilt[705]. In der Konsequenz läge es, daß nicht selten der Zufall der Verfahrensverbindung bzw. die Reihenfolge der Strafverfahren eine wichtige Rolle für die Festlegung der Höhe der Gesamtstrafe spielte.

Eine einheitliche Linie ist selbst mit einem Blick auf die unterschiedlichen Verfahrenskombinationen nicht herstellbar. Wenn der Ansatzpunkt richtig ist, daß bei einer Verbindung von mehreren b.V. eine Gesamtstrafe von höchstens einem Jahr verhängt werden darf[706], bedeutete das – den Gedanken konsequent zu Ende gedacht – für die Verbindung von mehreren b.V. mit einem Regelverfahren, daß zunächst im Geiste eine Gesamtstrafe für die im b.V. verhängten Einzelstrafen zu bilden wäre, ehe anschließend die „wirkliche" Gesamtstrafe vom Gericht zu bilden wäre. Eine solche Praxis fände aber im Gesetz keinen Widerhall, da die Gesamtstrafe gemäß § 54 Abs. 1 S. 2 StGB insgesamt „in einem Durchgang" zu bilden ist. Demnach müßte § 419 Abs. 1 S. 2 auch für diese Konstellation Beachtung finden. Anders stellte sich die Lage dar, wenn ein b.V., in dem nicht zwei in Tatmehrheit stehende Taten abzuurteilen sind, mit einem oder mehreren Regelverfahren verbunden würde. Für diesen Fall ließe sich die im b.V. verhängte Einzelstrafe auf ihre Konformität mit der Rechtsfolgenbegrenzung des § 419 Abs. 1 S. 2 überprüfen[707]. Der Verhängung einer Gesamtfreiheitsstrafe von mehr als einem Jahr stünde folglich nichts im Wege.

Aus systematischen Gesichtspunkten allein kann also auch keine durchgehend begründbare, einheitliche Handhabung der Fälle der Verfahrensverbindung abgeleitet werden.

Letztlich sind also eine Vielzahl von Situationen denkbar, in denen weder die eine noch die andere der beiden näher ausgeführten Ansichten grundsätzlich eine befriedigende Lösung ermöglicht. Von diesem Ausgangspunkt aus ist den schutzwürdigen Belangen des Angeklagten der Vorrang einzuräumen, während verfahrensökonomische Überlegungen, die eventuell den Anlaß für die Ausführungen des BGH abgegeben haben, zurückstehen müssen. Daß auf diese Weise – wie angedeutet – nicht immer angemessene Ergebnisse zu erzielen sind, läßt sich nicht völlig ausschließen und ist der Preis, der für die Durchführung des b.V. zu bezahlen ist. Er ist indes bereits in der Grundkonzeption des b.V. angelegt, die bestimmte Sicherungen unabdingbar macht.

705 Vgl. Schweckendieck NStZ 1989,486; darauf weisen auch BGHSt 35,251,254 und Terhorst JR 1989,121 hin

706 Das scheint – soweit ersichtlich – allgemeine Auffassung zu sein. Die Ausführungen des BGH beschränken sich eindeutig auf die Verbindung eines b.V. mit einem Regelverfahren, vgl. BGHSt 35,251,254; vgl. auch Terhorst JR 1989,121

707 Insgesamt dazu Schweckendieck NStZ 1989,486

Um die angesprochenen Widersprüche, die mit einer limitierten Sanktionskompetenz bei der Gesamtstrafenbildung einhergehen, in Grenzen zu halten, muß zunächst bei der Einleitung der Verfahren genau beachtet werden, ob neben dem b.V. noch andere Verfahren gegen den Beschuldigten anstehen oder voraussichtlich eine Gesamtstrafe zu bilden ist. Schweckendieck schlägt vor, wohl bezogen auf den Fall, daß eine tat- und schuldangemessene Gesamtfreiheitsstrafe von mehr als einem Jahr zu erwarten ist, das b.V. nicht mit dem Regelverfahren zu verbinden und statt dessen zunächst im b.V. zu verhandeln. Verzichteten die Beteiligten im Anschluß daran auf etwaige Rechtsmittel, könnte im unmittelbar folgenden Regelverfahren sofort eine Gesamtstrafe gemäß § 55 StGB gebildet werden[708]. Der Ansatz ist unterstützenswert, wobei er allerdings die Mitwirkung der Beteiligten voraussetzt und, wie Schweckendieck konzediert, ob der getrennten Verfahrensführung mit einem Mehraufwand verbunden ist

Stellt sich erst nach der Beantragung des b.V. durch die Staatsanwaltschaft bzw. während der Hauptverhandlung heraus, daß der Sanktionsrahmen des § 419 Abs. 1 S. 2 nicht ausreicht, ist das b.V. als ungeeignet abzulehnen (vgl. § 419 Abs. 1, 2). § 419 Abs. 1 S. 2 ist dabei konsequent von der hier vertretenen Position so auszulegen, daß er sich insoweit nicht allein auf die im b.V. zu erwartende Strafe, sondern auf die zu bildende Gesamtstrafe insgesamt erstreckt. Liegen bereits rechtskräftige Verurteilungen des Angeklagten vor, die in einem weiteren Verfahren bei einer etwaigen Gesamtstrafenbildung zu berücksichtigen wären, und ist dabei insgesamt eine Strafhöhe von mehr als einem Jahr Freiheitsstrafe zu erwarten, so ist auf die Durchführung eines b.V. zu verzichten. Ist ein b.V. trotzdem beantragt worden oder erfährt das Gericht erst während der Verhandlung von diesen einzubeziehenden Strafen, so fehlt es ebenfalls an der entsprechenden Eignung (§ 419 Abs. 1, 2). Im übrigen bleibt es für die Fälle der nachträglichen Gesamtstrafenbildung gemäß § 55 StGB im Normalverfahren dabei, daß § 419 Abs. 1 S. 2 nicht gilt.

Insgesamt ist es nicht zu leugnen, daß die aus besagten Gründen auf die Gesamtstrafenbildung zu übertragende Beschränkung der Rechtsfolgenkompetenz in § 419 Abs. 1 S. 2 nicht eben die Attraktivität dieses Verfahrens steigert.

---

708 Schweckendieck NStZ 1989,486

9. Kapitel. Rechtsmittel gegen Urteile im beschleunigten Verfahren

A. Rechtsmittel

Wie im Normalverfahren ist gegen Urteile, die im b.V. ergangen sind, die Einlegung von Rechtsmitteln statthaft. Allerdings bedarf es einer genaueren Klärung, inwieweit die Besonderheiten des b.V. Abweichungen von den allgemeinen Vorschriften erfordern.

I. Im allgemeinen

Eine Beschwerde gegen die Durchführung des b.V. ist generell nicht statthaft. Für die Staatsanwaltschaft ergibt sich das schon aus der Tatsache, daß sie ihr Einverständnis mit dem b.V. bereits mittels der Stellung eines Antrags gemäß § 417 dokumentiert hat. Dem Beschuldigten, dem schon kein Zustimmungsrecht zum b.V. eingeräumt wurde, steht folgerichtig auch keine Beschwerdebefugnis zu, da er anderenfalls ein Verhandeln im b.V. problemlos durch das Einlegen einer Beschwerde sabotieren könnte. Die Unanfechtbarkeit des Ablehnungsbeschlusses auf der Grundlage des § 419 Abs. 1 S. 1 und des § 419 Abs. 2 S. 1 ergibt sich bereits aus der ausdrücklichen Regelung des § 419 Abs. 2 S. 2[709].

Es verbleibt jedoch ganz allgemein die Möglichkeit, im Wege der Berufung oder der Sprungrevision (§ 335) gegen das erstinstanzliche Urteil vorzugehen[710].

II. Geltung des § 313 StPO

Grundsätzlich ist gegen Urteile des Strafrichters und des Schöffengerichtes die Berufung bedingungslos zulässig (§ 312). Wurde der Angeklagte jedoch zu einer Geldstrafe von nicht mehr als 15 Tagessätzen verurteilt, hängt die Durchführung einer Berufungsverhandlung gemäß §§ 313, 322a von einer Annahme durch das Berufungsgericht ab.

---

709 L/R-Rieß § 212b Rnr.19; AK/StPO-Loos § 419 Rnr.15; a.A. LG Berlin DAR 1957,191

710 AK/StPO-Loos § 420 Rnr.26; SK/StPO-Paeffgen § 419 Rnr.13; Roxin § 59 Rnr.7

1. Auslegung bei vorangegangenem Regelverfahren

Den Maßstab für die Annahmeprüfung entnimmt das Berufungsgericht der Vorschrift des § 313 Abs. 2 S. 1. Danach wird eine vom Beschwerdeführer form- und fristgerecht eingelegte Berufung angenommen, wenn sie nicht „offensichtlich unbegründet" ist. Inhaltlich knüpft der Gesetzgeber mit dieser Formulierung an die im Revisionsrecht verankerte Regelung des § 349 Abs. 2 an[711]. Danach ist eine Revision offensichtlich unbegründet, wenn für jeden Sachkundigen an Hand der Urteilsgründe, einer eventuell vorliegenden Berufungsbegründung und des Hauptverhandlungsprotokolls ohne längere Prüfung erkennbar ist, daß das Urteil keine sachlich-rechtlichen oder verfahrensrechtlichen Mängel enthält[712]. Bei einer schlichten Übernahme der dem Revisionsgericht zustehenden Überprüfungsbefugnis kann es angesichts der Verschiedenartigkeit der Rechtsmittel Berufung und Revision aber nicht sein Bewenden haben. Anders als die Revision erschöpft sich die Berufung nicht in der Überprüfung eines angefochtenen Urteils, sondern hat eine eigene tatrichterliche Hauptverhandlung mit einer völlig eigenständigen Entscheidung zum Gegenstand. Das Landgericht kann somit die Annahme der Berufung als unbegründet nur dann ablehnen, wenn kein vernünftiger Zweifel an den Tatsachenfeststellungen, der Rechtsanwendung und der Strafzumessung des Erstrichters bestehen kann[713].

2. Auslegung bei vorangegangenem beschleunigten Verfahren

Da die Regelung des b.V. in den §§ 417 ff keine speziellen Voraussetzungen für die Zulässigkeit von Berufung und Revision normiert, finden die allgemeinen Vorschriften Anwendung. Danach ist die Durchführung einer Berufungsverhandlung bei einer erstinstanzlichen Verurteilung zu einer Strafe von nicht mehr als fünfzehn Tagessätzen von der Annahme durch das zuständige Gericht abhängig (§§ 313 Abs. 1, 322a). Diese vorgeschaltete Prüfungsbefugnis des Landgerichtes ist nach Durchführung eines b.V. besonders problematisch, da der Angeklagte alleine über das Rechtsmittel der Berufung – wie bereits dargelegt[714] – eine Hauptverhandlung herbeiführen kann, in der er seine Verteidigung mit einem Mindestbestand an aktiven verfahrensrechtlichen Befugnissen betreiben kann. Mit der Nichtannahme der Berufung ist dem Angeklagten jegliche Möglichkeit

---

711 BT/Ds 12/3832 S.41; Fezer NStZ 1995,265
712 Feuerhelm StV 1997,99,102
713 AK/StPO-Dölling § 313 Rnr.5; vgl. auch BVerfG NJW 1996,2785
714 Vgl. 4.Kap A 4 b

abgeschnitten, eine von ihm für notwendig erachtete Beweiserhebung durchzusetzen.

Im Normalverfahren stellt sich die Situation zu diesem Zeitpunkt anders dar, da bereits eine erstinstanzliche Verhandlung mit allen verfahrensrechtlichen Garantien stattgefunden hat. Der Angeklagte ist zudem trotz der Einführung der Annahmeberufung nicht daran gehindert, die Beachtung der Verfahrensvorschriften – insbesondere die der § 244 Abs. 3 ff – im Wege der Sprungrevision, die weiterhin uneingeschränkt zulässig ist[715], klären zu lassen.

Die Revision ist zwar gemäß § 335 grundsätzlich auch gegen ein im b.V. ergangenes erstinstanzliches Urteil zulässig. So kann der Angeklagte, der der Ansicht ist, ein Beweisantrag sei zu Unrecht abgelehnt worden, wegen Verletzung des § 420 Abs. 4 i.V.m. § 244 Abs. 2 die Rüge unzureichender Sachaufklärung zu erheben[716]. Diese sogenannte Aufklärungsrüge erfordert jedoch einen viel größeren Begründungsaufwand als die auf eine Verletzung von § 244 Abs. 3, 4 gestützte Verfahrensrüge[717]. Im Ergebnis ist also mit der Einfügung des § 420 Abs. 4 nicht nur der Umfang der erstinstanzlichen Beweisaufnahme beschränkt worden, sondern auch die revisionsrechtliche Überprüfbarkeit des im b.V. geltenden Beweisantragsrechtes erschwert worden.

Die Risiken für die Wahrheitsfindung erhöhen sich weiterhin durch eine noch immer als uneinheitlich zu charakterisierende Auslegung des Begriffes der „offensichtlichen Unbegründetheit“ in § 313 Abs. 2[718]. Anders als bei einer Entscheidung des Revisionsgerichtes nach § 349 Abs. 2 wird die insoweit bestehende Rechtsunsicherheit nicht mittels verfahrensrechtlicher Sicherungen wie dem Antragserfordernis oder dem Einstimmigkeitsprinzip (vgl. § 349 Abs. 2)[719] aufgefangen. Der Angeklagte ist statt dessen dem jeweils angewandten Maßstab bei der Auslegung des Merkmals der „offensichtlichen Unbegründetheit“ schutzlos ausgeliefert, da der Beschluß des Berufungsgerichtes unanfechtbar ist (§ 322a S. 2)[720].

Ferner offenbart der vorliegend zu beurteilende Regelungsausschnitt einmal mehr die Bedeutung der Anwaltsbeteiligung im b.V.. Ein Laie wird das Institut

---

715 OLG Stuttgart NStZ 1996,76; OLG Zweibrücken StV 1994,119; BayObLG StV 1993,572; Tolksdorf FS-Salger S.393,402; a.A. Kl/M-G § 335 Rnr.21; Ostendorf ZRP 1994,335,338;

716 KMR-Fezer § 420 Rnr.10; Kl/M-G § 420 Rnr.13

717 L/R-Gollwitzer § 244 Rnr.345; Sarstedt/Hamm Rnr.257 ff; Liemersdorf StV 1987,175,177

718 Vgl. Feuerhelm StV 1997,99,104 : von Berufungen im annahmepflichtigen Bereich schwanken die Quoten der Zulassungen zwischen 0% und 50%; vgl. auch Stellungnahme der Bundesregierung BT/Ds 13/4284, S.3

719 Tolksdorf FS-Salger S.393,407

720 Vgl. Frister StV 1997,150,155

der Annahmeberufung, das von dem ursprünglichen Rechtsmittel der Berufung, wie es jenseits des Geltungsbereiches von § 313 Abs. 1 Gültigkeit hat, abweicht, nicht wirklich durchschauen können. Historisch betrachtet ist die Berufung nämlich kein Rechtsmittel, das eine Überprüfung des erstinstanzlichen Urteils zum Gegenstand hätte. Grundlage für eine Entscheidung in der Sache durch das Berufungsgericht ist vielmahr alleine die neue tatrichterliche Hauptverhandlung. Folglich ist es von Gesetzes wegen nicht verlangt, daß der Angeklagte eine Berufungsbegründung einreicht (vgl. § 317). Es bedarf allein der Beachtung der Form- und Fristanforderungen (§ 314), um automatisch eine Neuverhandlung der Sache zu bewirken. Die Annahmeberufung in § 313 Abs. 1, 2 fügt sich in dieses System nicht ein, da der Durchführung einer zweiten Tatsacheninstanz die Entscheidung über die Berufungsannahme vorgeschaltet ist, die auf einer Überprüfung des erstinstanzlichen Verfahrens beruht. Die Prüfung des entscheidenden Kriteriums der „offensichtlichen Unbegründetheit" des Rechtsmittels durch das Gericht erfolgt zunächst einmal auf der Basis aller zur Verfügung stehenden Unterlagen. Das sind jedenfalls die Entscheidungsgründe, das Hauptverhandlungsprotokoll und der Akteninhalt, mithin Unterlagen, die überwiegend die Sicht des erstinstanzlichen Richters wiedergeben. Bei einer einsichtigen und umfassenden Begründung des Urteils wird die Berufung daher verworfen werden. Dieses Ergebnis wird der Angeklagte nur vermeiden können, wenn er eine Berufungsrechtfertigung, die vom Gericht als Grundlage für die Entscheidung nach § 313 Abs. 2 zu beachten ist, einreicht. Werden darin gezielt Bedenken gegen die Feststellungen und Ausführungen des Tatrichters erhoben, z.B. durch die konkrete Beanstandung von Tatsachenfeststellungen oder das Nennen neuer Beweismittel, wird es dem Gericht in vielen Fällen erschwert, die Berufung als offensichtlich unbegründet zu verwerfen[721]. Von der Warte des Angeklagten ist es daher ratsam, das Rechtsmittel der Berufung im Bereich des § 313 Abs. 1 zu begründen. Vor diesem Hintergrund steht zu befürchten, daß die Regelung des § 313 vor allem dem unverteidigten Angeklagten, der die aufgezeigten rechtlichen Zusammenhänge nicht kennen wird, Probleme bereiten wird, über die Berufungsverhandlung die Erhebung eines Entlastungsbeweises durchzusetzen[722].

Unter Berücksichtigung dieser Ausführungen, v.a. im Hinblick auf die reduzierten verfahrensrechtlichen Garantien im erstinstanzlichen b.V., ist es ein rechtsstaatliches Gebot, § 313 Abs. 1, 2 restriktiv auszulegen[723]; zumal nicht auszuschließen ist, daß das Berufungsgericht der Suggestivwirkung einer erstinstanzlichen Verurteilung im b.V., die notwendigerweise die Feststellung bein-

721 KK/StPO-Ruß (3. Auflage) § 313 Rnr.5; Tolksdorf Salger-FS S.393,408 f
722 Vgl. Fezer NStZ 1995,265,267
723 Vgl. auch Schröer S.192

haltet, das Urteil sei auf der Grundlage eines einfachen Sachverhaltes bei klarer Beweislage getroffen worden, erliegt. Erst die Möglichkeit, bedingungslos eine Berufungsverhandlung herbeiführen zu können, eröffnet dem Angeklagten ein faires Verfahren, weil das b.V. mit der Einlegung von Rechtsmitteln gegen das erstinstanzliche Urteil – nach der hier vertretenen Auffassung[724] – ins Normalverfahren mit allen rechtsstaatlichen Garantien übergeht und die Beachtung der in zweiter Instanz geltenden Verfahrensvorschriften (z.B. der § 244 Abs. 3 ff) durch das Rechtsmittel der Revision sichergestellt ist[725]. Berufungen unverteidigter Angeklagter sind insbesondere bei fehlender Begründung wohlwollend zu prüfen. Angesichts des Abbaus von Verfahrens- und Verteidigungsrechten im b.V. ist eine Berufung demnach niemals als „offensichtlich unbegründet" zu bezeichnen und zuzulassen, wenn auch nur die entfernte Möglichkeit eines anderen Verfahrensergebnisses besteht. Eine entsprechend restriktive Auslegung der Vorschrift ist gleichwohl nicht mehr als ein Rettungsanker angesichts der Tatsache, daß der Gesetzgeber es offensichtlich nicht für nötig erachtet hat, die besonderen Verfahrensverkürzungen des b.V. mit den auf Entlastung zielenden allgemeinen Vorschriften der §§ 313, 322a zu harmonisieren.

3. *Berücksichtigung der durch den Entwurf eines „Zweiten Gesetzes zur Entlastung der Rechtspflege" ursprünglich geplanten Änderungen*

Nur kurz nach Inkrafttreten des „Ersten Gesetzes zur Entlastung der Rechtspflege" lag bereits der Entwurf für ein zweites Gesetz dieser Art vor[726]. Vor einer Umsetzung der geplanten Regelungen in geltendes Recht kam es jedoch im Herbst 1998 zu einem Regierungswechsel und dem damit verbundenen vorläufigen Scheitern der Gesetzesiniative. Die Erfahrungen aus der Vergangenheit zeigen jedoch, daß einmal angedachte Verfahrensvereinfachungen nicht selten zu einem späteren Zeitpunkt wiederaufgegriffen und beraten werden, so daß eine Auseinandersetzung mit dem Gesetzesentwurf unter Berücksichtigung der Besonderheiten des b.V. als lohnenswert erscheint.

Die Änderungsvorschläge betrafen die Regelungen des b.V. in den §§ 417 ff zwar nicht unmittelbar. Wie jedoch bereits mehrfach (u.a. im Zusammenhang mit § 249 Abs. 2 und § 257a) aufgezeigt, haben auch Modifikationen allgemeiner Verfahrensvorschriften weitreichende Auswirkungen auf die Einhaltung verfah-

724 Vgl. 9.Kap B I 2

725 Vgl. dazu 9.Kap B I; aber auch diejenigen, die der Ansicht sind, die Berufungsverhandlung finde im b.V. statt , bestreiten nicht, daß 420 Abs. 4 in zweiter Instanz nicht anwendbar ist, so daß der Angeklagte jedenfalls auf das wichtige Verfahrensrecht des formellen Beweisantragsrechtes zurückgreifen kann.

726 BT/Ds 13/4541 S.1 ff

rensrechtlicher Mindeststandards im b.V.. Vorgesehen im Entwurf war unter anderem eine Einschränkung der Rechtsmittel gegen die amtsgerichtlichen Strafurteile. Danach soll ganz allgemein bei amtsgerichtlichen Urteilen ein Wahlrechtsmittels eingeführt werden, d.h. dem Angeklagten und der Staatsanwaltschaft soll jeweils entweder nur die Einlegung einer Berufung oder Revision möglich sein. Des weiteren soll der Anwendungsbereich der Annahmeberufung auf Geldstrafen von bis zu 90 Tagessätzen sowie auf das Fahrverbot und die Entziehung der Fahrerlaubnis mit einer Sperrfrist bis zu neun Monaten ausgedehnt werden. Zudem sah der Entwurf vor, innerhalb dieses Anwendungsbereiches die Sprungrevision völlig auszuschließen.

Die im Entwurf vorgesehene Erweiterung des Anwendungsbereiches des § 313 macht in den Fällen eines vorausgegangenen b.V. einmal mehr die Notwendigkeit des unbeschränkten Zugangs zu einer mit allen Verfahrensgarantien versehenen Berufungsverhandlung deutlich. Das ergibt sich nicht allein aus der vorgesehenen Erhöhung der Anzahl der Tagessätze. Insbesondere die Einbeziehung eines auch im b.V.[727] zu verhängenden Fahrverbotes und eines Fahrerlaubnisentzuges in die Vorschrift des § 313 Abs. 1 kann für den Angeklagten weitreichende Folgen, vor allem in beruflicher Hinsicht zeitigen[728]. Insoweit muß ihm durch die bereits dargestellte, restriktive Handhabung des § 313 Abs. 2[729] die Möglichkeit offenstehen, im Wege der Berufung das im b.V. ergangene erstinstanzliche Urteil nachprüfen zu lassen[730]. Aber selbst bei einer Übernahme des hier befürworteten Auslegungsmaßstabes bleibt festzuhalten, daß der Druck auf den Berufungsrichter, die strengen Verfahrensvorschriften der zweiten Tatsacheninstanz einzuhalten, durch die anvisierte Neuregelung entscheidend abgeschwächt wird. Die Einräumung der Befugnis, die Durchführung eines Berufungsverfahrens mit allen rechtsstaatlichen Garantien herbeiführen zu können, nützt nämlich wenig, wenn der Rechtsmittelführer anschließend nicht mehr berechtigt ist, die Einhaltung dieser strengen Verfahrensvorschriften überprüfen zu lassen, weil dem Angeklagten und der Staatsanwaltschaft in Zukunft nur noch ein Rechtsmittel je Instanzenzug zur Verfügung stehen soll. Wenn der Angeklagte also schon Berufung gegen das im b.V. ergangene Urteil eingelegt hat, soll er es

---

727 Vgl. § 419 Abs. 1 S. 3; generell AK/StPO-Loos § 419 Rnr.4; KMR-Fezer § 419 Rnr.5; SK/StPO-Paeffgen § 419 Rnr.6

728 In BT/Ds 13/4541 S.24 spricht der Gesetzgeber selbst von „nicht unerheblichen Rechtsfolgen".

729 Vgl. dazu 4.Kap III 3 b

730 Daß dem Angeklagten im Anwendungsbereich des § 313 keine Wahl zwischen Berufung und Revision eröffnet ist, erweist sich angesichts der beschränkten Verfahrensgarantien im b.V. als nicht erheblich; vgl zum Normalverfahren Frister StV 1997,150,156

anschließend nicht mehr in der Hand haben, beispielsweise die seiner Meinung nach unberechtigte Ablehnung eines Beweisantrags im Wege der Revision überprüfen zu lassen.

Die im Rahmen des § 313 Abs. 1 ausgeschlossene Sprungrevision würde sich zwar im Hinblick auf die verkürzten Verfahrensgarantien des amtsgerichtlichen beschleunigten Verfahrens ohnehin nur selten als attraktiv erweisen. Ihre Abschaffung verstärkte indes die mit der Einfügung des § 420 verbundene Entformalisierungstendenz und würde die Beachtung der Verfahrensvorschriften nicht eben fördern[731].

Ist die Berufung nicht von einer Annahme durch das Berufungsgericht abhängig, sollen der Angeklagte und der Staatsanwalt im Anschluß an eine Hauptverhandlung erster Instanz wie bisher die Wahl zwischen Berufung und Revision haben. Insgesamt sollen sie aber jeweils auch nur ein Rechtsmittel einlegen können. Legt der Angeklagte Berufung ein, gilt hinsichtlich der Effizienz des Rechtsschutzes das gleiche wie für eine gemäß § 313 Abs. 2 angenommene Berufung. Eine alternativ in Betracht zu ziehende (Sprung-)Revision gegen das erstinstanzliche Urteil wird in der Regel wenig nützen, da der Richter im b.V. – anders als im Normalverfahren – „nur" die Anforderungen des Amtsaufklärungsgrundsatzes (§ 244 Abs. 2) zu beachten hätte und eine Aufklärungsrüge generell angesichts der Begründungsanforderungen wenig Erfolg verspricht.

Zusammenfassend läßt sich somit feststellen, daß der Angeklagte bei Inkrafttreten eines Gesetzentwurfes, der die Einführung eines Wahlrechtsmittels vorsehen würde, die Erhebung eines Beweises im Rahmen des § 244 Abs. 3 ff in einer Vielzahl von Fällen nicht mehr durchsetzen könnte, sofern erstinstanzlich im b.V. verhandelt würde. Die vorgeschlagenen Beschränkungen der Rechtsmittel bei gleichzeitiger Erweiterung des Rahmens der Annahmeberufung wären daher mit den besonderen Verfahrensverkürzungen des b.V. nicht in Einklang zu bringen und sind abzulehnen.

B. Geltung der Verfahrensvereinfachungen des beschleunigten Verfahrens in der Berufungsinstanz

I. Berufungsverhandlung im Normalverfahren

Im nachfolgenden Abschnitt ist die Frage zu klären, ob die speziellen Normen des b.V. im Berufungsverfahren anwendbar sind.

731 Vgl. Werle in JZ 1991,789,791f zum damaligen Entwurf eines Gesetzes zur Entlastung der Rechtspflege

1. Anwendbarkeit der §§ 417 - 419 StPO

Die Vorschrift des § 417 beschränkt sich darauf, den äußeren Rahmen für die Einleitung eines b.V. vorzugeben, und spielt daher für die Ausgestaltung der Berufungsinstanz keine Rolle. Auf die der Beschleunigung dienenden § 418 Abs. 1 - 3 kann ebenfalls nicht zurückgegriffen werden[732]. Für § 418 Abs. 1 und 3 ergibt sich das zwingend aus dem Inhalt der Regelung. § 418 Abs. 2 wiederum kann aufgrund seiner Stellung zwischen Absatz 1 und 3 nicht anders gedeutet werden, als daß er selbst auch nur auf die Vorbereitung der amtsgerichtlichen Hauptverhandlung zu beziehen ist. § 418 Abs. 4 ist ohnehin dem eindeutigen Wortlaut zufolge auf das erstinstanzliche Verfahren beschränkt[733].

Im Wortlaut des § 419 Abs. 1 S. 1 werden nur die Spruchkörper des Amtsgerichtes erwähnt. Ihnen wird die Befugnis eingeräumt, die Entscheidung im b.V. nicht nur vor, sondern auch noch in der Hauptverhandlung abzulehnen (§ 419 Abs. 2). Der genaue Fortgang des Verfahrens im Falle dieses Ablehnungsbeschlusses ist dann dem § 419 Abs. 3 zu entnehmen. Schon aufgrund seiner systematischen Stellung ist folglich die Geltung der Strafbanngrenze des § 419 Abs. 1 S. 2 ebenfalls auf die erstinstanzliche Hauptverhandlung begrenzt[734]. Außerdem dient die Limitierung der Rechtsfolgenkompetenz ihrem Zwecke nach der Kompensation von Verteidigungsdefiziten, die sich aus den Abweichungen zum Normalverfahren ergeben. Da sich an das erstinstanzliche Verfahren aber, wie noch zu zeigen ist[735], eine Berufungsverhandlung anschließt, die hinsichtlich der Ausgestaltung der Beweisaufnahme den Regelungen des Normalverfahrens folgt, ist eine derartige Sicherung nunmehr überflüssig. Etwas anderes läßt sich schließlich nicht aus der Tatsache herleiten, daß die Berufungshauptverhandlung in den §§ 324, 325 von den Regeln einer erstinstanzlichen Hauptverhandlung abweicht[736]. Wenn der Angeklagte die Tatbegehung leugnet und Berufung gegen das Urteil einlegt, wird das Gericht die entscheidungserheblichen Beweismittel aufgrund der den § 325 einschränkenden Vorschrift des § 244 Abs. 2 ohnehin unmittelbar in die Hauptverhandlung erheben, so daß die Unterschiede im Ergebnis die Fortgeltung des § 419 Abs. 1 S. 2 nicht rechtfertigen.

---

732 AK/StPO-Loos § 419 Rnr.18 und § 420 Rnr.28; Tiemer S.80

733 Tiemer S.115 f; a.A. Kl/M-G § 418 Rnr.15, der contra legem eine Fortgeltung der Verteidigerbestellung befürwortet, da er von der Anwendbarkeit der § 420 Abs. 1 - 3 auch in der Berufungsinstanz ausgeht.

734 Vgl. Loos/Radtke NStZ 1996,7,8 Fn.79; AK/StPO-Loos § 419 Rnr.18; a.A. Kl/M-G § 419 Rnr.14; Schröer S.198 f

735 Vgl. dazu 9.Kap B I 2

736 So Schröer S.199, der sich ansonsten ebenfalls gegen die Anwendung des § 420 in der Berufungsinstanz ausspricht, vgl S.192 ff

2. *Anwendbarkeit des § 420 StPO*

Der Schwerpunkt des neugestalteten b.V. liegt in der Einfügung des § 420, der die Hauptverhandlung im Vergleich zum Normalverfahren wesentlich beschleunigen und vereinfachen sollte. Insoweit ist die Beantwortung der Frage, ob § 420 auch in der Berufungsinstanz anwendbar ist, von besonderer Relevanz. Eindeutig und unstrittig auf die erstinstanzliche Hauptverhandlung beschränkt ist § 420 Abs. 4, der seinem Wortlaut nach nur für die Verfahren vor dem Strafrichter – und damit nicht für die Berufungsverhandlung vor der kleinen Strafkammer des Landgerichts (§§ 74 Abs. 3, 76 Abs. 1 GVG) – Gültigkeit erlangt.

Uneinheitlich ist das Meinungsbild dagegen bezüglich der § 420 Abs. 1 - 3, die abweichend von der Fassung des § 420 Abs. 4 keiner ausdrücklichen Beschränkung auf Verfahren vor dem Strafrichter unterliegen.

Aus diesem Unterschied wird teilweise geschlossen, daß die § 420 Abs. 1 - 3 auch im Berufungsverfahren gelten würden. Zur Unterstützung dieser Auffassung wird auf die Parallele in der Regelung des § 411 Abs. 2 S. 1 verwiesen. Darin ist festgelegt, daß der Angeklagte sich in der Hauptverhandlung durch einen Verteidiger vertreten lassen kann. Da es einhellige Auffassung sei, daß diese Verfahrensvorschrift eines besonderen Strafverfahrens (Strafbefehlsverfahren) mangels einer Beschränkung des Anwendungsbereiches auch in der Berufungsverhandlung Anwendung fände, müßten parallel dazu auch die besonderen Strafverfahrensvorschriften der § 420 Abs. 1 - 3, die in keiner Weise eine Einschränkung erfahren haben, in die Rechtsmittelinstanz erstreckt werden[737].

Die unterschiedliche Fassung der Absätze 1 - 3 einerseits und des Absatzes 4 andererseits lassen sich indes auch anders deuten. Während die § 420 Abs. 1 - 3 in allen erstinstanzlichen b.V. Gültigkeit erlangen sollten, also vor dem Strafrichter ebenso wie vor dem Schöffengericht, sollte sich die Beschränkung des Beweisantragsrechtes im b.V. einzig auf Verfahren vor dem Strafrichter beziehen[738]. In b.V. vor dem Schöffengericht, bei denen der strafrechtliche Vorwurf jedenfalls unter keinen Umständen mehr als gering eingestuft werden kann, soll weiterhin die Bindung an die engen Ablehnungsgründe des § 244 Abs. 3 ff bestehen[739].

Der Hinweis auf § 411 Abs. 2 S. 1 kann dieser Auslegung nichts anhaben. Zunächst einmal ist es sehr zweifelhaft, ob man von dem Anwendungsbereich ei-

737 Pfeiffer § 411 Rnr.6, § 420 Rnr.1; Kl/M-G § 420 Rnr.12; im Ergebnis auch KMR-Fezer § 420 Rnr.2

738 Nach der hier vertretenen Ansicht sind b.V. vor dem Schöffengericht ohnehin nur theoretisch bei der Aburteilung von Verbrechen denkbar, bei der die Sanktion nicht über ein Jahr Freiheitsstrafe hinausgeht.

739 Wie hier KK/StPO-Tolksdorf § 420 Rnr.2

ner den Angeklagten begünstigenden Vorschrift (§ 411 Abs. 2 S. 1) auf die Reichweite einer den Angeklagten benachteiligenden Vorschrift (§ 420 Abs. 1 - 3) schließen darf[740]. Jedenfalls wird aber zu Recht darauf hingewiesen, daß die Möglichkeit, sich in der Berufungshauptverhandlung von einem Verteidiger vertreten zu lassen, in § 329 Abs.1 S. 1 grundsätzlich anerkannt ist, während es eine vergleichbare allgemeine Regelung über die Fortgeltung einer vereinfachten Beweisaufnahme nicht gibt[741].

Mehr Aussagekraft für den in Frage stehenden Anwendungsbereich des § 420 Abs. 1 - 3 kommt einem Blick auf die Fassung des § 418 Abs. 4 zu, der einen Fall der notwendigen Verteidigung für das b.V. vor dem Amtsgericht normiert, wenn eine Freiheitsstrafe von mindestens sechs Monaten zu erwarten ist[742]. Da der Absatz 4 des § 418 im Vermittlungsausschuß eingefügt wurde, um dem Angeklagten wenigstens in den schwereren Fällen über das Akteneinsichtsrecht des Verteidigers eine sinnvolle Ausübung des Zustimmungsrechtes gemäß § 420 Abs. 3 zu ermöglichen, wäre seine Beschränkung auf die Verfahren vor dem Amtsgericht unverständlich, wenn die § 420 Abs. 1 - 3 auch in der Berufungsverhandlung gelten würden[743].

Weiterhin gilt es zu beachten, daß die Norm des § 420 mit den Regelungen zur Vereinfachung der Beweisaufnahme eindeutig, wie sich besonders aus der Beschränkung des § 420 Abs. 4 auf die Verfahren vor dem Strafrichter ergibt, auf die § 417 und § 419 Bezug nimmt, die die Voraussetzungen für die Durchführung des b.V. vor dem Strafrichter und Schöffengericht thematisieren[744]. Ein Hinweis auf die Geltung des § 420 auch vor der kleinen Strafkammer ist hingegen nicht erkennbar.

Nach der Analyse der sprachlichen Fassung und der Systematik der §§ 417 ff spricht folglich nichts für eine Anwendbarkeit der § 420 Abs. 1 - 3 über die erstinstanzliche Hauptverhandlung hinaus.

Da es im Rahmen der §§ 417 ff an einer Vorschrift mangelt, die ausdrücklich den Anwendungsbereich der § 420 Abs. 1 - 3 auch auf die Berufungsinstanz erstreckt oder die Berufung gegen ein erstinstanzliches Urteil im b.V. überhaupt regelt, ist die Geltung der vereinfachten Beweisaufnahme an Hand der allgemei-

740 SK/StPO-Paeffgen § 420 Rnr.31

741 Burhoff S.82; Schlothauer StV 1995,46

742 Vgl. zur Problematik des § 418 Abs. 4 insgesamt die ausführliche Darstellung bei Tiemer S.1 ff; auch Ernst StV 2001,367ff

743 Loos/Radtke NStZ 1996,7,9; a.A. Kl/M-G § 419 Rnr.15, der den Anwendungsbereich des § 418 Abs. 4 gegen den Wortlaut auf Verfahren vor dem Landgericht ausdehnt.

744 Loos/Radtke NStZ 1996,7,9; Lesch JA 1995,691

nen Berufungsnormen, die es folglich auch bei einem besonderen erstinstanzlichen Verfahren zu beachten gilt, zu klären.

Die Berufung, die in den §§ 312 ff näher ausgestaltet ist, zielt auf eine Neuverhandlung der Sache ab. Über alle Tat- und Rechtsfragen wird im Urteil auf der Grundlage der Berufungsverhandlung neu entschieden. Die Strafprozeßordnung verzichtet darauf, die Berufungshauptverhandlung grundlegend anders zu gestalten. Statt dessen sieht sie nur wenige spezielle Regelungen in den §§ 324 ff vor, die der Tatsache Rechnung tragen, daß bereits ein erstinstanzliches Verfahren vorausging. Als verfahrensrechtliches Grundgerüst für die Hauptverhandlung fungieren im übrigen aufgrund des Verweises in § 332 die Vorschriften der §§ 226 - 275. Ein Bezug in § 332 auf § 420 Abs. 1 - 3 fehlt hingegen. Somit gilt in der Berufungsverhandlung der Unmittelbarkeitsgrundsatz, wie er in den §§ 250 ff zum Ausdruck kommt, alleine modifiziert durch § 325[745].

Eine Bestätigung dieses Ergebnisses erhält man, wenn man die Überlegung anstellt, was ein Nebeneinander von § 325 und § 420 Abs. 1 - 3 bedeutete. Beide Regelungen überschneiden sich teilweise inhaltlich (z.B. bei der Verlesung einer erstinstanzlichen Aussage eines Zeugen im allseitigen Einverständnis der Prozeßbeteiligten), teilweise geht § 325 über § 420 Abs. 1 - 3 hinaus (z.B. wenn die Verlesung unter bestimmten Umständen auch ohne Zustimmung der Beteiligten zulässig ist), teilweise gehen die § 420 Abs. 1 - 3 über § 325 hinaus (z.B. wenn nicht nur die Verlesung von Protokollen der Vorinstanz möglich ist). Angesichts des unklaren Verhältnisses zwischen beiden Vorschriften und der unterschiedlich ausgestalteten Beschränkung des Unmittelbarkeitsprinzips hätte der Gesetzgeber, wäre er von einer kumulativen Anwendbarkeit ausgegangen, eine eindeutige Regelung getroffen[746].

Es tritt noch ein weiterer Aspekt hinzu: Die Verlesungsmöglichkeiten würden durch die parallele Geltung von § 325 und § 420 Abs. 1 - 3 zusätzlich zu den ohnehin zulässigen Ausnahmen vom Unmittelbarkeitsgrundsatz in §§ 251 - 256 beträchtlich ausgeweitet werden. Gerade der Berufungsverhandlung gegen ein Urteil des b.V. muß jedoch die Aufgabe zukommen, die aus der Beschleunigung und Vereinfachung resultierenden Defizite des erstinstanzlichen Verfahrens und die damit verbundenen Gefahr von Fehlurteilen durch einen Verfahrensablauf auszugleichen, der eine möglichst unmittelbare Beweiserhebung und ausreichende Einflußnahme seitens des Angeklagten garantiert[747].

745 Vgl. Schlothauer StV 1995,46,47

746 Loos/Radtke NStZ 1996,7,9

747 In diesem Sinne auch HK/StPO-Krehl § 420 Rnr.6; Lesch JA 1995,691; Schröer S.195 f

Die Notwendigkeit einer Norm schließlich, die die vereinfachte Beweisaufnahme nach § 420 Abs. 1 - 3 in die Berufungsinstanz erstreckt, hat Schlothauer unter Darlegung der Gesetzgebungsgeschichte des § 384 Abs. 3, dem die Fassung des § 420 Abs. 4 nachempfunden wurde[748], näher begründet[749]. § 244 Abs. 2 RStPO in der Fassung von 1877 räumte dem Gericht in Verhandlungen vor den Schöffengerichten und vor den Landgerichten in der Berufungsinstanz die Befugnis ein, den Umfang der Beweisaufnahme ohne Bindung an Beweisanträge zu bestimmen, wenn das Verfahren eine Übertretung betraf oder durch eine Privatklage eingeleitet worden war. Nach der schrittweisen Ausweitung des gerichtlichen Ermessens auch auf andere Verfahren – vom 01.09.1939 an galt es sogar für alle Verfahren – richtete sich mit der Neufassung der StPO im Jahre 1950 der Umfang der Beweisaufnahme nahezu ausnahmslos nach den § 244 Abs. 2 - 6. Einzig im Privatklageverfahren sollte das Gericht unter Beachtung der Amtsaufklärungspflicht (§ 244 Abs. 2) den Umfang der Beweisaufnahme bestimmen. Nach dem Vorbild des § 244 Abs. 2 RStPO hätte es für eine Erstreckung der vereinfachten Beweisaufnahme auch auf die Berufungsinstanz einer expliziten Regelung bedurft. Da diese fehlt, gelten in der Berufungsverhandlung des Privatklageverfahrens die § 244 Abs. 2 - 6. Entsprechend sind mangels einer eindeutigen Regelung die § 420 Abs. 1 - 3 in der Berufungshauptverhandlung nach einem erstinstanzlichen Urteil im b.V. nicht anwendbar[750].

Darüber hinaus sprechen nicht nur gesetzessytematische Gründe für die hier beschriebene Ansicht. Loos/Radtke heben mit Recht den mit der Vereinfachung der Beweisaufnahme verfolgten Zweck hervor[751]. Die § 420 Abs. 1 - 3 dienen der beschleunigten Durchführung des Strafverfahrens. Das mit der Schaffung des b.V. verbundene Anliegen, die Strafe der Tat auf dem Fuße folgen zu lassen, muß indes als gescheitert betrachtet werden, wenn gegen das erstinstanzliche Urteil Rechtsmittel eingelegt werden. Eine spürbare Entlastungswirkung für die Strafgerichtsbarkeit, die eine rasche Aburteilung in der ersten Instanz beinhaltete, entfällt in diesen Fällen, da ein rechtskräftiges Urteil erst nach vielen Wochen oder gar Monaten zustande kommen wird. Eine mittels § 420 Abs. 1 - 3 beschleunigte Berufungshauptverhandlung machte demnach keinen Sinn, weil das Ziel eines kurzfristigen Verfahrensabschlusses nicht mehr erreicht werden kann. Besonders deutlich wird dieses, wenn man sich vergegenwärtigt, daß die § 420 Abs. 1 - 3 anderenfalls selbst in der Berufungsverhandlung nach einer erfolgreichen Revision noch anwendbar wären.

748 So ausdrücklich BT/Ds 12/6853 S.36

749 Schlothauer StV 1995,46,47

750 Vgl. Schlothauer StV 1995,46,47; Lesch JA 1995,691; a.A. Ranft Rnr.2034

751 Vgl. insgesamt die Ausführungen bei Loos/Radtke NStZ 1996,7,9; zudem AK/StPO-Loos § 420 Rnr.27ff

Letztlich wurde eine Anwendung der § 420 Abs. 1 - 3 in der Berufungshauptverhandlung mit dem Hinweis begründet, es fehle an einer Norm, die das b.V. in das Regelverfahren überleite. Daß es einer gesetzlichen Vorschrift bedürfe, lasse sich § 419 Abs. 3 entnehmen[752]. In der Berufungsinstanz verhandele man deswegen weiterhin im b.V., zumal weder der Eröffnungsbeschluß noch die schriftliche Anklage nachgeholt werden könnten, die unverzichtbare Voraussetzungen für die Durchführung eines Normalverfahrens darstellten[753].

Tatsächlich ist keine ausdrückliche Regelung erkennbar, die das b.V. nach der erstinstanzlichen Urteilsverkündung für den Fall, daß Rechtsmittel eingelegt werden, in das Regelverfahren überleitet. Das Ziel des b.V. ist es jedoch, in einem kurzen Zeitraum eine rechtskräftige Verurteilung herbeizuführen. Allein bis zur Verkündung des amtsgerichtlichen Urteils macht eine Beschleunigung des Verfahrens Sinn. Das Urteil bildet folglich eine Zäsur und markiert den Endpunkt des b.V.. Eine explizite Überleitung in das Regelverfahren für den Fall, daß Rechtsmittel eingelegt werden, ist nicht erforderlich. Aus der Vorschrift des § 419 Abs. 3 läßt sich nichts Gegenteiliges herleiten. § 419 Abs. 1 S. 1 und § 419 Abs. 2 beinhalten zum Schutz des Angeklagten die Möglichkeit, aus dem b.V. auszusteigen. § 419 Abs. 3 beschreibt in diesem Zusammenhang lediglich die näheren Umstände für eine außerordentliche, vereinfachte Überleitung des b.V. in das Regelverfahren bis zur Urteilsverkündung. Die Normierung dieses ganz speziellen Übergangs in das Normalverfahren gibt für den Fall der regelmäßigen Beendigung des b.V. durch das amtsgerichtliche Urteil jedoch nichts her.

Der Verfahrenswechsel scheitert auch nicht am Fehlen der für die Durchführung des Normalverfahrens erforderlichen Anklageschrift und des Eröffnungsbeschlusses. Regelmäßig wird im b.V. eine schriftliche Formulierung der Anklage vorliegen. Entweder die öffentliche Klage wurde ohnehin mittels einer Anklageschrift erhoben oder die Antragsschrift gemäß § 417 entsprach bei mündlicher Anklageerhebung den Anforderungen des § 200 Abs. 1 S. 1 bzw. es wurde routinemäßig gemäß Nr. 146 Abs. 2 RiStBV eine schriftliche Fassung erstellt. Außerdem gilt es zu berücksichtigen, daß nach dem Abschluß des Verfahrens in erster Instanz mit dem verkündeten Urteil bereits etwas Substanzielleres als die Anklageschrift vorliegt und folglich eine unter Umständen fehlende schriftliche Fixierung der Anklage einen Verfahrenswechsel nicht hindert. Nun läßt es sich zwar nicht leugnen, daß ein formeller Eröffnungsbeschluß im b.V. nicht ergeht. Trotzdem trifft das Gericht materiell eine dem Eröffnungsbeschluß gleichkommende Entscheidung über den Antrag der Staatsanwaltschaft auf Verhandlung im b.V., da es zur Prüfung des hinreichenden Tatverdachts verpflichtet ist. Da beide Ele-

752 Kl/M-G § 419 Rnr.14; vgl. auch Schröer S.199
753 Vgl. Wagner JR 1983,303,304; Meyer-Goßner JR 1978,121,122; JR 1984,75,77

mente dem Grunde nach also vorliegen, steht einer den Vorschriften des Regelverfahrens folgende Berufungsinstanz nichts entgegen.

Wollte man dieses anders sehen und gleichwohl am formalen Argument der fehlenden Überleitungsnorm festhalten, so ergäbe sich daraus bei Berücksichtigung der angeführten Gegenargumente doch nicht automatisch eine Fortgeltung der § 420 Abs. 1 - 3 noch in der Berufungsinstanz. Vielmehr würde eine Berufungsverhandlung im beschleunigten Verfahren durchgeführt werden, ohne daß eine spezielle Norm des b.V. anwendbar wäre. Es würden alleine die Regelungen des Normalverfahrens gelten. Unter dem Strich bestünden, selbst wenn man einmal die Prämisse von der fehlenden Überleitungsnorm zugrunde legt, keine praktischen Unterschiede zu der hier vertretenen Ansicht.

Im Ergebnis ist die Regelung des § 420 folglich mit Verkündung des ersten amtsgerichtlichen Urteils insgesamt nicht mehr anwendbar.

3. *Zusammenfassung*

Das b.V. unterscheidet sich vom Regelverfahren also allein dadurch, daß die Einleitung des b.V. und die erstinstanzliche Hauptverhandlung vor dem Amtsgericht besonderen Regelungen unterworfen wird. Im Anschluß an die Urteilsverkündung geht es, sofern Rechtsmittel eingelegt werden sollten, in das Regelverfahren über, so daß von diesem Moment an kein Unterschied mehr zwischen beiden Verfahrenstypen besteht.

II. *Überschreitung der Strafbanngrenze im erstinstanzlichen Verfahren*

1. *Folgen für die Berufungsinstanz*

Über die Konsequenzen, die sich aus einer Überschreitung der in § 419 Abs. 1 S. 2 geregelten Rechtsfolgenkompetenz im erstinstanzlichen Urteil für die Berufungsverhandlung ergeben, bestand bereits zur alten Rechtslage Uneinigkeit. Die bisher vertretenen Ansichten stimmten darin überein, daß eine Verletzung der sachlichen Zuständigkeit des Amtsgerichtes nicht bejaht werden kann, solange sich der Urteilsspruch in dem von § 24 Abs. 2 GVG gesetzten Rahmen bewegt.

An diese Erkenntnis anknüpfend wurde teilweise in der Beschränkung des Strafbannes nur eine Rechtsfolgengrenze für eine bestimmte Verfahrensart erblickt, die es dem Berufungsgericht nicht verwehren sollte, nunmehr eine mit § 419 Abs. 1 S. 2 zu vereinbarende Strafe zu verhängen, wenn es sie für tat- und schuldangemessen erachte. Falls es hingegen zu dem Schluß gelange, der Strafrahmen von maximal einem Jahr Freiheitsstrafe reiche nicht aus, müsse es das b.V. gemäß § 419 Abs. 2 S. 1 (entsprechend) ablehnen[754]. Da die spezielle Rechtsfolgengrenze des b.V. demnach auch in der Berufungsverhandlung zu beachten wäre, kann dieser Ansicht nur folgen, wer der Meinung ist, zweitinstanzlich werde weiterhin im b.V. verhandelt.

Für die Gegenauffassung stellt die Einhaltung des Strafbannes in § 419 Abs. 1 S. 2 dagegen eine besondere Verfahrensvoraussetzung dar. Im wesentlichen werden dafür zwei Argumente angeführt. Teilweise wird die Ähnlichkeit dieser Konstellation mit dem Fall der fehlenden sachlichen Zuständigkeit betont, der ein Verfahrenshindernis begründet. Zum Teil verweist man auf die Schutzwürdigkeit des Angeklagten, die es verlange, daß ungeeignete Fälle dem b.V. zu entziehen seien. Mißachte das Gericht diese strukturelle Sicherung des b.V., entstehe ein Verfahrenshindernis. Das erstinstanzliche Urteil sei dann aufzuheben und die Sache – abweichend von § 328 – an das Amtsgericht zurückzuverweisen[755]. Dieses könne im b.V. weiter verhandeln, wenn es nunmehr von einer Straferwartung von weniger als einem Jahr ausgehe oder gemäß § 419 Abs. 3 vereinfacht ins Regelverfahren überleiten[756]. Da die Annahme von der Begründung eines Verfahrenshindernisses ein Weiterverhandeln in der Berufungsinstanz zwingend ausschließt, wird diese Meinung sowohl von Autoren geteilt, die der Ansicht sind, daß § 419 Abs. 1 S. 2 in der Berufungsverhandlung anzuwenden ist[757] als auch von Autoren, denen zufolge das b.V. mit der Verkündung des erstinstanzlichen Urteils endet[758].

Zunächst ist zu klären, ob in der Überschreitung der Rechtsfolgenschranke ein Prozeßhindernis zu erblicken ist. Unstreitig ist, daß das Gericht von Amts wegen seine sachliche Zuständigkeit prüfen muß. Sie ergibt sich für das erstinstanzliche Verfahren vor dem Amtsgericht aus § 24 Abs. 2 GVG. Sofern das amtsgerichtliche Urteil also eine Freiheitsstrafe von mehr als vier Jahren vorsieht, entsteht durch die Verletzung der sachlichen Zuständigkeit ein Verfahrenshindernis. Daran anknüpfend setzt man zum Teil die Überschreitung der Rechtsfolgenkompetenz des Gerichtes im b.V. mit dem Fehlen der sachlichen Zuständigkeit gleich. Eine Freiheitsstrafe von mehr als einem Jahr solle also ein besonderes Prozeßhindernis für das b.V. bedeuten.

---

754 KK/StPO-Treier (3. Auflage) § 212b Rnr.6; vgl. auch die Darstellung bei AK/StPO-Loos § 212b Rnr.10; a.A. KMR-Fezer § 419 Rnr.14 f: Aufhebung des erstinstanzlichen Urteils und Einstellung des Verfahrens gemäß §§ 206a, 260 Abs. 3

755 Kl/M-G § 419 Rnr.14; Schröer S.201 f: Eine Einstellung des Verfahrens erfolge wegen der Wertung des § 419 Abs. 3 nicht mehr; im Ergebnis ebenso HK/StPO-Krehl § 419 Rnr.2

756 SK/StPO-Paeffgen § 419 Rnr.16; Kl/M-G § 419 Rnr.14

757 Vgl. z.B. Kl/M-G § 419 Rnr.13 f

758 So SK/StPO-Paeffgen § 419 Rnr.14 ff; vgl. dazu insgesamt 9.Kap B I

Dieser Vergleich trägt indes nicht. Der Spruchkörper des Amtsgerichtes, der der Begrenzung des § 419 Abs. 1 S. 2 keine Beachtung schenkt, wäre nämlich auch im eigentlich durchzuführenden Regelverfahren zuständig gewesen. Wird hingegen die Strafgewalt des § 24 Abs. 2 GVG nicht eingehalten, entscheidet anstelle der von Gesetzes wegen zuständigen großen Strafkammer ein Gericht niederer Ordnung, nämlich der Einzelrichter oder das Schöffengericht. Zudem bleibt die Regelung der sachlichen Zuständigkeit von den Vorschriften des b.V. unberührt. Das Gericht gelangt deswegen grundsätzlich zu einem für sich betrachtet zulässigem Strafausspruch. Es verstößt dabei „lediglich" gegen die in diesem besonderen Verfahren zu beachtende Strafgrenze. Das zieht ebenso wie eine Überschreitung der Strafrahmenkompetenz in §§ 232 und 233 kein Verfahrenshindernis nach sich. Eine Parallele zum Fall der fehlenden sachlichen Zuständigkeit läßt sich somit nicht ziehen.

Gleichwohl stellt eine im b.V. erfolgte Verurteilung zu einer Freiheitsstrafe, deren Höhe jenseits der Rechtsfolgengrenze liegt, unbestreitbar einen schwerwiegenden Verstoß dar. Der Vorschrift des § 419 Abs. 1 S. 2 kommt nämlich im Regelungsgeflecht der §§ 417 ff eine doppelte Aufgabe zu. Die von der Durchführung eines b.V. ausgehenden Gefahren für die Wahrheitsfindung und die Verteidigungsmöglichkeiten des Angeklagten sollen durch eine Begrenzung der Sanktionskompetenz, das quasi als „Sicherungsnetz" fungiert, abgemildert werden. Gleichzeitig unterstützt sie die in § 417 genannten Eignungskriterien, indem sie die Verkürzung der Verfahrensgarantien auf Fälle geringerer Bedeutung beschränkt. Die Verfehlung dieses Zieles wird durch einen für das b.V. zu hohen Strafausspruch evident. Allein die Schwere des Mangels ist jedoch kein hinreichendes Kriterium, um daraus zwangsläufig ein Verfahrenshindernis abzuleiten. Vielmehr muß dem Gesetz ausdrücklich oder dem Zusammenhang nach zu entnehmen sein, ob die Zulässigkeit des Verfahrens von der Einhaltung der Prozeßvoraussetzung abhängig sein soll. Daß an die Nichtbeachtung der Rechtsfolgengrenze das Entstehen eines Verfahrenshindernisses geknüpft ist, ergibt sich aus dem Gesetzestext nicht. Es besteht kein Anhaltspunkt dafür, daß der Gesetzgeber der Überschreitung der begrenzten Sanktionskompetenz eine dem § 24 Abs. 2 GVG vergleichbare Wirkung beilegen wollte. Er hat vielmehr auch die sich ihm bietende Gelegenheit, anläßlich der Neufassung des b.V. vor dem Hintergrund der bekannten Meinungsunterschiede die Absolutheit der Grenze des § 419 Abs. 1 S. 2 herauszustellen, nicht wahrgenommen. Statt dessen hat er nahezu wörtlich die Fassung des § 212b Abs. 1 S. 2 a.F. beibehalten, wobei sich in den Gesetzesmaterialien zu den §§ 417 ff kein Hinweis auf ein neues Verständnis von dieser Regelung findet.

Wollte man § 419 Abs 1 S. 2 also lediglich als Rechtsfolgengrenze begreifen, stellt sich die Frage, welche Art der Entscheidung das Berufungsgericht, das den

Fehler bemerkt, treffen kann. Da nach der hier vertretenen Ansicht das neugeregelte b.V. mit der Einlegung von Rechtsmitteln in das Normalverfahren übergeht, kann § 419 in der Berufungsverhandlung keine Anwendung mehr finden[759]. Die Sanktionskompetenz des Berufungsgerichtes unterliegt also keiner besonderen Limitierung. Dieses trifft vielmehr eine eigenständige Entscheidung auf der Grundlage der Berufungsverhandlung. Demnach kann es durchaus zu der Einsicht gelangen, daß die im beschleunigten Amtsgerichtsverfahren verhängte Strafe zu hoch ist und sie entsprechend herabsetzen, sogar auf ein Maß, das dem Strafbann des b.V. genügen würde. Ebensowenig ist es allerdings daran gehindert, aufgrund eigener Sachprüfung eine Strafe auszusprechen, die das in der ersten Instanz gefundene Maß bestätigt oder unter Beachtung der Vorschrift des § 331 sogar darüber hinausreicht[760].

Gegen diese Auffassung sind jedoch Einwände erhoben worden. Ein Amtsgericht, das im b.V. verhandele und abschließend im Urteil einen Freiheitsentzug von mehr als zwölf Monaten ausspreche, treffe eine widersprüchliche Entscheidung. Richtigerweise hätte das Gericht in einem derartigen Fall die Entscheidung im b.V. erstinstanzlich ablehnen und in das Regelverfahren überleiten müssen (§§ 419 Abs. 1 S. 1 oder Abs. 2 S. 1 i.V.m. § 419 Abs. 3). In dem unter Beachtung aller rechtsstaatlichen Garantien eigentlich durchzuführenden Regelverfahren wäre dann ein Urteil ergangen, gegen das der Angeklagte Berufung hätte einlegen können. Erlaube man dem Berufungsgericht dagegen, bei Überschreitung der Strafgrenze im amtsgerichtlichen Verfahren eine eigene Sachentscheidung zu treffen, gehe dem Angeklagten eine Instanz, in der nach den Regeln des Normalverfahrens – was angesichts der Schwere der Tat erforderlich wäre – verhandelt werde, verloren[761]. Die folgenlose Mißachtung des § 419 Abs. 1 S. 2 lade die Gerichte somit zum Formen- und Institutsmißbrauch geradezu ein[762].

Der Verlust einer Tatsacheninstanz, die nach den Regelungen des Normalverfahrens geführt werden würde, läßt sich für die beschriebene Konstellation nicht leugnen. Sie ergibt sich indes zwingend aus der jetzt geltenden Fassung des § 328. Grundsätzlich trifft danach das Berufungsgericht gemäß § 328 Abs. 1 eine eigene Sachentscheidung. Lediglich in den Fällen, in denen ein Prozeßhindernis vorliegt, wird das Verfahren eingestellt bzw. erfolgt gemäß § 328 Abs. 2 bei fehlender örtlicher und sachlicher Zuständigkeit des Erstrichters eine Verweisung

759 Vgl. dazu 9.Kap B I 1; damit scheidet gleichzeitig auch die Möglichkeit aus, das b.V. noch zweitinstanzlich gemäß § 419 Abs. 1 S. 1 analog abzulehnen.

760 Vgl. Loos/Radtke NStZ 1996,7,8 Fn.79; Pfeiffer § 419 Rnr.5

761 Ranft Rnr.2046

762 SK/StPO-Paeffgen § 419 Rnr.15f

an das zuständige Gericht[763]. Das Berufungsgericht ist somit verpflichtet, auch dann eine Entscheidung in der Sache zu treffen, wenn die Verteidigungsmöglichkeiten des Angeklagten im erstinstanzlichen Verfahren aufgrund grober Verfahrensmängel erheblich eingeschränkt waren oder absolute Revisionsgründe vorliegen[764]. Eine fakultative Zurückverweisung an das Gericht des ersten Rechtszuges, wie sie § 328 Abs. 2 a.F. noch vorsah, gibt es nicht mehr. Allgemein für zulässig erachtet wird eine Zurückverweisung im übrigen nur noch, wenn dem Angeklagten sonst eine Tatsacheninstanz vollständig verloren ginge[765]. Gemeint sind damit Fälle, in denen das erstinstanzliche Gericht von einer Entscheidung zur Sache ganz abgesehen hat[766]. Eine Sachentscheidung im ersten Rechtszug läßt sich jedoch nicht in Abrede stellen, wenn im b.V. ein amtsgerichtliches Urteil ergangen ist. Zwar bestehen Unterschiede zwischen einem Normal- und einem b.V.. Diese rechtfertigen jedoch keinesfalls eine Gleichstellung mit Konstellationen, in denen eine Hauptverhandlung zur Sache gar nicht stattgefunden hat[767]. Der Angeklagte verliert zwar eine Tatsacheninstanz, die eigentlich den Regelungen des Normalverfahrens hätte folgen müssen. Eine Sachentscheidung im vom Amtsermittlungsgrundsatz bestimmten b.V. bietet aber noch immer einen Standard, der es verbietet, von dem Verlust einer Instanz in dem hier verstandenen Sinne zu sprechen. Somit ist eine Zurückverweisung der Sache durch das Berufungsgericht bei einer Überschreitung des Strafbannes gemäß § 419 Abs. 1 S. 2 nach dem eindeutigen Wortlaut des § 328 unzulässig[768].

Das Berufungsgericht kann eine Strafe verhängen, die es aufgrund der Hauptverhandlung, in der die Beschleunigungsinstrumente des § 420 nicht anwendbar sind, als angemessen erachtet.

---

763 Auch in diesen Fällen verbleibt es bei dem Abschluß des b.V. durch das erste amtsrichterliche Urteil. Die § 417 ff, insbesondere § 420, sind also bei einer erneuten Verhandlung vor dem Amtsgericht nicht anwendbar, vgl. Loos/Radtke NStZ 1996,7,9; AK/StPO-Loos § 420 Rnr.29; SK/StPO-Paeffgen § 420 Rnr.31

764 Kl/M-G § 328 Rnr.4

765 Fezer 19/Rnr.80; Ranft Rnr.2047

766 Vgl. BGHSt 36,139; OLG Koblenz NStZ 1990,296

767 Keine eigene Entscheidung des Berufungsgerichtes in der Sache, sondern eine Zurückverweisung erfolgt beispielsweise, wenn gemäß § 412 ein Einspruch gegen einen Strafbefehl zu Unrecht verworfen wurde, weil die Entschuldigung des Angeklagten für sein Ausbleiben als nicht ausreichend erachtet wurde.

768 Loos/Radtke NStZ 1996,7,8 Fn.79; insoweit zustimmend KMR-Fezer § 419 Rnr.15; a.A.: Kl/M-G § 419 Rnr.14; SK/StPO-Paeffgen § 419 Rnr.16, die die Durchbrechung des § 328 einräumen.

2. *Folgen für die Revisionsinstanz*

Da die Nichteinhaltung der Rechtsfolgenbegrenzung des § 419 Abs. 1 S. 2 kein Verfahrenshindernis begründet, wird ein entsprechender Verstoß nicht von Amts wegen geprüft, sondern ist nur auf eine zulässige Verfahrensrüge hin zu beachten[769]. Dabei kann die Überschreitung der Strafgrenze ohnehin nur im Wege der Sprungrevision gerügt werden, da § 419 Abs. 1 S. 2 in der Berufungsinstanz nicht mehr anzuwenden ist[770]. Das Revisionsgericht, dem eine Einstellung des Verfahrens wegen des in § 419 Abs. 3 enthaltenen Rechtsgedankens untersagt ist, verweist in einem solchen Falle die Sache an das Amtsgericht gemäß § 354 Abs. 2 zurück, das jetzt zwingend im Regelverfahren verhandelt[771].

---

769 KMR-Fezer § 419 Rnr.16; KK/Treier § 212b Rnr.6; a.A. OLG Celle JR 1984,74; Hamm JR 1978,120; Ranft Rnr.2344: Prüfung der Einhaltung von § 419 Abs. 1 S. 2 von Amts wegen

770 A.A. KMR-Fezer § 419 Rnr.16, der davon ausgeht, daß § 419 Abs. 1 S. 2 auch in der Berufungsinstanz zu beachten ist und das Revisionsgericht folglich auch mit einer Überschreitung des Strafbannes durch das Berufungsgericht konfrontiert werden kann.

771 Loos/Radtke NStZ 1996,7,9

10. Kapitel. Beurteilung der Neuregelung des beschleunigten Verfahrens

A. Anwendungshäufigkeit in der Praxis

Die von der Neuregelung angestrebte stärkere Nutzung dieser Verfahrensart und eine damit verbundene Entlastung der Strafgerichtsbarkeit und Staatsanwaltschaft ist bisher soweit ersichtlich nicht erreicht worden[772]. In der Gesetzesbegründung für die Neufassung des b.V. wurde eine Anwendungshäufigkeit von 4,02% für die alten Bundesländer im Jahr 1990 als zu gering eingestuft[773]. Bis 1993 sank der Anteil der durch einen Antrag auf b.V. eingeleiteten Strafverfahren im früheren Bundesgebiet auf 3,08%, 1994 betrug er sogar gerade noch 2,80%[774]. Auch nach Inkrafttreten der Änderungen des b.V. durch das Verbrechensbekämpfungsgesetz vom 28.10.1994 fiel der Anteil der b.V. in Westdeutschland 1995 weiter auf 2,47% ab, ehe er 1996 mit 2,73% quasi das Niveau von 1994 erreichte[775]. Für die Beurteilung, ob die Zahlen von 1996 eine grundsätzliche Trendwende widerspiegeln oder ob sie lediglich im Rahmen der statistischen Schwankungen liegen, ist es noch zu früh. In Ostdeutschland steigt die Anwendungshäufigkeit des b.V. seit 1994 über damals 1,24% und 1,96% 1995 auf 2,47% 1996 an[776]. Auch diese Angaben sind auf unterschiedliche Weise interpretierbar. Möglicherweise ist in der stärkeren Nutzung des b.V. seit 1994 nur eine allmähliche Anpassung an das Westniveau zu erblicken. Ebenso denkbar ist es aber, daß man dort aufgrund der noch jungen Strukturen des Justizapparates flexibler im organisatorischen Bereich auf die Neufassung des b.V. reagiert hat[777]. Für das gesamte Bundesgebiet ist der Anteil der b.V. an den Strafverfahren jedenfalls seit 1994

772 Vgl. BT/Ds 13/2576 S.3; Sprenger NStZ 1997,574

773 BT/Ds 12/6853 S.34; weitere Zahlen zu früheren Anwendungshäufigkeiten finden sich bei Zimmermann S.180 ff, L/R-Rieß § 212 Rnr.4 Fn.5 und vor allem Bürgle S.28ff, insbesondere S.32ff

774 Arbeitsunterlage Strafgerichte 1993 S.12f und 1994 S.12f

775 Arbeitsunterlage Strafgerichte 1995 S.12f und 1996 S.12f

776 Arbeitsunterlage Strafgerichte 1994, 1995, 1996 jeweils S.12f; vgl. auch Erfahrungsbericht von Bielefeld für AG Potsdam in DriZ 1998, 429 ff

777 Auffallend ist der Anstieg in Brandenburg von 6,50 % 1995 auf 10,10 % 1996, vgl. Arbeitsunterlage 1995 und 1996 S.12f und Sprenger NStZ 1997,574 Fn.10, und der geringe Anteil in Berlin : 1995 1,45 % und 1996 1,26 %, vgl. Arbeitsunterlage 1995 und 1996 S.12f

nahezu gleich geblieben. 1994 betrug er unter überwiegender Geltung der alten Regelung 2,59%, nach neuem Recht 1995 2,39% und 1996 2,72%.

Interessant ist es unter Berücksichtigung der Intention des Gesetzgebers einen Blick auf die Entwicklung des b.V. in den Stadtstaaten Bremen und Hamburg zu werfen, in denen das b.V. regelmäßig prozentual die höchste Anwendungshäufigkeit erzielt. In Bremen liegt der Anteil des b.V. an den Strafverfahren seit 1993 fast unverändert bei etwas mehr als 14%[778]. In Hamburg ist er sogar leicht – allerdings auf hohem Niveau – auf ca. 17,5% zurückgegangen[779]. Aus diesen Zahlen läßt sich ableiten, daß die Attraktivität des b.V. in Bezirken, in denen es aufgrund der dort gegebenen Strukturen (städtischer Raum, höherer Organisationsgrad) ohnehin beliebt war, durch die Neufassung keinen Aufschwung genommen hat. Das Potential der für das b.V. in Betracht kommenden Fälle wurde dort offensichtlich schon während der Geltung des alten Rechtes gemäß §§ 212 a.F. ausgeschöpft.

B. Grundzüge eines beschleunigten Verfahrens

Der Kerngedanke des b.V., in einfach gelagerten Fällen zu einem möglichst zeitnahen Abschluß des Verfahrens zu gelangen, ist nicht nur einleuchtend, sondern grundsätzlich auch aus der Sicht des Beschuldigten wünschenswert, der sich nicht länger als nötig der Unsicherheit des Verfahrensausgangs gegenübersehen will. Wenn von einem umgehenden Urteil darüber hinaus besondere spezial- und generalpräventive Impulse ausgehen, weil die Strafe der Tat auf dem Fuße folgt, spricht auch dieses für ein beschleunigtes Strafverfahren. Freilich gilt es zu bedenken, daß Schnelligkeit alleine kein Wert für sich ist und ein überhasteter Verfahrensabschluß immer ein erhöhtes Risiko für die Wahrheitsfindung birgt. Dieses Spannungsfeld muß beachtet werden, wenn es gilt, die Voraussetzungen für ein b.V. zu bestimmen.

I. Anwendungsbereich

Am Anfang steht die Überlegung nach dem Anwendungsbereich eines vereinfachten Verfahrens.

---

778. Arbeitsunterlage Strafgerichte jeweils S.13: 1993 14,55%, 1994 13,45%, 1995 14,40%, 1996 14,37%

779 Arbeitsunterlage Strafgerichte jeweils S.13: 1993 21,74%, 1994 keine Zahlen verfügbar, 1995 17,49%, 1996 17,76%

Der Gesetzgeber hat in § 417 durch das Einfügen des alternativen Tatbestandsmerkmals „der klaren Beweislage“ versucht, die Anzahl der Fälle, die generell zur Verhandlung im b.V. geeignet sind, zu erhöhen. Das ist ihm jedoch nicht gelungen, da eine Anwendung des b.V. bei einem schwierigen Sachverhalt zwangsläufig ausscheidet, selbst wenn die Beweislage klar ist[780]. Sofern beabsichtigt war, auch schwierige Fälle im b.V. zu verhandeln, wenn ein Geständnis des Beschuldigten vorliegt[781], so ist dem entgegenzutreten. Dem Geständnis kommt im deutschen Strafprozeß keine formelle Wirkung dahingehend zu, daß eine Beweisaufnahme zum Schuldvorwurf automatisch völlig entfallen würde. Die Überprüfung und das Nachvollziehen eines Geständnisses nimmt bei einem schwierigem Sachverhalt aber in der Regel soviel Zeit in Anspruch, daß ein Verhandeln im b.V. nicht in Betracht kommen wird. In der Praxis besteht die Möglichkeit zur sofortigen Verhandlung daher nur, wenn der Sachverhalt einfach und kumulativ die Beweislage klar ist[782].

Sind diese Voraussetzungen gegeben, ist ein b.V. gleichwohl nur durchzuführen, wenn als Sanktion gemäß § 419 Abs. 1 S. 2 keine Freiheitsstrafe von mehr als einem Jahr in Betracht kommt. In diesem Zusammenhang ist zunächst darauf hinzuweisen, daß dem Angeklagten bei einer drohenden Freiheitsstrafe von mindestens sechs Monaten gemäß § 418 Abs. 4 ein Verteidiger zu bestellen ist[783]. Diese erst auf Initiative des Vermittlungsausschusses eingefügte Regelung war als Kompensation für die weitreichenden Verkürzungen der Beweisaufnahme gedacht[784]. De facto dürfte sie den vom Gesetzgeber gedachten Anwendungsbereich bei einer Straferwartung zwischen sechs und zwölf Monaten entscheidend beschränkt haben. Insbesondere der Bestellungsvorgang selbst[785], die Einarbeitungszeit inklusive Akteneinsicht und zu berücksichtigende Terminschwierigkeiten dürften die Durchführung eines b.V. mit einem Verteidiger in vielen Fällen vereiteln[786]. Hinzu tritt die zu beachtende Wertung des Gesetzes, gemäß § 47

780 Meurer GS-Zipf S.483,488; a.A. BT/Ds 12/6853 S.35 ohne nähere Begründung

781 Vgl. Garde DRiZ 1997,251,253 zum dänischen Recht

782 Kl/M-G § 417 Rnr.16; Sprenger NStZ 1997,574f; Zweifel auch bei König/Seitz NStZ 1995,1,4

783 Vgl. OLG Karlsruhe NJW 1999, 3061; OLG Oldenburg ZfSch 1997,313; OLG Bremen StraFo 1998,124; OLG Frankfurt StV 2001,342; BayObLG NStZ 1998,372; bei einer Verhandlung vor dem Schöffengericht liegt gleichzeitig auch ein Fall der notwendigen Verteidigung gemäß § 140 Abs. 2 vor.

784 Vgl. Tiemer S.71; BT/Ds 12/7837 S.2

785 AK/StPO-Loos vor § 417 Rnr.15; § 418 Rnr.16 : Beschuldigter hat ein Vorschlagsrecht aus § 142 I S.2; Tiemer S.125 f; a.A. Kl/M-G § 418 Rnr.14; zur Mindestvorbereitungsfrist des Verteidigers vgl. Tiemer S.130 ff

786 Loos/Radtke NStZ 1996,7,10; Meurer GS-Zipf S.483,488; Baumann FS-Klug S.459,462; Bürgle S.52; Schmitt ZStW 89 (1977),639,646; Tiemer S.153; beachte

StGB eine Freiheitsstrafe von bis zu sechs Monaten nur ausnahmsweise auszusprechen. Ob eine solch kurze Freiheitsstrafe im Einzelfall dennoch einmal in Betracht kommt, ist anhand besonderer Umstände zu ermitteln, deren Feststellung im einzelnen im Rahmen eines b.V. kaum möglich ist. Demnach würde die Freiheitsstrafe als Sanktion im b.V. praktisch ausscheiden. Dieses Ergebnis wird von der Überlegung gestützt, daß das Gericht bei der Verhängung einer Freiheitsstrafe die für die Strafzumessung nach § 56 StGB erforderlichen Tatumstände ob der Beschleunigung des Verfahrens in der Regel gleichfalls nicht wird in Erfahrung bringen können[787]. Für den insoweit verbleibenden Geldstrafenbereich gilt natürlich im gleichen Maße, daß ein Verhandeln im b.V. nur in Betracht kommt, wenn sich die Strafhöhe im wesentlichen nach der Tat und weniger nach der Persönlichkeit des Angeklagten bestimmt.

Nach dem vorläufigen Zwischenergebnis eignet sich für das b.V. also nur ein Fall mit einem einfachen Sachverhalt bei klarer Beweislage und einer Sanktionserwartung, die über den Ausspruch einer Geldstrafe, die sich anhand von Taxen bemessen läßt[788], nicht hinausgeht. Erfaßt werden somit nahezu ausschließlich schematisch aburteilbare Taten der Massenkriminalität oberhalb der Bagatellgrenze. Aufgrund der hier befürworteten Beschränkung des Anwendungsbereichs stellt sich dann automatisch das Problem der Abgrenzung des b.V. zu den übrigen vereinfachten Verfahren, nämlich dem Strafbefehlsverfahren gemäß §§ 407 ff und der mit einer Sanktion verbundenen Einstellung gemäß § 153a. Versucht man eine Rangliste der einzelnen Verfahren aufzustellen, so steht an unterster Stelle die Auferlegung einer Sanktion gemäß § 153a, darüber in Fällen, in denen eine Einstellung des Verfahrens nicht mehr in Betracht kommt, das Strafbefehlsverfahren und darüber das b.V., was sich aus dem vom Gesetzgeber vorgesehenen höheren Strafrahmen und dem Erfordernis der Hauptverhandlung ergibt (vgl. § 407 Abs. 1 S. 2). Wenn man allerdings die hier befürwortete restriktive Auslegung des § 419 Abs. 1 S. 2 und die in den letzten Jahren erfolgte Ausweitung des § 153a und des § 407 Abs. 2 berücksichtigt[789], ist eine klare Abgrenzung zwischen den einzelnen Erledigungsformen kaum mehr möglich. Je unklarer und ungenauer aber der Anwendungsbereich des b.V. ist, desto eher wird die Strafjustiz die anderen vereinfachten Verfahren bevorzugen, die einen weitaus geringeren Arbeitsaufwand verursachen und keine Umstellung der Arbeits-

aber Herzog ZRP 1991,125,126, der davon berichtet, daß 1989 80% der Angeklagten im b.V. vor dem Amtsgericht Frankfurt anwaltlich vertreten waren.

787 Bürgle S.51; vgl. zu § 56 Fischer § 56 Rnr.3ff

788 Anderenfalls müßte sich die zu verhängende Geldstrafe wieder an der Persönlichkeit des Täters orientieren, was in der Kürze der Zeit nicht geleistet werden kann, vgl. Loos/Radtke NStZ 1996,7,13

789 Änderungen durch das RpflEntlG; vgl. Kl/M-G § 153a Rnr.1; vor § 407 Rnr.1

weise bedingen. Diese Gefahr hat der Gesetzgeber gesehen[790] und zu vermeiden gesucht, indem er – einmal abgesehen von der hier für unzulässig gehaltenen Kompetenz, Freiheitsstrafen bis zu einem Jahr verhängen zu dürfen – den Ermessensspielraum der Staatsanwaltschaft gestrichen hat (vgl. § 212 a.F.) und sie nunmehr in § 417 verpflichtet, in geeigneten Fällen ein b.V. durchzuführen. Da die Voraussetzungen des § 417 aber nicht präzise genug umschrieben sind und eine gerichtliche Überprüfung der staatsanwaltschaftlichen Entscheidung für und v.a. gegen die Einleitung eines b.V. nicht vorgesehen ist, wird die geänderte Gesetzesfassung alleine keine stärkere Nutzung des b.V. bewirken[791]. In der Praxis scheint die häufig nicht vorhandene Bereitschaft auf Seiten der Staatsanwaltschaft, ein b.V. zu beantragen, nicht selten auch eine Reaktion auf die geringe Akzeptanz dieses besonderen Verfahrenstyps in der Richterschaft darzustellen, die einem entsprechendem Ansinnen in vielen Fällen pauschal unter Berufung auf die „mangelnde Eignung" gemäß § 419 Abs. 1 S. 1 entgegentritt. Dieser gerichtliche Beschluß ist gemäß § 419 Abs. 2 S. 2 ausdrücklich nicht anfechtbar und verursacht dem zuständigen Staatsanwalt zusätzliche Arbeit, die bei umgehender Anklageerhebung im Normalverfahren vermieden worden wäre[792].

Naheliegender Ansatzpunkt für eine Bestimmung des Anwendungsbereiches ist somit zunächst das Erfordernis der Durchführung einer Hauptverhandlung (vgl. den Umkehrschluß aus § 407 Abs. 1 S. 2). Ein b.V. bietet sich also dann an, wenn general- und spezialpräventive Gründe für ein persönliches Erscheinen des Beschuldigten vor Gericht sprechen. In Betracht kommt es beispielsweise für Wiederholungstäter, die bereits vorbestraft sind und bei denen man eine nochmalige Verurteilung im Wege eines Strafbefehls für nicht sinnvoll erachtet[793]. Die Notwendigkeit einer Hauptverhandlung kann sich auch sonst aus den besonderen Umständen des Einzelfalles ergeben, z.B. der Art und Weise der Begehung, der Persönlichkeit des Täters[794]. Denkbar ist ein b.V. vor allem, wenn ein Täter auf frischer Tat betroffen worden ist, die Beweissituation dadurch klar ist und er ein eigenes Interesse an einem zügigen Abschluß des Verfahrens hat.

Zu warnen ist davor, der häufig erhobenen politischen Forderung nach einer verstärkten Anwendung des b.V. anläßlich von gewaltsam verlaufenden Demonstrationen oder sportlichen Großveranstaltungen nachzukommen[795]. Die Durchführung eines b.V. darf nicht von dem Zusammenhang, in dem eine Tat begangen

790 Vgl. BT/Ds 12/6853 S.35
791 Sprenger NStZ 1997,574,575; Bürgle StV 1998,514,517
792 Vgl. Befragung von Bürgle S.47f
793 Dähn FS-Baumann S.349,357f; Loos/Radtke NStZ 1996,7,11
794 Schlüchter GA 1994,397,407f
795 Lehmann DRiZ 1970,287; Schünemann NJW 1968,975; vgl. auch Meurer GS-Zipf S.483,487 f

wird, abhängen, sondern allein vom Vorliegen der Eignungskriterien, die nicht in besonderen Situationen weniger streng ausgelegt werden dürfen, um zu einem schnellen Verfahrensabschluß zu gelangen oder die Handlungsbereitschaft des Staates unter Beweis zu stellen. Selbst wenn die Eignung im Einzelfall einmal bestehen sollte, so ist im Gegenteil sogar von einer Verhandlung im b.V. regelmäßig Abstand zu nehmen, weil generalpräventive Überlegungen bei der Festlegung des Strafmaßes aufgrund der öffentlichen Berichterstattung und des politischen Drucks ein verfassungsrechtlich nicht hinnehmbares Gewicht erhalten können[796]. Im übrigen lassen sich bei Ernstnahme der gesetzlichen Vorgaben (z.B. §§ 47, 56 StGB) – wie bereits dargelegt – im b.V. ohnehin nicht die erwünschten harten Strafen verhängen[797].

Zusammenfassend läßt sich somit feststellen, daß dem b.V. auch nach der Neuregelung nur eine ergänzende Funktion zukommt. Eine wirkliche Aufwertung hätte das b.V. nur dann erfahren können, wenn es als vereinfachtes Verfahren einen legitimen exklusiven Anwendungsbereich zugewiesen bekommen hätte[798]. Aber selbst wenn man die hier befürwortete restriktive Auslegung der Vorschriften nicht teilt und seinen Überlegungen die Auffassung des Reformgesetzgebers zugrundelegt, wird man wohl nicht zu einer nennenswerten stärkeren Nutzung des b.V. gelangen. Die beabsichtigte Steigerung der Attraktivität dieses Verfahrens aus Sicht der Justiz durch eine Vereinfachung der Hauptverhandlung sollte sich nämlich ausdrücklich nicht zu Lasten des Strafbefehlsverfahrens auswirken. Die Regelung zielte also darauf, das Normalverfahren in geeigneten Fällen im Bereich einer zu erwartenden Freiheitsstrafe von bis zu einem Jahr zugunsten des b.V. zurückzudrängen. Da die Eignungsvoraussetzungen im Vergleich zur alten Regelung jedoch nahezu unverändert geblieben sind und zudem die Strafrahmenkompetenz beibehalten wurde, gründet sich die Erwartung alleine auf den möglicherweise von den Vereinfachungsinstrumenten der Hauptverhandlung ausgehenden Anreiz für die Justizorgane, sich des Verfahrens häufiger als bisher zu bedienen. Sollte es in diesem Bereich bei strenger Auslegung der Eignungskriterien tatsächlich Anwendungsreserven geben, so sind diese aber wohl eher auf organisatorische Probleme bei der Einleitung und Durchführung des b.V. bzw. auf grundsätzliche Bedenken gegenüber dem Einsatz dieses Schnellverfahrens zurückzuführen denn auf eine mangelnde Attraktivität der §§ 212ff a.F.. Berücksichtigt man, daß der Anwendungsbereich des neugeregelten b.V. infolge der

796 AK/StPO-Loos § 212 Rnr.5; L/R-Rieß § 212b Rnr.12

797 Vgl. insgesamt zu diesem Themenkomplex Schünemann NJW 1968,975; Lehmann DRiZ 1970,287

798 Loos/Radtke NStZ 1996,7,14; Bürgle StV 1998,514,518; vgl. z.B. den Vorschlag von Fezer ZStW 106(1994),1,37ff

Einfügung des § 418 Abs. 4 faktisch sogar noch verkürzt wurde, ist unter dem Strich mit keiner erhöhten Anwendungshäufigkeit zu rechnen.

II. Zustimmungserfordernis

Der Reformgesetzgeber hat darauf verzichtet, die Verhandlung im b.V. von der Zustimmung des Beschuldigten abhängig zu machen. Das ist insoweit konsequent, als er ohnehin dazu tendiert, den Unterwerfungscharakter des Verfahrens besonders zu betonen[799]. Aber auch systematisch ist es nicht zu beanstanden, daß dem Beschuldigten kein Recht eingeräumt wird, über die Verfahrensart mitzuentscheiden, solange das Verfahren selbst rechtsstaatlichen Anforderungen genügt. Zurecht ist allerdings darauf hingewiesen worden, daß alle Versuche, das Verfahren zu beschleunigen, zwecklos sind, wenn der Angeklagte im Anschluß an das Urteil Rechtsmittel einlegt[800]. In diesem Zusammenhang kann es nicht darum gehen, Rechtsmittel abzuschaffen – im Gegenteil, der Angeklagte bedarf der Möglichkeit ihrer Einlegung bei einer Verkürzung des ersten Verfahrenszuges dringend – sondern darum, sie nicht durch die Ausgestaltung des Verfahrens zu provozieren. Ziel des b.V. ist es, in geeigneten Fällen zu einer zügigen rechtskräftigen Entscheidung über den gegen den Beschuldigten erhobenen Vorwurf zu gelangen. Aus der Sicht des Beschuldigten stellt sich spiegelbildlich zunächst einmal die Kurzfristigkeit der Durchführung des Verfahrens als die wesentlichste Beeinträchtigung seiner Position im b.V. dar. Um die Interessen des Staates und des Beschuldigten einander anzunähern, könnte man den Vorschlag von Fezer übernehmen und dem vorläufig festgenommenen Beschuldigten das Recht einräumen, entweder einer sofortigen Hauptverhandlung zuzustimmen oder aber die Einhaltung einer Ladungsfrist von höchstens sechs Tagen verlangen zu können[801]. Mittelbaren Druck könnte man zudem auf die Justizorgane ausüben, indem man festlegt, daß die Hauptverhandlung im b.V. für den Fall der verweigerten Zustimmung frühestens nach einer Woche stattfinden darf, spätestens jedoch nach zwei Wochen stattgefunden haben muß[802]. Sinnvoll ist ein solches Vorgehen allerdings nur dann, wenn begleitend organisatorische Maßnahmen getroffen

---

799 BT/Ds 13/2576 S.3

800 Loos/Radtke NStZ 1996,7,10

801 Fezer ZStW 106(1994),1,38f; zustimmend Loos/Radtke NStZ 1996,7,14; Sk/StPO-Paeffgen vor § 417 Rnr.10

802 Zeitspanne orientiert sich an BT/Ds 12/6853 S.36: Eine Verhandlung in kurzer Frist definiert der Gesetzgeber mit ein bis zwei Wochen; vgl. demgegenüber Loos/Radtke NStZ 1995,569,571 und 573 zur bisherigen Praxis: Verhandlung erst ca. 2 – 4 Wochen nach Verhaftung

werden, die sicherstellen, daß sich die Gerichte grundsätzlich innerhalb dieser Zeitspanne zur Verhandlung imstande sehen und nicht bereits austerminiert sind. Mit einem so ausgestaltetem Zustimmungserfordernis könnte vermieden werden, daß sich beim Beschuldigten ein Gefühl der Überrumpelung einstellt, das einhergeht mit dem wohl nicht selten erst den Anlaß für die Einlegung von Rechtsmitteln bildenden Eindruck, er habe aufgrund der sofortigen Verhandlung nicht alles tun können, um eine Verurteilung zu verhindern bzw. seine Sicht der Dinge hinreichend darzustellen[803]. Gleichzeitig würde man mit der Einführung dieses Wahlrechts auch den immer wieder artikulierten Zweifeln an der Vereinbarkeit des b.V. mit Art. 6 Abs. 3 lit.b MRK Rechnung tragen und dem Beschuldigten auf seinen Wunsch hin die Gelegenheit einräumen, sich in einem angemessenem Umfang auf seine Verteidigung vorzubereiten[804].

III. Organisatorische Vorkehrungen

Eine häufigere Anwendung des b.V. in geeigneten Fällen wird nicht zuletzt davon abhängig sein, ob begleitend organisatorische Vorkehrungen getroffen werden[805]. Das Ziel des Gesetzgebers, die Hauptverhandlung sofort oder in kurzer Frist, d.h. in einem Zeitraum von ein bis zwei Wochen nach der Stellung des Antrags durch die Staatsanwaltschaft, durchzuführen, setzt voraus, daß die Staatsanwaltschaft in geeigneten Fällen möglichst frühzeitig in die Untersuchungen eingeschaltet wird. Eine sofortige Hauptverhandlung gemäß § 418 Abs. 1 beispielsweise ist nur denkbar, wenn kurz nach der Festnahme des auf frischer Tat betroffenen Täters die Staatsanwaltschaft selbst die Ermittlungen übernehmen und gegebenenfalls den Antrag auf Entscheidung im b.V. stellen kann[806]. Ein zügig gestellter Antrag ist wiederum nur dann von Nutzen, wenn gleichzeitig ein Spruchkörper für eine möglichst umgehende Verhandlung zur Verfügung steht[807]. Das würde aber auch auf Seiten des Gerichtes eine veränderte Arbeitsweise bedingen. Die Termine am Amtsgericht stehen nämlich nicht selten auf

---

803 Vergleichbar mit der Situation beim Strafbefehl mit der relativ hohen Zahl von Einsprüchen und Einspruchsrücknahmen, was darauf hindeutet, daß der Einspruch zumindest teilweise zur Nachholung des zuvor nicht gewährten rechtlichen Gehörs genutzt wird, vgl Fezer ZStW 106(1994),1,40f

804 Dünnebier GA 1959,272,273; Fezer ZStW 106(1994),1,38

805 BT/Ds 12/6853 S.36; Loos/Radtke NStZ 1996,7,14; vgl. Sprenger NStZ 1997,574 Fn.10 und die Umfrageergebnisse von Bürgle S.46f, 52

806 Priestoph Die Polizei 1979,296,297

807 Vgl. BT/Ds 12/6853 S.36; vgl. dazu OLG Stuttgart NJW 1998,3134 f; Schilderung für das AG Tiergarten von Priestoph Die Polizei 1979,296,298

Wochen hinaus im voraus fest, so daß die kurzfristige Durchführung eines b.V. – selbst die innerhalb einer Zeitspanne von ein bis zwei Wochen – ohne organisatorische Vorkehrungen nicht möglich ist.

Denkbar wäre zumindest in den Großstädten die Bestimmung von festen Zuständigkeiten bei Richtern und Staatsanwaltschaften, soweit es das Verhandeln von Fällen im b.V. betrifft[808]. Um eine sofortige Hauptverhandlung zu ermöglichen, müßten zudem Bereitschaftsdienste für die Nacht- und Wochenendzeiten eingerichtet werden. Das betrifft nicht nur Richter und Staatsanwälte, sondern auch die Protokollführer, Schreibkräfte und Dolmetscher[809]. Sofern die insoweit erforderlichen Finanzmittel angesichts der Finanznot der Länder überhaupt zur Verfügung stehen, dürfte sich ihr Einsatz allerdings nur in Großstädten rechnen.

Selbst bei einer konsequenten Umsetzung der soeben beschriebenen Maßnahmen droht die Durchführung des b.V. zu scheitern, wenn die Mitwirkung eines Verteidigers zwingend geboten (§ 418 Abs. 4) bzw. vom Beschuldigten erwünscht ist. Soweit die Beteiligung eines Pflichtverteidigers erforderlich ist, steht dem Beschuldigten, worauf Loos/Radtke zurecht hinweisen[810], das Recht aus § 142 Abs. 1 S. 2 zu, einen Verteidiger vorzuschlagen, der ihm dann auch beizuordnen ist, wenn nicht wichtige Gründe entgegenstehen (§ 142 Abs. 1 S. 3). Nicht akzeptabel ist es, dem Beschuldigten unter Hinweis auf die Gesetzessystematik und die Intentionen des b.V. diese Vorschlagsmöglichkeit zu nehmen[811], da selbst der Gesetzgeber der Ansicht war, jenseits der Erheblichkeitsschwelle des § 140 Abs. 2 bedürfe der Beschuldigte im b.V. bei einer zu erwartenden Freiheitsstrafe von mehr als sechs Monaten des Beistands eines Verteidigers. Sowohl dem Pflicht- als auch dem Wahlverteidiger ist bei der Wahrnehmung seines Mandates eine angemessene Einarbeitungszeit und insbesondere wegen § 420 Abs. 3 die Möglichkeit zur Akteneinsicht zuzugestehen. Dieser zusätzliche, vom Gericht bei der Terminierung zu beachtende Zeitaufwand wird nicht selten einer Durchführung der Hauptverhandlung in kurzer Frist entgegenstehen. Das gilt jedenfalls dann, wenn nicht zuvor allseitiges Einvernehmen über die Verhandlung der Sache im b.V. erzielt wurde. Aus diesem Grund ist die frühzeitige Einbindung des Verteidigers in den Verfahrensablauf zu empfehlen, wenn man auch in diesen Fällen an dem Ziel der Durchführung eines b.V. festhalten will. Einmal mehr bestätigt sich daher die Einschätzung, daß eine konsensual ausgerichtete Verfahrensführung den angestrebten rechtskräftigen Abschluß des Strafverfah-

808 Vgl. Lemke/Rothstein-Schubert ZRP 1997,488,492; vgl. für das franz. Strafverfahren Müller GA 1995,169,173

809 SK/StPO-Paeffgen § 417 Rnr.17; Kl/M-G § 417 Rnr.17; Meurer GS-Zipf S.483,489; vgl. auch Bielefeld für LG Potsdam in DRiZ 1998,429,431 f

810 Loos/Radtke NStZ 1996,7,10; vgl. auch Tiemer S.125 f

811 So aber Kl/M-G § 418 Rnr.14; KMR-Fezer § 418 Rnr.15

rens grundsätzlich eher befördert als eine übertriebene Betonung des konfrontativen Charakters des b.V..

Insgesamt gesehen ist aus rechtsspolitischen Gesichtspunkten eine konsequente Verkürzung der Zeitspanne zwischen dem Beginn der Ermittlungen und der Hauptverhandlung[812] sicherlich der gesetzlichen Beschränkung der Verfahrensrechte vorzuziehen, die in bestimmten Bereichen vom hier vertretenen Standpunkt als zu weitreichend empfunden wird, zumal die Beschleunigungsreserven in diesem Bereich viel größer sein dürften. Das ist zum einen darauf zurückzuführen, daß in vielen b.V. eine klare Beweislage nur deswegen bejaht werden kann, weil der Angeklagte geständig ist. In solchen Fällen bedarf es einer Anwendung der Regelung des § 420 aber regelmäßig nicht. Die Hauptverhandlung als solche ließe sich genauso schnell im Normalverfahren durchführen. Zum anderen lassen sich mit der Verlesung einer Zeugenaussage anstelle der persönlichen Einvernahme des Zeugen bestenfalls Minuten sparen, mit anders organisierten, modernen Arbeitsabläufen hingegen Tage und Wochen. Diese Art der Beschleunigung hat zudem den Vorteil einen endgültigen Zeitgewinn herbeizuführen, da sie anders als die verkürzte Beweisaufnahme keine höhere Rechtsmittelquote provoziert[813], die im Einzelfall die bereits erzielte Beschleunigung wieder zunichte machen kann.

Im übrigen obliegt der Justiz, unabhängig davon, wie man die Neuregelung im einzelnen bewertet, die Verpflichtung, und dafür sind ihr die entsprechenden Mittel zur Verfügung zu stellen, ihre eigene Arbeitsweise zu effektivieren und den neueren technischen Entwicklungen anzupassen, bevor die Verfahrensrechte der Beteiligten, wie in einigen Konstellationen aufgezeigt, unverhältnismäßig beschränkt werden.

IV. Zusammenfassung

Die vom Gesetzgeber im Jahre 1994 eingefügte Neuregelung der §§ 417 ff hat in den genannten, drei entscheidenden Aspekten, die eine höhere Akzeptanz des b.V. besorgen könnten, keine befriedigende Lösung angeboten.

Sofern im Vergleich zu den konkurrierenden vereinfachten Erledigungsformen ein exklusiver Anwendungsbereich besteht, ist dieser aus rechtlichen und praktischen Erwägungen heraus als problematisch zu kennzeichnen. Ein modifi-

812 Vgl. Bürgle StV 1998,514,516 f

813 Vgl. Loos/Radtke NStZ 1996,7,11; Keinesfalls darf dieser Gefahr mit einer Beschneidung der Rechtsmittel begegnet werden. Man kann ein Verfahren nicht durch eine Einschränkung der Rechte des Angeklagten verkürzen und ihm anschließend die Rechtsmittel gegen eine solche Entscheidung verwehren.

ziertes Zustimmungserfordernis, nicht zur Durchführung des b.V. als solchem, sondern zum Zeitpunkt seiner Durchführung (sofort oder innerhalb von spätestens zwei Wochen) gäbe dem Beschuldigten im Bedarfsfall ausreichend Gelegenheit, seine Verteidigung vorzubereiten und steigerte zugleich aus dem Gefühl heraus, eine faire Chance erhalten zu haben, seine Bereitschaft, das Urteil anzunehmen. Andererseits stünde es nicht in seinem Belieben, das Verhandeln im b.V. und damit ein zeitnahes Urteil überhaupt zu verhindern. Dem gesetzgeberischen Zweck, eine auf dem Fuße folgende Strafe zu verhängen, wäre also Genüge geleistet, ohne das der Unterwerfungscharakter zu sehr in den Vordergrund träte. Entscheidende Voraussetzung aber für jedes b.V., unabhängig von seiner Ausgestaltung, bleibt eine auf Seiten der Justiz- und Strafverfolgungsbehörden veränderte Arbeitsweise. Der umgehenden Bestrafung des Täters, die der Gesetzgeber (richtigerweise) aus präventiven Überlegungen heraus anstrebt, steht nämlich weniger die Länge der jeweiligen Hauptverhandlung entgegen, als vielmehr der Zeitraum, der vergeht, bis es letztlich zu einer Anklage kommt.

Insgesamt ist eine einheitliche Bewertung des vom Gesetzgeber neu geregelten b.V. nicht möglich. Einer Beurteilung unterzogen werden kann letztlich nur jedes b.V. für sich. Das liegt zunächst daran, daß die in den §§ 417 ff gegenüber dem Normalverfahren vorgesehenen Beschleunigungsinstrumente nicht zwingend zur Anwendung gelangen. Die einzige unausweichlich vorgegebene Verfahrensvereinfachung besteht im Wegfall des formellen Zwischenverfahrens. Im übrigen steht es im pflichtgemäßen Ermessen des Gerichtes, im Rahmen der gesetzlichen Vorgaben und der organisatorischen Möglichkeiten von einzelnen Regelungen Gebrauch zu machen. Dabei gilt ganz selbstverständlich der Grundsatz: Je mehr ein b.V. von den Vorschriften des Normalverfahrens abweicht, desto größer sind die Gefahren für die Wahrheitsfindung und die Verteidigungsrechte des Beschuldigten.

Die im Einzelfall zu konstatierende Abweichung vom Normalverfahren stellt aber nicht den alleinigen Maßstab für die Beurteilung eines b.V. dar. Zu berücksichtigen bleibt darüber hinaus, ob der Angeklagte verteidigt oder unverteidigt ist, ob er die Tatbegehung leugnet oder geständig ist und ob er ganz generell in der Lage ist, seine Rechte selbständig wahrzunehmen. Nur bei Einbeziehung aller genannten Aspekte ergibt sich ein genaues Bild von dem konkreten b.V..

Die besondere Gefahr besteht nun darin, daß die Beschleunigungsinstrumente des neuen b.V. bei Vorliegen der in §§ 417, 419 normierten Voraussetzungen ohne Rücksicht auf die genannten, zur Differenzierung Anlaß gebenden Kriterien im beliebigen Umfang zur Anwendung gelangen können. Weiterreichend legt es das Gesetz sogar nahe, möglichst viele Vereinfachungen zum Einsatz zu bringen, um den Entlastungseffekt zu optimieren und einen zügigen Verfahrensabschluß zu erreichen. Dem Beschuldigten/Angeklagten bleibt nichts anderes übrig, als darauf zu vertrauen, daß das Gericht in jeder Phase des b.V. genau prüft, ob eine Verkürzung der Verfahrensrechte tunlich ist. Zu hoffen bleibt daher, daß das jeweils zuständige Gericht von den ihm eingeräumten verfahrensrechtlichen Freiheiten maßvoll Gebrauch macht, die im einzelnen vorgeschlagenen und begründeten Beschränkungen hinsichtlich der Anwendung der §§ 417 ff beachtet – insbesondere für den Fall der Annahmeberufung die Vorschrift des § 313 Abs. 2 restriktiv auslegt, um dem Angeklagten die Möglichkeit einzuräumen, eine Überprüfung des Urteils in der Berufungsinstanz veranlassen zu können – und im Zweifel den Vorschriften des Normalverfahrens den Vorrang einräumt.